文旅新业态的透视观察

范周 等 著

知识产权出版社
全国百佳图书出版单位
—北京—

图书在版编目（CIP）数据

言之有范：文旅新业态的透视观察 / 范周等著. —北京：知识产权出版社，2023.2
ISBN 978-7-5130-8465-9

Ⅰ.①言… Ⅱ.①范… Ⅲ.①文化产业—产业发展—研究—中国 Ⅳ.①G124

中国版本图书馆CIP数据核字（2022）第218043号

内容提要

文化和旅游具有天然耦合性，在不同时期两者的关系也不尽相同。从本质属性上看，文化产业和旅游业都是拥有经济、文化双重属性的综合性产业。同时，文化产业和旅游业是互补性产业，二者融合发展有利于实现互动共赢。进入新时代以来，稳增长、调结构、促改革、惠民生成为促进经济社会发展的重要举措，文旅融合发展能够带动文化产业和旅游业转型升级，催生新兴产业，激发企业发展活力，满足人们多样化、个性化、高品质的精神文化需求。

责任编辑：卢媛媛　　　　　　　　责任印制：孙婷婷

言之有范——文旅新业态的透视观察
YANZHI YOUFAN——WENLÜ XINYETAI DE TOUSHI GUANCHA

范周等　著

出版发行：知识产权出版社 有限责任公司		网　　址：http://www.ipph.cn	
电　　话：010-82004826		http://www.laichushu.com	
社　　址：北京市海淀区气象路50号院		邮　　编：100081	
责编电话：010-82000860转8597		责编邮箱：luyuanyuan@cnipr.com	
发行电话：010-82000860转8101		发行传真：010-82000893	
印　　刷：北京中献拓方科技发展有限公司		经　　销：新华书店、各大网上书店及相关专业书店	
开　　本：720mm×1000mm　1/16		印　　张：26.5	
版　　次：2023年2月第1版		印　　次：2023年2月第1次印刷	
字　　数：416千字		定　　价：120.00元	

ISBN 978-7-5130-8465-9

　　回顾2019年，有很多值得记录的精彩瞬间。这一年是中华人民共和国成立70周年。我受邀在天安门广场参加国庆阅兵观礼，在现场为新时代国家发展和民族复兴感到自豪，并且深切地体会到文化的发展始终与国家命运紧密相连，内心的激动不言而喻。这一年也是新组建的文化和旅游部成立一周年，文旅融合从机构融合到实践融合迈向了更广阔的天地，文化和旅游新业态的蓬勃发展为经济高质量发展做出了重要贡献。2019年也是"5G元年"。伴随着5G商用牌照的发放，科技赋能社会经济的作用愈发显著。本书命名为"文旅新业态的透视观察"，正是希望探讨在这些背景下文化和旅游行业面临的新机遇与新发展。

　　透视文化和旅游新业态，就必须了解何为新业态。新业态的发展与科技手段的进步息息相关。早在2006年，《"十一五"时期文化发展规划纲要》中就明确提出要"大力发展以数字化内容、数字化生产和网络化传播为主要特征的新型文化产业"。这是顶层设计中要求运用科技手段培育文化产业新业态的初步表达。2014年以来，"文化+""互联网+"等概念相继提出，经历近10年的快速发展可以看到，互联网技术创新和应用是推动新业态诞生发展的基本条件，跨界融合成为新业态最明显的特征。

　　文化和旅游融合是本书重点关注问题之一。文化和旅游具有天然耦合性，在不同时期两者的关系也不尽相同。从本质属性上看，文化产业和旅游业都是拥有经济、文化双重属性的综合性产业。同时，文化产业和旅游业是互补性产业，二者融合发展有利于实现互动共赢。进入新时代以来，稳增长、调结构、促改革、惠民生成为时代命题，文旅融合发展能够带动文化产业和旅游业转型升级，催生新兴产业，激发企业发展活力，满足人们多样化、个性化、高品质的精神文化需求。因此，文化和旅游的融合要以理念融合为基础、以职能融合为保障、以资源融合为抓手、以产业融合为核心、以科技融合为助推器，实现二者深度融合。

同时，文化产业和旅游业与其他领域融合的实践也在向纵深发展。党的十九大报告提出，要坚持文化创造性转化、创新性发展。围绕不断满足人民日益增长的美好生活需要主题，我国文化消费和旅游融合的进程不断加快，文化产业和旅游业已经迈入以文化创意驱动为主导的新阶段，"文旅+工业""文旅+教育""文旅+电商"等业态的发展势头迅猛。特别值得注意的是，2019年掀起的直播带货热潮，整体市场规模达到4338亿元，同比增长了210%，这些新业态带来的产业结构和消费者习惯变化不容忽视。

长期以来，"言之有范"始终以记录时代发展为使命，始终保持敏锐的判断力，希望能够客观地记录我国文化建设发展脉络。作为言之有范的创始人，对此我深感欣慰。文化产业和旅游业是推动我国经济转型升级的重要力量，是满足人民文化精神生活需求的重要载体。未来，"言之有范"也将坚持深耕文旅并且逐渐从"大文化和旅游"的角度思考问题，以更加优质的内容回馈广大读者长期以来的关注和支持。

以上感慨是为序。

魏鹏举

2020年2月23日

筑梦时代发展，透视文化内在规律

聚焦顶层设计，明确政策指引方向

洞察新兴业态，感悟产业变革升级

解码文化现象，激活消费市场潜力

统筹区域协调，拓展对外传播方式

后 记

筑梦时代发展，透视文化内在规律

2019年是中华人民共和国成立70周年，回眸70年的光影变幻，能够从沧桑巨变中感悟文化的力量，透视文化发展规律。70年文化建设不仅深化了我们对社会主义文化发展规律的认识，而且积累了走中国特色社会主义文化发展道路的宝贵经验，凝聚起中华民族伟大复兴的磅礴之力。

"新中国文化70年"跨年直播公开课全文(上)

范周

【写作背景】回顾中华人民共和国70年文化发展历程，那些时代典型的文化现象给我们留下了深刻的印象。2019年12月31日，范周教授携六位学术导师用4小时的时间带我们回顾了70来的文化发展之路。以下为范周教授直播公开课的讲稿实录。

各位老师和同学们，各位网上的朋友们，大家好！再过四个小时我们就要携手迈入2020年了，相信大家此刻的心情和我一样激动。去年此时，我也是站在这儿，跟大家一起回顾改革开放40年来中国文化消费的光辉岁月。去年（2018年）那场跨年公开课，受到了线上线下2200多万位朋友的关注，关注度超过5000万人次，正是大家的支持和肯定，我才有信心把这件事做下去。2019年是中华人民共和国成立70周年，在这一年的最后几个小时，我想和大家一起回顾这70年来的文化发展和建设。

文化不是凭空出现的，它有自己的特殊渊源和历史沿

微评

★ 70年文化发展，有自己的发展脉络。我们在历史中看到过去，也看到现在。

革。要谈论中华人民共和国成立初期的文化发展，需要从1919年起的新民主主义革命说起。

20世纪初，陈独秀创办的《新青年》成了中国先进青年们的聚集地。活跃在思想前沿的先进青年们高举民主、自由的大旗，形成了变革时代之中勇立潮头的新文化阵营。在他们的感召下，五四运动爆发，掀起了全国范围的学生运动，广大市民和工商界人士也参与其中。伴随着国内形势的急剧变化，20世纪30年代前后，国民党反动派不仅对工农武装力量和革命根据地进行疯狂"围剿"，还发动了对革命文化的"围剿"。为了冲破国民党反动派对革命文化的围剿，传播进步思想，加强党对国民党统治区文化战线的统一领导，中央文化工作委员会和左翼作家联盟相继成立，创作了一大批具有很高水平的文艺作品和理论著作，为革命文艺带来勃勃生机。他们当中的许多人和作品，至今仍被我们熟知，如鲁迅的《狂人日记》、郭沫若翻译的《浮士德》、茅盾的《子夜》、巴金的《激流三部曲》、老舍的《骆驼祥子》、曹禺的《雷雨》等。其中曹禺创作的《雷雨》被认为是我国话剧艺术趋于成熟的标志，而鲁迅更是被毛泽东誉为"向着敌人冲锋陷阵的最正确、最勇敢、最坚决、最忠实、最热忱的空前的民族英雄"。此外，袁牧之、赵丹、秦怡等左翼电影工作者创作了《春蚕》《渔光曲》《马路天使》《十字街头》等一批经典影片。

1942年，党的整风运动和延安文艺座谈会召开，毛泽东发表《延安文艺座谈会上的讲话》，重点解决了"文艺为什么人服务"和"如何服务的问题"。以延安文艺座谈会讲话精神为代表的鲁迅艺术学院诞生了一大批优秀作品，形成了解放区的"文化现象"：赵树理的《李有才板话》、丁玲的《太阳照在桑干河上》、周立波的《暴风骤雨》等都是代表作。

在那时，有一位美国记者是我们的红军和工农兵的忠实粉丝，他叫埃德加·斯诺，正是他写下了著名的《红星照耀中国》。西方媒体热评："此书对中国共产主义运动的发现和描述，与哥伦布发现新大陆一样震惊世界！"值得关注的是，这本书也被称作《西行漫记》。为什么一本书会出现两个风格差别如此之大的名字呢？

1937年卢沟桥事变前夕，斯诺将《红星照耀中国》交由英国伦敦戈兰茨公司出版，三个月后新书问世，立即在国际社会产生巨大轰动。当时西安事变刚刚结束，国内局势扑朔迷离，出版革命书籍谈何容易？为了将本书翻译成中文出版，斯诺找到了集编辑、翻译家于一身的胡愈之。为安全起见，胡愈之在书名上不再沿用政治味太浓的"红星照耀中国"，改为比较文艺化的新名字——"西行漫记"。《西行漫记》的出版发行让无数国人和华侨得知红军将士二万五千里长征的始末，也看到新中国的希望。虽然它在"国统区"被定为禁书，但它的影响十分广泛，不胫而走，成千上万爱国青年正是读了《西行漫记》而奔赴延安参加革命。胡愈之先生在晚年感叹道："如果我这辈子有一点贡献，当年出版《西行漫记》应该是第一个。"中华人民共和国成立后，埃德加·斯诺曾三次访华，受到毛泽东、周恩来等领导人亲切接见。在他逝世后，人们还遵其遗嘱，将他骨灰的一部分葬于北大校园。

此外，戏剧在当时也是全国文化生活中的重要组成部分，《闯王进京》《白毛女》等剧作在解放区广为流传。同时，新秧歌运动也在解放区如火如荼地开展，《兄妹开荒》等秧歌剧深受解放区人民的喜爱。鲁迅艺术学院戏剧系学员贺敬之写了一出《挑花篮》歌舞剧，在演出时大受欢迎，其中一首插曲传唱至今，它就是今天为众人熟知的《南泥湾》。还有冼星海、光未然创作的《黄河大合唱》等爱国歌曲，激励了一代又一代的中国人。

随着解放战争的隆隆炮声，新中国终于要诞生了，新中国应该是一个什么样子？它是站在海边遥望海中，已经看见了桅杆尖头的一艘航船；它是立在高山之巅远看东方，已见光芒四射喷薄欲出的一轮红日。

"人民中国，屹立亚东。光芒万道，辐射寰空。艰难缔造庆成功，五星红旗遍地红。生者众，物产丰，工农长做主人翁。使我光荣祖国，稳步走向大同。"1949年10月1日，《人民日报》刊发了这首由郭沫若写的《新华颂》。我们今天"新中国文化70年"的一课，就从这里开始。

第一部分　律回春辉渐，前路求索长（1949—1976）

熟悉又陌生的"复字第32号"

让我们把时间调回1949年10月1日下午3时，毛主席在天安门城楼上宣布："中华人民共和国中央人民政府今天成立了！"这一刻成为铭刻在历史中的辉煌记忆。今年有一部电影重温了这段记忆，同时引发了观影热潮——这部影片就是《我和我的祖国》。电影的第一部分讲述开国大典前夕，为了国旗的顺利升起，天安门广场开国大典旗杆设计者林治远争分夺秒排除万难，用一个惊心动魄的未眠之夜确保建国大典"万无一失"的故事。

今天的许多年轻人也许不知道，这一面五星红旗能够成为新中国的国旗，背后还有一段故事。1949年6月16日，新政协会议筹备会常务委员会第一次会议成立第六小组，专门负责拟订国旗国徽国歌方案。第六小组由马叙伦任组长，叶剑英、沈雁冰任副组长，组员有张奚若、田汉、马寅初、郑振铎、郭沫若、翦伯赞、钱三强等各界知名人士。若要说这每一位的身份，都是新民主主义革命时期文化领域的中流砥柱，代表着新民主主义革命以来的文化延续和集大成者。

第六小组成立后，郭沫若等人起草了《征求国旗国徽图案及国歌辞谱启事》，在北平、天津、沈阳、香港等13个城市的报纸显要位置刊登。启事发表后得到了各方人士的积极响应，投稿人涵盖工、农、学、商等社会各阶层，地理分布上则遍及全国乃至美洲、东南亚等世界各地。一个月内，收到国旗稿件1920件，图案2992幅，不少投稿人一下子寄来两个甚至更多的方案。

经过几轮讨论，当时只是上海"现代经济通讯社"的一名普通秘书曾联松的"复字第32号"，让专家学者们眼前一亮。四颗小星环绕大星象征团结，画面简洁而意义深远。经过几轮修改，这个"复字第32号"成为现在的五星红旗图案。毛泽东评价这面旗帜时说道："这个图案表明我们革命人民大团结，现在要大团结，将来也要大团结。"

国旗、国徽、国歌代表了国家形象，为新生的人民政权征集国旗国歌国徽，既是一件政治活动，也是一件有着标志性意义的文化活动。文化，从一开始就以其重要的角色、地位参与到崭新政权的建立中，它有力证明了文化建设是一个国家建设的重要因素。

在对文化建设的高度重视中，在对新民主主义时期的革命文化、中华优秀传统文化的延续之中，中华人民共和国的文化迈出了自己扎实的第一步。

微评

★ 百花齐放，百家争鸣。这句话放在当前的文化领域也同样适用。真理是颠扑不破的。

"百花齐放，百家争鸣"

年轻的中华人民共和国，成立后仅10天，中央宣传部就发出《关于征集革命文物的通知》，并指示组建革命博物馆接收各种各样的文物。半年后的1950年6月，中央人民政府政务院发布了《关于征集革命文物的命令》。当时西藏等地还未完全解放、抗美援朝战争刚刚打响，在国家一片百废待兴的大背景下，文化发展、文物保护被提到了日程上。文物征集其实是新中国文化建设的缩影，代表着这个刚刚成立的国家正在思考，在这样一个战火硝烟还未散尽的时代，我们的文化该怎么建设？

国家文化体制和一系列有关文化发展的重要政策就这样产生了。1950年，关于"京剧的继承问题"在文化界率先产生了一场争论。对此毛泽东提出："各种戏曲形式都要取其精华，去其糟粕。"后来他为新成立的中国戏曲研究院作了"百花齐放，推陈出新"的题词。这题词的前四个字："百花齐放"就是"双百方针"的第一个"百"。

1953年前后，中国科学院哲学社会科学部（现中国社会科学院）要编写一部中国史教材，由郭沫若和范文澜这两位史学大家负责编撰，他们在古代史分期上产生了分歧，当时的中宣部部长陆定一去征求毛泽东的意见，毛主席风趣地回答道："中宣部如果去管这些事，请马克思来当部长，恩格斯当副部长，再请列宁也当副部长，也解决不了。"

实际上，中华人民共和国成立之后，毛主席多次就历史研究问题作出应鼓励"百家争鸣"的指示。1956年，在中共中央政治局扩大会议上，毛泽东在《关于正确处理人民内部矛盾的问题》一文中正式提出了"百花齐放，百家争鸣"——在艺术上百花齐放，学术上百家争鸣。这份解决了诸多学术、艺术纷争的"双百方针"的哲学智慧，同明清中国古代儿童启蒙书目《古今贤文（合作篇）》的一句诗不谋而合："一花独放不是春，万紫千红春满园。""双百方针"促进文艺界和学术界空前活跃，出现了"万紫千红齐争春"的局面，涌现出一大批人民群众喜闻乐见的文艺作品，"双百方针"毫无疑问是中华人民共和国繁荣社会主义文化和科学的长期方针。围绕着这一方针，毛泽东曾经发表过诸多论断：

"百花齐放，百家争鸣"，我看这应该成为我们的方针。艺术问题上百花齐放，学术问题上百家争鸣。讲学术，这种学术可以，那种学术也可以，不要拿一种学术压倒一切。你如果是真理，信的人势必就会越多。
——1956年4月28日，毛泽东在政治局扩大会议上作总结发言。

我们所主张的"百花齐放，百家争鸣"是提倡在文学艺术工作和科学研究中有独立思考的自由，有辩论的自由，有创作和批评的自由，有发表自己意见的自由。我们主张政治上必须分清敌我，我们又主张人民内部一定要有自由。"百花齐放，百家争鸣"，是人民内部的自由在文艺工作和科学领域中的表现。
——1956年5月26日，陆定一向自然科学家、社会科学家、医学家、文学家和艺术家作了题为"百花齐放，百家争鸣"的讲话。

讲到这里，有请中国传媒大学文化产业管理学院学术委员会主任贾旭东教授就"新中国文化70年"的文化政策变迁谈谈他的看法。有请贾老师上场，大家欢迎。

贾旭东："新中国文化70年"我国文化政策的三个主题

从《中国人民政治协商会议共同纲领》确定的文化政策，到党的十九届四中全会明确："坚持和完善繁荣社会主义先进文化"的制度，中国文化政策走过了不平凡的历程。**研究和分析这一历程，可以有多种不同角度，却不能绕开三个主题，那就是基于马克思主义文化观的人民主体、双重的价值追求和文化定位。**

人民群众是精神文化成果的创造者，文化是"人化"和"化人"的统一，这一马克思主义基本原理反映到文化政策上体现为文化政策的目标就是以人民为主体。为人民服务，促进人的自由全面发展，是人民主体的集中表现；从满足人民群众读书、看报、听广播、看电视、看电影、看戏等基本公共文化需求，到促进人民群众文化参与，激发全社会的文化创造活力，是人民主体的丰富内容和具体展开。代表性的文化政策包括："为社会主义服务，为人民服务"方向，"百花齐放，百家争鸣"方针，以人民为中心的工作导向，"三贴近"，为群众性文化活动创造条件，确立我国基本公共文化服务的国家标准和保障制度等。

"一定的文化（当作观念形态的文化）是一定社会的政治和经济的反映，又给予伟大影响和作用于一定社会的政治和经济"，这一原理反映在文化政策上，体现**为文化政策的功能就是推动社会价值和经济价值的双重价值追求**。代表性的政策包括：明确文化的意识形态属性和产业属性，坚持马克思主义在意识形态领域指导地位的根本制度，坚持以社会主义核心价值观引领文化建设制度，把文化产业培育为国民经济支柱性产业等。

微评

★ 社会效益和经济效益的双重统一，是我国文化产业发展的根本目标。文化政策的制定，文化企业的运行，都将以这一目标为衡量标准。

文化自信是一个国家、一个民族发展中更基本、更深沉、更持久的力量，这一原理反映在文化政策上，体现为文化政策在国家治理体系中的地位，也就是文化定位。文化是一个国家、一个民族的灵魂。文化兴国运兴，文化强民族强。没有高度的文化自信，没有文化的繁荣兴盛，就没有中华民族的伟大复兴，这是文化定位的集中表现。代表性政策包括：坚持创造性转化、创新性发展，弘扬中华优秀传统文化、革命文化、社会主义先进文化，促进文明交流互鉴，不断铸就中华文化新辉煌，构筑中国力量、中国精神、中国价值等。

我们走在大路上

文化，是一个时代的写照。如果你在搜索引擎里输入"五六十年代经典歌曲"，一定能找到包括《赞歌》《唱支山歌给党听》《歌唱祖国》《我们走在大路上》这些人们耳熟能详的经典歌曲，它们有一个共同点：都表达了人民对新中国的热爱、对共产党领导下的新生活的歌颂。中华人民共和国成立初期，国家尚未完全解放，这一时期有一大批反映少数民族兄弟当家做主、过上新生活的文艺作品，如《翻身农奴把歌唱》反映了藏区百姓从农奴到主人的变化。这时期流行的民歌还有《克拉玛依之歌》《乌苏里船歌》《远方的客人请你留下来》，以及我国第一部电影歌剧《阿诗玛》等。

1964年创作的革命音乐舞蹈史诗《东方红》，是一部集文学、历史、音乐、舞蹈等于一体，展现中国人民波澜壮阔的革命历程的划时代作品，凝聚了中国最具权威的著名词曲作家的智慧结晶。那些刻骨铭心的历史不会被忘记，它们或被创作成文艺作品流传在人民当中，或早已转化为民族文化、民族精神流淌在人民的血液里。

风烟滚滚唱英雄，
四面青山侧耳听，侧耳听，
晴天响雷敲金鼓，
大海扬波作和声，

人民战士驱虎豹，

舍身往死保和平！

你现在听到的这首《英雄赞歌》是电影《英雄儿女》的主题曲。每当《英雄赞歌》唱起，人们眼前浮现的一定会是王成紧握爆破筒和王芳在战火中引吭高歌的感人形象。我的恩师，吉林大学张松如教授，笔名公木。他是《英雄赞歌》的歌词作者，他将对人民志愿军深深的敬意和深厚的感情融入这首歌，感动了亿万中国人，因为它不仅仅是文化记忆，更是民族记忆、民族精神。

文化作品为人民而作，人民同样是文化的书写者和创作者。公木先生同时还是《中国人民解放军军歌》的词作者。1950年北京市政府启动以龙须沟为典型的旧城改造工程，新政府要让人民干干净净地大翻身。老舍有感而发，创作了著名的话剧《龙须沟》。这一年，音乐家王莘从北京赶赴天津，受到新中国新面貌的震撼，在奔驰的列车上，一气呵成了一首歌："五星红旗迎风飘扬，胜利歌声多么响亮。歌唱我们亲爱的祖国，从今走向繁荣富强。"

无独有偶，1961年《电影文学》发表了作家乌·白辛的剧本《冰山上的来客》，讲述中华人民共和国成立初期帕米尔高原塔吉克族军民惊险的反特故事。剧本深受读者喜爱，长春电影制片厂（长影）决定拍摄。当时在长影工作的作曲家雷振邦，接到为《冰山上的来客》作曲的任务后，去新疆采风，到达塔什库尔干，登上了帕米尔高原。他还去了许多位于昆仑山上的哨所，有的在海拔4000米以上。

雷振邦从边防哨所塔吉克族战士那里，听到了当地广为传唱的歌曲《古丽碧塔》描述的感人爱情故事。带着对边疆军民的感情，他将这支民歌改编为电影中的歌曲《花

微评

★ 党的十八大以来，习近平总书记多次强调要坚持以人民为中心的创作导向，这是在新的时代条件下对中国共产党人文化理念的重申。文化为人民大众服务，意味着把人民大众当作文化发展的主体，也意味着文化发展应当基于人民生活。

儿为什么这样红》，歌曲中唱道："花儿为什么这样红，为什么这样红，哎，红得好像，红得好像燃烧的火，它象征着纯洁的友谊和爱情。"

20世纪五六十年代，革命历史是文学的主流题材，围绕这个主题出现了如《铁道游击队》《苦菜花》《野火春风斗古城》等优秀长篇小说。

围绕着土地革命，周立波继他在延安时期的土改名作《暴风骤雨》后，又创作出了《山乡巨变》；围绕着反对资产阶级的革命斗争，有了电影《霓虹灯下的哨兵》；1953年抗美援朝的胜利，让刚刚成立的中华人民共和国热血澎湃，当代诗人、散文作家魏巍创作出影响了一代人的报告文学《谁是最可爱的人》。

1953年，中华人民共和国开始了第一个五年计划，156个大型工业建设项目先后投产。"一五"期间，我国工业增加值年均增长19.8%。工业的发展在中国大地上史无前例地形成了独立自主的工业体系雏形，奠定了社会主义工业化的基础，使收音机和电视机的出现成为可能，也使中国文化产业的诸多发展有了无数个可能。

1949年1月31日，陕北新华广播电台（延安新华广播电台）向全世界宣告"北平和平解放"。延安新华广播电台是中国共产党领导创办的第一座广播电台。这是我国人民广播史上第一次对全国的实况转播。

1949年，中华人民共和国有了第一部电影《桥》。

1950年，中华人民共和国成立后首演第一部歌剧《王贵与李香香》。

1953年，上海电影制片厂完成中华人民共和国第一部彩色影片《梁山伯与祝英台》。

1953年，第一部彩色木偶片《小小英雄》上映。

1955年，木偶片《神笔马良》成为我国第一部国际获奖美术片。

1960年，第一部水墨动画片《小蝌蚪找妈妈》上映。

1963年，第一部彩色木偶长片《孔雀公主》上映。

1953年以后，越来越多的中国人开始拥有收音机，农村普遍安装了有线小喇叭，广播成为当时城乡居民最重要的文化媒介。

那个年代，"各地人民广播电台联播"是大家最喜爱的时事新闻栏目，小朋友们当然最期待"少年儿童广播""小喇叭"。老百姓们对曲艺作品情有独钟，像《红岩》《霓虹灯下的哨兵》《林海雪原》等剧目演出使大众文化生活逐渐丰富。

我们现在所处的这所学校——中国传媒大学，它的前身就是北京广播学院，与我国的广播事业密不可分。1954年中央广播事业局技术人员训练班成立，后改为北京广播专科学校，也就是后来的北京广播学院，为我国的广播事业培养了大量人才。1958年3月17日是我国电视史上里程碑式的一天。这天夜晚，我国第一台电视机——北京牌14英寸黑白机诞生。也是在这一年，中国第一座电视台——北京电视台（现在的中央电视台）落成。从此，这个小小的黑匣子逐渐成为中国人日常文化娱乐活动最重要的载体。

1958年，北京电视台为配合当时进行的阶级教育而推出的二十分钟直播电视小戏《一口菜饼子》，成为中华人民共和国第一部电视剧。1958年至1966年，我国一共播出了200多部电视剧。现在的年轻同学可能想不到，由于技术条件限制，这些电视剧绝大部分是以直播的形式呈现的。它们没有留下任何影像资料，但正因为那代电视人的奋斗，电视剧在今天才能够"飞入寻常百姓家"。

除了广播电视，人民群众对电影也有着发自内心的热爱。在那个艰苦的年代，人们因放电影而早早地搬着小板凳去占座，甚至有的人因为没有位置而坐在幕布背面，看"反片"。

20世纪50年代出现了我国电影事业发展的第一次高峰。以献礼中华人民共和国成立10周年为契机，出现了一批富于民族风格和审美价值的作品，如《林则徐》《青春之歌》《永不消逝的电波》《林家铺子》《甲午风云》《李双双》《革命家庭》《舞台姐妹》《小兵张嘎》《英雄儿女》《早春二月》《达吉和她的父亲》《红楼梦》都成了新中国电影的典范之作，电影观众也从1949年的4700多万人次发展到1965年的46.3亿人次。电影逐渐成为最具大众化也最具意识形态号召力的文艺形式。

此外，这一时期也是中国动画界的光辉岁月，"中国动画学派"出世，《好朋友》《骄傲的将军》等一批优秀作品涌现。1955年洪汛涛先生创作的木偶片《神笔马良》可谓创造了当时木偶片的巅峰辉煌。《小蝌蚪找妈妈》推出后获得了世界范围内的多个奖项，"水墨动画"这种如诗如画的意蕴令国际动画界赞叹不已。现在我们看，日本是世界动漫的第一品牌，宫崎骏等更是蜚声国际的大师，但是五六十年前，中国水墨动画的巅峰期，日本动漫才处在起步阶段。可以说，电视、电影、音乐、动画、舞台艺术以及其他文化门类都在这一时期开始发展。

中华人民共和国成立初期，我们对外来文化秉持着开放的态度，在文化交流方面，苏联的文化对我们的影响最大。早期的苏联电影、苏联小说，苏联诗歌，甚至绘画，还包括文艺理论、文艺美学均对我国起到巨大影响，乃至于在这个时期开始酝酿的中国高校改革、学院建设、学科建设也都或多或少地打上了苏联的印记。

20世纪50年代，从苏联传入的连衣裙"布拉吉"成为最受欢迎的服装。女青年们都开始穿上绣花衬衣、花布裙子，而男子们也普遍穿起了春秋衫、夹克衫乃至西装等，在整个物质匮乏的年代，形成一道亮丽的风景线。

那个时期中苏两国的文化交流频繁，从1949年到1954年，仅东北电影制片厂就译制了《普通一兵》《幸福生活》《宣誓》等苏联电影。苏联也大量播放中国电影，如《白毛女》《钢铁战士》《中华儿女》等影片。

文化要"扫盲"，身体要"增强"

讲到这些文化现象，还有一点不得不说的，就是我们的扫盲运动。中华人民共和国成立初起，我国有4亿多人口，其中文盲率达80%以上。在这种情况下谈文化建设完全是"奢谈"，于是一场轰轰烈烈的扫盲运动开始了。

"黑格隆冬天上，出呀出星星。黑板上写字，放呀么放光明。什么字，放光明？学习，学习二字我认得清……"20世纪50年代，这首《夫妻识字》曾在大江南北风靡一时。那时，无数人就是唱着这首歌，走进了扫盲班的课堂。山东省莒南县高家柳沟村是一个仅有300多户农家的小山村。解放初期，全村只有9个人识字。合作社找到其中7人做记账员，可他们识字不多，他们只好用画圈、画杠代替，时间久了，圈圈、杠杠满天飞，成了一笔糊涂账！扫盲运动开始后，高家柳沟的村民们最大程度地发挥了"理论和实践相结合"的作用——"干什么就学什么"。初春时，社员忙着春耕施肥，他们就学"春耕""送粪"两个词；捕打红蜘蛛的时候，他们就学习"红蜘蛛"；该锄地了，他们又学了"深翻地"三个字。两个半月的学习，参加学习的115名青年，有19个能当记账员，92人能记自己的工账。扫盲运动是20世纪中国教育史上最有标志性的成就。

从20世纪50年代初到60年代初，先后有超过一亿人摘掉了文盲的帽子。这样大规模、有成效的扫盲运动，大大提升了我国人口素质。教育影响着国家的命运，教育兴则国家兴。从中华人民共和国成立伊始，党中央、毛主席就开始向苏联、东欧社会主义国家派出大批留学生，这项工作被纳入我国科学教育发展十年规划。而当时在国外的大批留学生在听闻中华人民共和国成立以后，毅然回国建设祖国，为新中国的建设贡献重要力量。1957年11月17日，毛主席在访问苏联时对留学生们说："世界是你们的，也是我们的，但是归根结底是你们的。你们青年人朝气蓬勃，正在兴旺时期，好像早晨八九点钟的太阳。希望寄托在你们身上。"

国家爱人民，不仅要文化"扫盲"，也要身体"增强"。1951年，中华全国体育总会筹备委员会和中央广播事业局共同决定在中央和各地人民广播电台开办广播体操节目，并在同年11月24日公布了第一套成人广播体操。随后全国出现了一种现象，每天喇叭一响，千百万人随着广播乐曲做操，这是中国群众性体育运动史上破天荒的新鲜事。

在第一套广播体操的基础上后来又衍生出钢铁工人操、纺织工人操、售货员操等。此后50年中，又先后公布了八套广播体操，到现在已经是第九套成人广播体操。

雷人口号背后的文化浮夸

随后"多、快、好、省"口号的流行，让浮夸风不可避免地吹进了文化领域。文化建设中也出现了一些荒唐事。在1958年5月的八大二次会议上，有一个关于文化"大跃进"的发言。其中在讲到十五年后中国的文艺时说：新的文化艺术生活将成为工人、农民生活中的家常便饭，每个厂矿、农村都有图书馆、画报，都有自己的"李白""鲁迅"和"聂耳"，自己的"梅兰芳"和"郭兰英"；整个文艺园地处处"百花齐放"，天天"推陈出新"。

在这之后，各地纷纷提出"人人会写诗，人人会画画，人人会唱歌"，"一县一个'郭沫若''梅兰芳'"的口号。新壁画运动也逐渐兴起，高大直冲云天的苞谷，渔船都装不下的南瓜，可以装满整个列车的一粒麦子，体型比大象还要肥大的猪，可以载着众人过江的土豆……这些都是"新壁画运动"的作品里最常见的形象符号。

"新壁画运动"是"大跃进"中重要的群众文化活动之一，是当时农村群众美术运动的中心。这些壁画在一定程度上提高了群众的生产积极性，但这种一哄而上的、行政命令式的美术创作客观上对当时的"浮夸风"起到推波助澜的作用，违背了艺术创作的规律，缺少了美术作品的灵魂。

"大跃进"从1958年开始持续了三年。在这期间，文化建设中普遍存在急躁、冒进的现象。在这种情况下，1960年9月30日，党中央第一次正式提出"调整、巩固、充实、提高"的"八字方针"，对"大跃进"进行纠正和反思。后来还出现了"文艺八条"（《关于当前文学艺术工作若干问题的意见（草案）》）。这两个"八"的提出为文艺界带来了一股清新之气。

十年求索，山高路长

讲述"新中国文化70年"发展历程时，"文化大革命"时期不能回避，这段时间是"70年"中的一部分，我们认为，实事求是我们党的一贯原则，求真务实是做学术研究的基本底线。基于这样的考量，我们认真学习了中央十一届六次全会做出的《关于建国以来若干重大历史问题的决议》（以下简称《决定》），《决定》中对这十年有一个定性式的评判和分析，即"文化大革命"是一场由领导者错误发动，被反革命集团利用，给党、国家和各族人带来严重灾难的内乱。

从看电影到"演"电影

中华人民共和国成立后的17年间，一共生产了600多部故事片，其中有200多部在"文化大革命"时期被定性为"毒草"，仅剩《鸡毛信》《小兵张嘎》《草原英雄小姐妹》等为数不多的几部电影允许放映。其中《地道战》《地雷战》《南征北战》三部故事片成了影院的看家大片，这三部电影中的每一部，观影人数都超过十亿，人们还百看不厌，屡看屡激动。很多孩子由于看的次数太多，可以将台词倒背如流；要是有人做事做得好，大家会学着《地道战》里的那个翻译官说："高、实在是高！"要是做错什么了，大家就会学《南征北战》里的那个张军长的参谋长，"不是我们无能，是共军太狡猾"，还有像"面包会有的"，"我是王成，我是王成，向我开炮，向我开炮"等，一度成了当时的"流行语"。

但是，这些影片能够为人们提供的消遣毕竟有限，于是故事片的创作又被提上了议事日程。这一时期的故事影片创作始于1973年。1973年元旦周恩来在与其他政治局成员一起接见文艺工作者时作了指示，"电影的娱乐与教育作用大，男女老少都需要它，这是大有作为的"，"群众提意见，说电影太少。接到很多群众来信，这是对的"。这个时期拍摄的经典电影有《艳阳天》《向阳院的故事》《创业》《闪闪的红星》《金光大道》《第二个春天》《海霞》《难忘的战斗》等。

这个时期除了故事片，还出现了一批优质的新闻纪录片，以1974年拍摄的《再次登上珠穆朗玛峰》为代表。

2019年9月30日，作为献礼中华人民共和国成立70周年的影片《攀登者》上映，再次掀开了那一段尘封的往事，向英雄的登山队员们致敬！

这一时期，除了我国自己生产的影片外，还会引进一些国外电影，尤其是阿尔巴尼亚、罗马尼亚、南斯拉夫、朝鲜等社会主义阵营国家的电影。例如，《看不见的战线》《永生的战士》《卖花姑娘》《瓦尔特保卫萨拉热窝》《第八个是铜像》《桥》等影片，都在中国产生过很大的影响。《卖花姑娘》当时在国内影响最大，观众哭得一塌糊涂，电影散场后走到外面，看谁眼圈都是红的。主题曲也成了当时的流行歌"卖花姑娘日夜辛劳，手提花篮上市场"。

时代不能给予，我们自己创造

1965年至1966年年底，全国只剩下《红旗》《新华月报》《人民画报》和外文版的《人民中国》《北京周报》等出版刊物。出版业遭受了严重打击，文学界也陷入了沉寂。直到1972年才开始恢复长篇小说的出版，代表作如《激战无名川》《江畔朝阳》《金光大道》《万山红遍》等。

进入到20世纪70年代，尽管人民群众表现出对文化生活的渴望，但此时的文坛百花衰败。于是民间口头文学不胫而走，各种手抄本应运而生。其流行时间主要是1970年到1976年。

悬疑题材作品《一只绣花鞋》的作者张宝瑞从14岁起就开始这部作品的创作，他和手抄本结缘于1969年，16岁的张宝瑞被分配到北京铁合金厂当炉前工。工厂干活累，夜班最难熬，张宝瑞便开始给工友们讲故事。他常将"厕所下伸出的一只握着梅花的手"作为小说素材，吓得工友们不敢上厕所。

这个故事一讲就是十年，直到1979年他考入人大新闻系。在这一时期，张宝瑞讲的故事中有20多个被做成手抄本小说，广为流传。之后《一只绣花鞋》还被改编为同名广播剧、电影，他本人还出演了《一只绣花鞋》改编的网络大电影中的角色，过了一把"演员瘾"。

手抄本小说是特殊历史时期一种特殊的文化形式，也是当时的一种叛逆行为。由于当年的手抄本基本不署名，而且在长期的传抄中逐步被不同的人加工，因此从某种意义上来讲，它实际上是一种群体劳动，一种自由的文学创作，它反映了人们不甘被禁锢的思想对情感的渴求和反思。在那个渴望自由呼吸的时代，对手抄本的作者们而言，时代不能给予，只有自己创造。

十年一本《战地新歌》

十年的时间，也是"无声"的岁月。当时，全国只准许唱《东方红》《大海航行靠舵手》《三大纪律八项注意》三首中国歌曲和《国际歌》。全国从中央到地方各级专业音乐表演团体、院校、科研部门，中国音协及其各级分会、音乐刊物和一切音乐艺术活动几乎全部停滞。

为了让老百姓过年听上几首歌曲，1971年12月初，当时的中央人民广播电台文艺部部长王敬之找到国务院文化组主管音乐的同志，让相关同志选送几首歌曲并报文化组审议。几天后，王敬之送来《山丹丹开花红艳艳》等五首新编民歌和相关报告，经批示，五首歌曲在1972年春节前终于播出。这五首歌曲的旋律都出自陕西、甘肃地区的民歌，质朴豪放，播出后反响强烈。大年初一中央政治局开会，周恩来表扬国务院文化组为全国人民做了一件好事。于是国务院文化组向全国征集新创作的革命歌曲，要选编一本歌曲集。通知发出后，上千首曲谱和录音带从全国各地送到北京，相关专家学者讨论后，从中精选出86首，和已经获准传播的歌曲汇集成书，名为《战地新歌》。其中有我们熟悉的《打起手鼓唱起歌》《东方红》等经典音乐作品。这本歌曲集的内容不可能摆脱那个时代的主流政治思潮，但旋律比较多样，一些少数民族歌曲颇具特色，公开发行后，风靡全国。长达三年之久的无歌可唱的局面，总算有了些许改变。

就在全中国人民深深地为个人、国家前途感到迷茫的时候，1976年4月5日，为悼念周总理，人们在天安门自发集会，缅怀总理，这就是著名的天安门诗歌运动。同年，中国共产党在华国锋、叶剑英等领导同志的带领下粉碎了"四人帮"，历时十年的文化浩劫宣告结束。

重回正轨之后，这个国家应该何去何从？纵观中华人民共和国成立到"文化大革命"结束这一段时期，我们的文化建设在取得成就的同时也走了一些弯路，其中法制建设不健全是一个重要的影响因素。下面我想请我院的学术委员会副主任，多年来致力于文化传媒法研究，在这一领域颇具影响力的李丹林教授，就我国这七十年的文化法制谈谈看法。

李丹林：七十年文化法制发展历程

谈到我国七十年的文化法制发展历程，也曾走过曲折道路。回望七十年，大体经历了三个时期。

第一个时期是1949到1977年，可谓山重水复、柳暗花明。开国大典前一天通过的《共同纲领》，规定了"文化教育政策"。这是我国文化法制建设最早的宪法性规范。1954年宪法专门规定了有关文化权利的具体条款。这部宪法体现了当时的法制理想、文化理想和社会理想。"文化大革命"时期，"砸烂公检法"，文化法制建设被破坏。

第二个时期是1978年到2000年。我用"春暖花开、除旧布新"比喻。1978年党的十一届三中全会提出，要把立法工作摆到全国人大议事日程上来。随后，一系列重要的法律不断问世。如1982年公布实施的现行宪法，其他还有如民法通则、民事诉讼法、著作权法、文物保护法、反不正当竞争法等。在这一时期，随着国家改革开放的全面推进、文化各领域改革的开启和深化，中国加入WTO，文化法制建设进入新时期。

第三个时期是2001年到现在，我用"承前启后、更上层楼"来概括。进入新世纪，2001年，我国批准《经济、社会、文化权利国际公约》、加入WTO，2004年宪法修正案增加"国家尊重和保障人权"条款。我们在文化法制建设方面，理念越来越清晰，"规范、保护、促进"是文化领域立法要追求和平衡的目标。这一时期，文化领域的立法主要体现在以下四个方面：文化各行业的监管；文化权利保护和文化发展；公共文化服务保障；文化产业促进。徒法不足以自行。因此，文化执法也日渐加强、文化司法保护功能彰显。相信你一定知道"扫黄打非"吧，这些都是文化执法的体现。你也知道"剑网""净网"行动吧，

微评

★ 文化法治建设作为依法治国基本方略的有机组成部分，并不是单兵突进，而是与经济、政治、社会等领域紧密结合、相互作用、全面推进，共同推动和保障中国特色社会主义文化发展繁荣。

这是网络空间清除不良文化信息、打击盗版侵权的行动。你一定知道电视剧《宫锁连城》与《梅花烙》之间的改编权纠纷吧，法院终审判决被告赔偿500万元。

你对王洛宾先生的作品一定很喜欢吧，你或许知道多年来王洛宾先生的继承人都是作为原告去维权。但是你是否知道，因为王洛宾改编的民歌《高高的白杨》，他的儿子曾成为被告。经过艰难的调查和复杂的证据认定，法院最终判定被告的行为不构成侵权。这些案件都说明，司法对于公平合理解决纠纷、促进文艺创作、促进创意设计、促进产业发展的意义重大。

总之，文化与法制关系密切，文化的繁荣离不开法制的保障。如今，我们的文化法治虽然还存在不足，但是已经取得了长足的进步。最后给大家提一个问题，你知道新的一年或不久的将来，会有哪三部与文化关系极为密切的重要的法律的制定或修订可能会由全国人大审议通过？那就是《中华人民共和国民法典》《中华人民共和国文化产业促进法》《中华人民共和国著作权法》。

"新中国文化70年"跨年直播公开课全文（下）

范周

【写作背景】回顾中华人民共和国70年文化发展历程，那些时代典型的文化现象给我们留下了深刻的印象。2019年12月31日，范周教授携六位学术导师用4小时的时间带我们回顾了70年来的文化发展之路。以下为范周教授直播公开课的讲稿实录。

第二部分　忽如一夜春风来，千树万树梨花开（1977—2000）

1978年11月，经过36天的中央工作会议的讨论与反省，党中央意识到将工作重点放在发展上的重要意义。12月，党的第十一届三中全会召开。会议中有了我们耳熟能详的《解放思想，实事求是，团结一致向前看》，"**只有思想解放，一切从实际出发，理论联系实际，我们的社会主义现代化建设才能顺利进行**"。如今，党的十一届三中全会已经成为人们再熟悉不过的一个历史事件，但这个会议的活力至今还悦动在人们的心中。

1977年的冬天不太冷

如果说思想解放是一场关乎内在的精神巨变，那么恢复高考就是这场巨

变的开场白。

1977年10月12日国务院批转教育部《关于1977年高等学校招生工作的意见》《关于高等学校招收研究生的意见》两个文件，宣布当年立即恢复高考。于是广大青年们带着近10年来对知识的饥渴，投入火热的复习当中，那一年的冬天不再寒冷。恢复高考那年是我最难忘的一年，我想当《人民日报》刊登出恢复高考的消息后，无数个年轻人都像我一样激动得一夜难眠。**那种感觉就像黑夜中突然有一道光在召唤，你迫不及待地想要向那束光靠拢。**

后来，在父亲的支持下我终于走上了高考的道路。高考那天，中午考完我拿着准考证出来买午饭，看见有卖面包的，准备买的时候才发现那是专门为高考生提供的，但是我的准考证没有盖买面包的章，于是我又抓紧跑回公社知青办盖章，然后再回来买面包。我至今记得那个面包的味道，仿佛是我人生中吃过的最好吃的面包。我坐在考场附近居民房的胡同里，喝着居民们给我的水，吃着买的面包，抬头看着头顶的蓝天，很是平静安详，仿佛那一天也没有什么特别的事情发生。

然而，就在那看似平静的一天，我的人生轨迹就此改变，千千万万个知识青年们的命运就此改变。

那些惊天动地的变革，都是在悄无声息中掀起波澜。犹记得1978年5月，一个看似寻常的闷热夏天，南京大学哲学系老师胡福明在医院中写出了《实践是检验真理的唯一标准》，经过近十次的修改，作者以破釜沉舟的勇气发表，一场冲破思想藩篱的举国大讨论悄然而至；犹记得徐迟的报告文学《哥德巴赫猜想》掀起轩然大波，拉开了"科学春天"的大门；犹记得《东方风来满眼春》，"南方谈话"如同改革开放的第二次宣言，为加快改革开放廓清了思想迷雾。

没有过不去的浪，总有迎面来的光

1978年对于中国来说，注定是不平凡的一年。其实早在这一年党的十一届三中全会之前，空气中就萌动着不同的气氛。那时，刚刚考上复旦大学中文系的卢新华踌躇满志。入学后不久，就赶上班委会要出一期墙报，要求每人准备一份墙报稿。卢新华在女朋友家的小阁楼里熬夜到两点多才写出《伤痕》这一短篇小说。他自己觉得写得很好，然而，当他拿着刚写出的手稿向一些老师和同学征求意见时，却并未得到他们的认同。因为这篇小说并未塑造英雄人物，这在当时的文学界几乎是没有的。于是，沮丧的卢新华把稿子锁进了抽屉。直到同学敲开宿舍的门催稿，卢新华来不及另写一篇，只能"心里敲着鼓"把作品交上去。没想到第二天，这篇墙上的小说就在学校引起了轰动。卢新华回忆说："那天早晨走廊上围满了人，大家都抬着头看墙报上贴的《伤痕》，边看边议论，有的女生还流下了眼泪。"因为他们在文章里看到了当时的自己。后来，这类作品也被称为"伤痕文学"。

除《伤痕》之外，这时期还涌现了一批不同艺术手法的呈现1966—1976年的文艺作品：比如，文学领域的《班主任》《许茂和他的女儿们》《芙蓉镇》《我们这一代年轻人》，美术领域的《为什么》《父亲》，话剧领域的《于无声处》，更有1983年第一届金鹰电视节中的获奖作品，讲述人民生活的《赤橙黄绿青蓝紫》，以及讲述知青生活的《蹉跎岁月》等。

改革开放初期，鼓舞人心的歌曲有《年轻的朋友来相会》：

> 年轻的朋友们今天来相会
> 荡起小船儿暖风轻轻吹
> 花儿香鸟儿鸣
> 春光惹人醉
> 欢歌笑语绕着彩云飞
> 啊，亲爱的朋友们
> 美妙的春光属于谁
> 属于我，属于你
> 属于我们八十年代的新一辈

还有《在希望的田野上》。这些歌成为动员一代人开创新时代的激昂旋律，使人们封闭多年的心灵开始有了松动的迹象。然而，尽管歌声中唱到"光荣属于八十年代新一辈",但是,光荣究竟在哪里?在改革开放大潮初期,人们的思想刚刚开始解放,难免会受到冲击震撼,难免会对未来和前途有所迷茫。正是这种对未来变革的迷茫,朦胧诗派和新诗潮运动应运而生,芒克、舒婷、海子、牧野等在这一时期创作出许多脍炙人口的诗歌,在这些诗歌中,我最喜欢的是舒婷的《致橡树》。

致橡树

我如果爱你——绝不像攀援的凌霄花,借你的高枝炫耀自己;

我如果爱你——绝不学痴情的鸟儿,为绿荫重复单调的歌曲;

也不止像泉源,常年送来清凉的慰藉;

也不止像险峰,增加你的高度,衬托你的威仪。

甚至日光,甚至春雨。

不,这些都还不够!

我必须是你近旁的一株木棉,作为树的形象和你站在一起。

同一时期,一个叫"潘晓"的名字横空出现,起因是《中国青年》杂志发表了一篇"潘晓"的署名文章《人生的路啊为什么越走越窄》,表达了在时代转折期青年一代的迷茫。也许很多朋友不知道,这位在当时青年中知名度最高的"潘晓"其实只是一个"化名",她是纺织女工黄晓菊和北京经济学院学生潘祎合用的笔名。而之所以出现"潘晓热",某种程度上说,是反映了当时青年思考的方向。当时,还在上大学的我也在一次演讲比赛中发表了题为"中国的脊梁"的演讲,凭借这篇文章,我获得了演讲比赛的冠军。

从"荧屏初吻"到"最长的吻"

对于禁锢已久的国人来说,"解放思想"并不是一件轻松的事。这一时期,也许一个"吻"最能反映出人们的观念冲突——1979年《大众电影》杂志刊登英国电影《水晶鞋与玫瑰花》的接吻剧照,受到了相当猛烈的批评,有读者在来信中说:"你们竟堕落到这种和资产阶级杂志没有什么区别的程度，实在遗憾！我不禁要问，你们在干什么？"

1980年，《庐山恋》让初开国门的国人嗅到了爱情自由的美好气息，去年我们也讲到这背后的一个故事叫作中国电影史上珍贵的"荧屏初吻"，不出意外，这个"吻"同样也引起轩然大波。实践证明，流动的水才活，坚持自己的路才能不断进步，改革的大潮才会滚滚向前。

随着时间的发展，人们发现自己的观念正在悄然变化着，表达爱情也变得不再是以前的羞答答，可以像70年代"你问我爱你有多深，月亮代表我的心"的温婉，也可以像80年代"冬天里的一把火，熊熊火焰燃烧了我"的热情，更可以像90年代"对你爱、爱、爱不完，我可以天天、月月、年年到永远"的执着……

事物总是不断地螺旋上升发展，今天当我们回头看，也许你会哑然一笑，在当年引起轩然大波、让人们争得面红耳赤的，居然只是小小的一个吻。

把耳朵叫醒

在众多的文艺种类中，歌曲和旋律似乎总能一下子让人们穿越回那段年代记忆里。经历了之前"十年一本《战地新歌》"的时期后，改革开放如同一个闸口，把人们心底对旋律的渴望释放出来，不同类型的音乐的流行成功把人们的耳朵重新唤醒。20世纪80年代初，无论是《大海啊故乡》《军港之夜》等民歌唱法音乐，还是《爱你在心口难开》《你的眼神》《我的中国心》《思念》等通俗唱法音乐，抑或是《小螺号》《采蘑菇的小姑娘》《种太阳》等至今传唱的儿童歌曲，都是我们耳熟能详的旋律。更有"港台风"开始不断涌入大陆，邓丽君的甜美歌声、台湾校园民谣，《童年》《外婆的澎湖湾》人人传唱，形成了这一时期的"港台旋风"。

1986年可以说是改革开放后音乐产业发展的第一个高潮。1986年作为国际和平年，有两首公益歌曲在流行音乐乐坛留下了华丽的一章。在我国台湾地区，由罗大佑作曲的《明天会更好》召集了不同地域、不同唱片公司的60余位歌手同台演唱，标志着港台音乐的成熟。你方唱罢我登场，大陆地区的歌手郭峰作曲的《让世界充满爱》召集了100位歌手在工人体育馆同台演唱，这种"别样的方式"开启了流行音乐的传奇时代。

20世纪90年代，能拥有一盘小虎队的磁带是最时髦的事，《青苹果乐园》《爱》是磁带中经常循环播放的经典曲目；90年代，由刘德华、张学友、郭富城和黎明组成的"四大天王"影响力迅速波及全亚洲，风靡至今。那是一个时代神话，那个年代唱片的销量超过一亿。

同一时期，台湾地区也涌现出一批经典流行音乐作品。李宗盛对城市生活中的情感变化体会入微，写下《梦醒时分》《当爱已成往事》等直指人心的情歌；孟庭苇因演唱的许多歌里都有风、雨、云等意境，如《冬季到台北来看雨》《风中有朵雨做的云》，于是有了个好听的名字"气象公主"；从《爱如潮水》《有一点动心》到《信仰》《白月光》，在一代人的成长过程中，张信哲的情歌从未缺席，陪伴着无数少男少女从对爱情的懵懂无知到逐渐变得成熟。

1993年，陈明、李春波、甘萍等红遍全国的音乐人打造了广州音乐的盛况。《涛声依旧》开创了20世纪90年代广东流行音乐的高峰。这首歌的成功宣告中国唱片业成功起航，走向相对的成熟期。自这首歌问世以来便风靡国内外，成为广为传唱的经典作品。

这个时期火爆的音乐还有摇滚。1994年"魔岩三杰"窦唯、张楚和何勇以及作为嘉宾的唐朝乐队登陆香港红磡体育馆，举办"摇滚中国乐势力"演唱会。三个半小时的演出座无虚席，这场演出对后来中国流行音乐的发展意义深远。同时期的香港也诞生了一只殿堂级的乐队Beyond。这一乐队的经典曲目《光辉岁月》《海阔天空》等在我们今天的年青一代中依然被不断传唱。

说到音乐，我自己比较喜欢的是校园民谣。1994年，对于校园民谣来说，是传奇的一年。这年春天，大地唱片公司推出了第一张"校园民谣"概念的歌曲合辑《校园民谣》，一下风靡整个神州大地，无数人都唱起白衣飘飘的青春时代。专辑中，《青春》《流浪歌手的情人》《睡在我上铺的兄弟》火遍大江南北。这一年，那首《同桌的你》一曲成名。此外，20世纪90年代华语乐坛中还有一个人不得不提，第四十届十大中文金曲盘点曾经这样评价她："90年代，华语乐坛是王菲的天下。"中国华语乐坛第一位登上"时代"杂志周刊的华语歌手就是王菲。当时，王菲的歌曲几乎囊括了所有的歌曲奖项。1999年，吉尼斯认定王菲为华语歌坛粤语专辑销量第一的歌手，销量为970万张。**从1978年到2000年，二十多年间，我们见证音乐产业化从无到有、从有到繁荣，人们对音乐的包容度越来越高、对音乐的需求越来越旺盛。**

微评

★ 从中还应该看到，这一时期的盗版泛滥对音乐产业化造成了一定程度的负面影响，这也意味着那个时期我国知识产权保护意识的落后，知识产权作为文化产业发展的核心竞争力，它的完善事关文化产业能否迈向高质量发展。

光影里的别样年华

奔向大片时代的华语电影

说完音乐，咱们再来说说影视。时间拨回20世纪70年代后期，群众文化需求骤然间得到释放，几百部中外电影重登大银幕，电影院再度火爆起来。据说，1978年前后，重庆比较贵的电影票是两角五分钱一张，便宜点的每张一角五分钱，学生票一张只有5分钱。当时大家都很喜欢看电影，许多人天天为买不着电影票苦恼，经常有人通宵排队只为买张票。那时候电影院的工作人员尤其是售票员就成了最令人羡慕的职业，售票员走在路上，都有许多人主动跟他们打招呼。碰到比较好看的电影，影城经理都得躲起来，玩失踪，不然一群群的人找你买票，多得招架不住。

说起80年代的电影必须提的是1982年的《少林寺》。作为第一部在香港上映的内地功夫片，在当时复杂的政治环境下，《少林寺》一举打破香港功夫片历史最高卖座纪录。

20世纪80年代末90年代初，香港武侠影视剧崛起，黄飞鸿系列、倩女幽魂系列、东方不败系列、鹿鼎记系列轰动一时，刻画了一个又一个深入人心的人物形象，陪伴一代人成长，回味无穷。

说到港台电影还有一个人不得不提，他就是周星驰。1995年《大话西游》的上映，给中国无数个文艺青年带来一次真正意义上的电影启蒙。以至于今天的很多观众仍然会带着当年的情怀，一遍又一遍重温这部经典。十年间，周星驰拍了30部电影，几乎部部卖座，"周星驰"三个字似乎就是票房的保证。

90年代的中国影坛呈现出佳作频出的"文学作品影视化"景观，这是中国电影的巅峰时代。这期间，张艺谋的《大红灯笼高高挂》改编自苏童的《妻妾成群》，陈凯歌的《霸王别姬》改编自李碧华的同名小说，姜文的《阳光灿烂的日子》改编自王朔的《动物凶猛》。其中张艺谋执导的《秋菊打官司》《一个都不能少》两度荣获威尼斯电影节金狮奖，陈凯歌执导的《霸王别姬》荣获戛纳电影节金棕榈奖。第五代导演包揽了欧洲三大国际电影节最高奖，完成了华语影坛的一大壮举。

到20世纪90年代末期，"贺岁片"成为老百姓电影记忆的新名词。1997年电影《甲方乙方》开启了中国内地的贺岁片市场，并斩获3500万元的票房，此后20年的时光见证了中国贺岁片的蓬勃壮大。

1979—1989年，也是中国动画发展的一个高峰期，《哪吒闹海》《九色鹿》《天书奇谈》等也取得了轰动性的傲人成果。系列动画片《金猴降妖》《葫芦娃》《邋遢大王奇遇记》《黑猫警长》也是这个时代的经典。1999年，一部动画片《宝莲灯》再度唤起人们对上海美术电影制片厂的亲切记忆。这部动画电影由常光希担任导演，吴贻弓任艺术指导，前后历时近四年，摄制工程浩大。这部动画片还"火"了三首歌——《天地在我心》《想你的365天》《爱就一个字》。一部动画片，一下子成就了三首家喻户晓的经典歌曲，这在中国动画史上是绝无仅有的。

让我们红尘做伴活得潇潇洒洒

20世纪80年代后期，电视机逐渐普及，从1985年开始，中央电视台正式实现了节目数据的卫星转发，大大提高了电视节目在全国的覆盖率。于是"看电视"不再是一件奢侈的事情，而是成了中国老百姓的日常生活和娱乐方式。一批脍炙人口的影视剧成为80年代人们的时代回忆，不仅有经典名著改编剧作，如1983年版的《西游记》《红楼梦》，更有万人空巷的《渴望》。

90年代，港台电视剧形成一股文化旋风。金庸、古龙、琼瑶撑起中国电视剧的半边天。古天乐版的《神雕侠侣》、黄日华版《天龙八部》成为无法超越的经典。尤其是黄日华版《天龙八部》曾引起收视狂潮，创下5个卫视同时联播的情形，可以说代表了香港武侠剧的巅峰。

1993年，古装神话剧《新白娘子传奇》引进央视播出。这部家喻户晓的经典剧色彩鲜艳，人物细腻，12首插曲贯穿全剧，以黄梅戏曲调为主，朗朗上口，尤其是主题曲《千年等一回》，随着这部剧多次的重播，这首歌也成了家喻户晓的经典歌曲。

1998年，两部电视剧席卷着无数人的记忆，横扫青春。一部是《还珠格格》："让我们红尘做伴活得潇潇洒洒，策马奔腾共享人世繁华，对酒当歌唱出心中喜悦，轰轰烈烈把握青春年华……"还记得这首《当》吗？当时中国大街小巷都在循环播放这首歌，大家聊天时总会谈到"喜欢小燕子还是喜欢紫薇"。一时间，"山无棱、天地合，才敢与君绝"甚至成为不少人向往的爱情状态。该剧收视率创造了中国电视剧有数据统计后的收视纪录。据说，因为这部电视剧，韩国三大电视台甚至实行了"华语电视剧封杀令"。

还有一部是1998年1月8日，在中央电视台首播的《水浒传》。这部公认的经典，在1998年第十六届中国电视金鹰奖上一举拿下5个大奖。想象这样一个画面，在一间大学宿舍里，一个男生正沉浸在"让我们红尘做伴"的绵绵爱意中，此时，有人冷不丁吼出一句："大河向东流，天上的星星参北斗啊参北斗……"那时《水浒传》的气势，与《当》的小情调形成鲜明的对比。

春季里开花十四五六

20世纪八九十年代，是"春晚"的黄金岁月。春节联欢晚会是除夕夜

微评

★ 春晚,是一代人的集体记忆,它凝聚着中国人对春节的期盼。20世纪八九十年代的春晚,诞生了一批脍炙人口的经典节目。随着人民多样化的文化需求日益旺盛,春晚也在不断地与时俱进,它或许不再成为每个人必看的节目,但每个人都必将参与它的活动。时代在变,春晚也在变。

所有家庭成员围在一起享用的文化大餐。而在春晚的舞台上,小品、相声等语言类节目成了必备节目,春晚见证了小品、相声的不断发展。相声《宇宙牌香烟》和《虎口遐想》深受大家喜爱。小品节目自1984年开始正式登上春晚舞台,并通过春晚舞台逐步成为最受欢迎的全民性的曲艺形式,留下了一大批经典的曲艺作品。陈佩斯、朱时茂的《吃面条》是当之无愧的春晚小品开山鼻祖。小品《羊肉串》《主角与配角》《相亲》《超生游击队》……承载着一个时代的记忆。在大家关于小品的记忆里都藏着一个满口唐山话的中国老太太。我们不得不承认,她十多年间的表演和妙句,连同电视机前千家万户的笑声,已经是几代人的共同记忆——她就是赵丽蓉。我国小品舞台上还涌现出陈佩斯和朱时茂、郭达和蔡明等一对对黄金搭档,他们的经典作品,给几代观众留下挥之不去的美好印象。

提到影视方面,我们学院的林振宇老师可谓实践经验与理论经验均十分丰富,林老师曾多年在中国国家电视台——中央电视台担任导演,任第29届奥林匹克运动会组织委员会多项重大文化活动的特邀导演,更是2019年丝绸之路电影节闭幕式和金鸡奖开幕式的总导演,下面就请林老师来给大家讲述70年来影视行业的发展变迁。

林振宇:七十年影视行业发展

关于影视的话题,我想我们生于20世纪70年代的人对范老师刚才讲的很多情节都感同身受,我自己既是教师,也是导演,在这里,我想从影视创作者和从业者的角度梳理一下新中国70年影视发展的点滴感悟。

从纵向维度看,电影是伴随着中华人民共和国成立的礼炮声走进普通百姓家的,我们这一代人小时候都有搬着小板凳顶着满天星斗看露天电影的美好经历。那些革命英雄主义的电影，那些闪闪发光的英雄群像，感召了几代中国人，形成了一个民族无法磨灭的情感记忆；到了八九十年代，在我们的成长期，我们也亲历了国产电影的低迷、挣扎甚至被嘲笑的尴尬情景，那时候一度都有中国电影何时有出头之日的感叹。时过境迁，**今天，我们看到国产电影重新碾压式地占据了市场的主流，理想主义和英雄主义再次在大银幕上引吭高歌，只不过，今天的电影作品和我们自己一样，都比十几年前成熟了很多。**

中国电视的发展是和整个改革开放的进程重合在一起的。20世纪80年代初期，电视迅速普及到千家万户，成了中国百姓最重要、最日常的文化生活载体。思想解放和体制改革带来了作品持续井喷式的发展，从名著经典改编到网络玄幻，从传统的春节晚会到大综艺和真人秀，从讲述老百姓故事的东方时空到走向世界的都市生活剧，电视展开了极其丰富的社会生活画卷，创造了无数全民狂欢式的社会热点，它本身就体现了改革开放的巨大成就，但同时，躲避崇高、消解英雄、娱乐崇拜等现象也是电视行业如影随形的标签之一。

70年来，电影电视不仅见证了新中国沧桑巨变的成长，也经历了起伏跌宕的跨越式发展。回望70年，我们收获的首先是共识：**所有影视作品的创作都面对着中国与世界、传统与现代、个体与国家这三个共同的课题。**70年的历程给了我们更宏阔的视野、更清醒的自我认知、更有责任感的判断以及更深沉的情感，对古与今、土与洋、民族与世界、个体和时代，我们都有了更成熟更深层次的理解和思考，也因此在新的维度上获得了对时代精神和中国价值的整体共识。如果没有这样的积淀和共识，也就不会产生今年国庆档《我和我的祖国》这样一批在思想情感和创作手法上都相对成熟的作品。

新时代的影视业，即将迎来万物互联的5G时代，这是一个多屏互动、随时直播的时代，人人都是创作者和发布者，互联网平台在内容上大面积迭代传统电视台和电影公司，影视行业仿佛将进入一个新的青春期。面对新一轮浪潮的冲击，此时回望70年发展历程，我们的另一个收获是自信。这是一种文明的自信，"国漫""国潮"崛起，我们会更愿意沉浸和欣赏来自我们祖先的文化基因；这也是一种道路自信，吴京、郭帆、李子柒们让我们越发相信，那些更加不忘初心、敬畏历史、敬畏观众的创作者，那些更加扎根生活，体现时代价值，讲好中国故事的作品，终将成为新浪潮中的新主流，并且受到市场和观众的认可。**守正创新，真诚执着，反映人民心声，弘扬中国精神，凝聚时代力量，这是永远不变的使命。**无论世事如何变迁，所谓人间正道是沧桑，也许这就是我们今天回望新中国70年给我们这些影视从业者的重要启示。

流行文化的中国表达

改革开放的号角吹响，除了带来思想解放以及各行各业的复苏之外，新鲜的事物扑面而来，人们的审美发生了巨大变化。今天的年轻人，让我看看你们，穿破洞裤的，穿超短裙的，都没有什么意外，然而那个年代第一批穿喇叭裤、超短裙、戴蛤蟆镜的年轻人，还要被怀疑是不是"思想作风有问题"。穿了喇叭裤就意味着颓废，还要在工厂门口设岗剪掉喇叭裤的裤腿。

1984年美国《时代》周刊杂志封面上出现了一个站在长城上的中国年轻人，标题叫"中国的新面孔"。通过这种符号化的封面，杂志提醒读者，一个有着崭新面孔的中国，正出现在世界面前。这一年，一部《街上流行红裙子》的电影风行全国，让很多爱美的中国姑娘用红色连衣裙扮靓了大街小巷。也是这一年，联想、海尔等日后享有盛名的公司，陆续诞生。年轻的中国以及中国人民正以崭新的面孔向世界挥手。

我国改革开放后第一部日本引进影片《追捕》放映之后，高仓健杜丘式的风衣风靡全国；日本电视连续剧《排球女将》中的女主角小鹿纯子的排球装受到年轻女孩们的热捧；80年代中后期播出的《上海滩》万人空巷，发哥的"大背头"、白围巾、长风衣等形象特色被众多年轻人效仿。

80年代中期，迪斯科在中国流行起来，并且由家庭舞会、露天舞会进入营业性舞厅。当时，有句顺口溜说跳舞的普及程度："十个人八个跳，还有两个倒股票；十个人八个扭，还有两个爱养狗。"后来，迪斯科舞潮回落，青年人不跳迪斯科了。随着美国电影《霹雳舞》的上映，太空步、霹雳舞席卷全国，年轻人开始烫爆炸头；再后来，他们开始跳广场舞了。

服装总是最能反映青年人的时尚动向。90年代，"文化衫"开始在青年群体中流行。在北京、上海、天津、广州、沈阳等城市，无论在街道上还是在大学校园里，人们都能发现青年人穿的文化衫。身着文化衫的青年们，用各种特定意义的图案和文字符号来表现自己的个性、愿望和情绪。这种感受和情绪体验，既是青年人的心态，也可以从这些文化衫里，窥一窥90年代青年的社会思潮和社会心态。

以前总有人会说"'80后'是垮掉的一代"，后来说"'90后''00后'是垮掉的一代"，可在我看来，这些论调似乎都是长者对后辈无端的担忧。事实证明，时代在发展，今天个性突出的年轻人，犹如80年代戴蛤蟆镜的青年人，**没有哪一代是垮掉的一代，追梦的青年人们都将会成为社会进步的中流砥柱。**

结语

如果说，1978年中国开启了改革开放的新征程；1992年邓小平同志南方视察，从此我国改革开放和现代化建设进入全新的历史阶段。1978年到2000年这二十多年间，对于中国文化发展来说，是不平凡的二十年。这二十几年来，人们的思想不断开放包容，我国文化市场从无到有，文化商品种类日渐丰富，文化商品流通日益频繁；这二十几年来，中国文化体制深化变革，各项事业稳步发展。其间，《著作权法》的颁布实施，激发了文学、艺术创作逐步进入稳步发展的快车道。随着科技的发展，人们的文化创作、文化消费的方式也在随时代发生着变化。

90年代最重要的变化是通讯的发展与变革，仿佛一夜之间就彻底拉近了人与人之间的距离。在手机还没有普及的时候，有台BP机绝对是最时髦的事。电视剧《我爱我家》里，贾志新一进门就迫不及待炫耀自己的BP机。所有人都有一本手抄的电话簿，记满了家人和朋友的号码。街边巷尾，也出现了这样的情景：很多人守候在公共电话亭为对方回电话。这台传呼机不但可以接收对方的电话号码，还可以接到对方简单的留言如"速回电话""老地方见"。当时大多数人拿的是"数显BP机",也就是只能显示数字,因此也就出现了每个朋友圈内的独特的数字暗号。我还记得我当时就和朋友形成共识,"397"就是校门口见、"965"就是晚上一起吃饭,等等。

在全新的市场经济环境下,我国居民人均文化教育娱乐支出大幅增长。这期间,香港和澳门重回祖国的怀抱,所有人都心潮澎湃,祖国迈向了富强。**当时的人们或许并未意识到一场互联网狂潮即将到来,世界的下一页,正在变得很不一样。**

第三部分　长风破浪会有时,直挂云帆济沧海(2001—2019)

21世纪是大众文化的时代,是互联网的时代,是全球化的时代!2001年对中国来说注定是不平凡的一年。那一年,中国正式加入WTO,成为第143个成员国,我国的对外开放进入新的历史发展阶段;那一年,在莫斯科,萨马兰奇宣布:北京!我国获得2008年奥运会举办权。一时间,举国欢腾;那一年亚太经合组织(APEC)第九次领导人非正式会议在上海举行;那一年,中国男足战胜阿曼提前两轮踢进了世界杯,44年首次圆梦……这些事仿佛还发生在昨天,原来时光总是不知不觉,而我们一直后知后觉。

钱天白.CN,网龄三十年

1990年11月,有一位清华无线电专业的高材生,代表中国在美国注册了中国顶级域名.CN,1994年5月,同样是这位高材生,协助中国科学院计算机网络信息中心完成了中国国家顶级域名".CN"服务器的设置。这一时刻,中国真正进入了互联网的赛道,1994年被人们称为"中国互联网元年",而这位高材生是钱天白教授,他是名副其实的中国互联网"第一人"。2000年,网易、搜狐、新浪相继在纳斯达克挂牌上市,这三家巨头被人们称为中国三大门户网站,其当时的地位堪比后来的BAT(百度、阿里巴巴、腾讯)。

说起BAT,没有人会想到,1998年马化腾和他的同学张志东一起合资注册的深圳腾讯计算机系统有限公司、1999年本为英语教师的马云与另外17人在中国杭州市创办的阿里巴巴网站、2000年美国归来的李彦宏在中关村成立的还不足十人的小公司会撑起未来中国互联网二十年的半边天。果然，"聪明的头脑总是不谋而合"。不只是商业的成功，BAT对于人们日常生活的影响也随处可见。

> 如今，大家都身处互联网时代，
> 有几个问题想问大家：
> 你有多久没有用过现金了？
> 你有多久没有站在路边打车了？
> 你有多久没有用过台式电话了？
> 你有多久没有看过有线电视了？
> 你有多久没有发过短信了？

20年前，国内的媒体上曾经流行过"互联网生存大赛"，看谁可以只依靠互联网生存足够长的时间。回顾当时的报道，有的媒体居然称宅在家里上网的人为"当代鲁滨逊"。现在看来，办个"无互联网生存大赛"才是比较有挑战性的。

互联网的普及不仅改变了人们的生活，也丰富了文化的表现形式，网络文艺也应运而生。2001年，一首《东北人都是活雷锋》火遍神州各地，而这一年也被称为是"网络音乐元年"，随后《两只蝴蝶》《秋天不回来》《2002年的第一场雪》等作品推动网络音乐走上第一次高潮，但是由于作品风格和质量的问题渐渐趋于沉寂。2006年，新风格的网络歌曲开始走红，代表人物就是许嵩，《断桥残雪》《玫瑰花的葬礼》等作品的制作水准和前些年的网络歌曲相比有了很大的提升。2010年智能手机开始出现，网络歌曲的传播又有了新的媒介，新一代的网络歌手成长起来，这时网络歌曲的制作发行已经相当成熟，当时的音乐下载榜的前几位经常被网络歌曲占据，网络歌曲也成了华语乐坛不可缺少的一部分。

除了音乐，网络文学也悄然萌芽。2002年网络文学史上第一个正版原创文学专业网站——起点中文网成立。2003年起点中文网率先推出革命性的会员收费制度，为网络文学行业提供了一套完整的电子出版支付和内容管理系统，一举奠定了网络文学的商业模式基础，开创了网文的商业化时代。有了市场的刺激，《鬼吹灯》《盗墓笔记》《斗破苍穹》《斗罗大陆》等网文经典陆续出现，也推动IP进入大众视野，以IP为核心的泛娱乐产业逐步发展起来。近年来，IP改编更成为一个流行的文化现象。有人戏称："给我一个IP，我可以撬动整个娱乐产业"。出现了一系列如《欢乐颂》《微微一笑很倾城》《从前有座灵剑山》《三生三世十里桃花》《老九门》《知否知否应是绿肥红瘦》《庆余年》等广受年轻人欢迎的作品。

互联网带来的不仅是颠覆传统，更是从无到有的创新。2001年，网易推出《大话西游》，中国网络游戏产业正式起航。那段时间，《传奇世界》《魔兽世界》《征途》等一大批网络游戏的出现，伴随了"80后"一代人的青春。2019年，中国战队FPX获得2019年《英雄联盟》全球总决赛冠军，这是继2018年IG战队夺冠后，中国战队连续两年获得《英雄联盟》项目的最高荣誉。去年看到IG夺冠的消息刷屏时，我和很多人一样好奇地询问：什么是IG，那代表什么？也许，从网吧少年到世界冠军，那代表了一个相当庞大的年轻人群曾不被理解和拥有遗憾的青春，最终获得的释放和和解吧。

2012年，中国手机网民第一次超过了PC端网民，移动互联网时代正式开启。微信公众号上线，两年后在那一年的白马湖论坛上，我创办了自己的公众号"言之有范"，不久前它刚刚过完自己的五周年生日。这五年，有很多同学在这个公众号上留下自己的足迹，为日后自己在自媒体时代的发展奠定了坚实的基础。

从此，手机的通信价值不再是主流，取而代之的是娱乐属性、办公属性等。有人测算，现在人们把自己清醒时间的1/4用在了手机上，扩大到人的一辈子（按平均寿命算），这相当于整整11年。移动互联网带来了直播和短视频。2016年被称为"中国网络直播元年"，网络直播从一个个冰冷的手机应用，变为充斥在年轻人休闲时光的热门话题，我们今天的公开课也正是得益于网络直播的快速发展。2016年我们院做了第一场文化产业跨年盘点，2017年我们进行了文化产业学院奖的跨年直播，2018年我们做了"见证，文化四十年"跨年直播公开课，2019年我们依旧相约跨年夜。

但互联网是把双刃剑，它带来的碎片化的阅读内容和阅读方式让人们离经典著作越来越远；它给人们带来的海量信息让人们越来越迷失，加剧了人们的知识焦虑，"贩卖焦虑"甚至还成了一个产业；互联网对于人们注意力的过分侵占让很多人不由得感慨："时间都去哪儿了？"还有人戏称"世界上最遥远的距离是我坐在你对面，你却在玩手机"。关于互联网的两面性问题我可能感受不深，我想请真正的"互联网原住民"，我们院优秀的年轻教师刘京晶副院长来和我们分享一下她和互联网的"爱恨情仇"。

微评

★ 互联网已经与我们的生活融合在了一起，今天我们离不开互联网，技术革命正在重塑每个人的生活方式与思维方式。

刘京晶：互联不死、精神不灭

互联网是什么？是从清晨浏览的第一条新闻到睡前收听的最后一首歌，是精准推算用户喜好的大数据，是社交网络上记录的一个个瞬间，是我们每一个人普通或者不普通的日常。我在思考这个问题的时候，脑中浮现的是1和0这两个数字。这两个二进制代码开启了人类始料未及的互联网社会。我身后的这个号码（10001）也是由这两个数字组成。它是马化腾的QQ号。你可以加他，但他不一定会通过验证哦。

20年前，我也注册了一个QQ号，是一个"18"开头的八位数QQ号，现在可以被称作宝藏级的古董号了。它是我作为中国初代互联网用户的身份象征。我们每个人都有一个数字身份，它开启了我们解构与被解构、塑造与被塑造的互联网生活。在这个去中心的开放世界，数字身份让我们抛开现实世界的限制和束缚，变成自由而平等的个体。

区别于传统社会自上而下的文化传达，在互联网中，我们既接收着文化，也创造着文化。网红就是应运而生的互联网产物。UP主"老番茄"是复旦大学金融系研一学生，拥有近千万粉丝，曾受邀进行纳斯达克股票市场上市的直播讲解。"李家有女，人称子柒。"这个"90后"博主通过短视频向世界展示着中国的田园牧歌。她在社交平台优兔上拥有780万全球粉丝，可与美国CNN比肩。一个普通人可以成为网红，成为全民偶像，甚至成为国家文化传播的代言人，这是互联网的可贵。

进入深度互联社会后，长尾理论在文化领域同样得到印证，大家共同塑造着这个社会的文化生态，结识志同道合的朋友，形成个性多元的文化圈层，把自己喜爱的文化发展到极致。

从2018年"IG夺冠"到今年FPX战队蝉联英雄联盟全球总决赛，一群年轻人向曾经的偏见证明电竞也可以为国争光，成为中国与世界进行连接的新纽带。互联网令人着迷的就是这种蓬勃的生命力，这种无限的可能性。

江湖人称"小破站"的哔哩哔哩最初是二次元聚集地，谁能想到它已成为国内年轻人学习的最大平台。互联网上，每个人都可以成为"斜杠青年"，不断发现新的自我。

每一种独特的文化获得感都值得被尊重，每一个梦想都可能成为现实，这是互联网的可爱。数字是互联网的技术基底，但每一个数字身份背后的人，才是互联网的灵魂和初心。互联网不过是将散落的个体、社群捡拾起来，将人与人、人与时间、人与空间之间日益凋零的连接关系再次激活。它是一座桥，为渡人而造。开放、平等、互动、创新是互联网的核心要义，也是人类对各美其美、美美与共的永恒向往。

我们所期望的，是无论网络世界如何更迭，每个数字身份都能始终保持理性思考和人性关怀，收敛起戾气与过分尖锐的锋芒。哪怕科学技术飞快前进的脚步让我们追赶得有些疲惫，哪怕铺天盖地的信息让我们有些眼花缭乱，哪怕数据的透明让我们有些无所适从。但互联网仍然在那里，静候着成为每个数字公民温柔的栖居地，等待着我们坦然道出一句：此心安处，即是吾乡。愿互联不死，愿互联网精神不灭。

世界是平的，世界是通的

2008年我国发生了很多大事，汶川地震、南方雪灾、世界性金融危机现在想起依然令人心痛。但是，那一年"神舟七号"飞天成功，实现中国历史上第一次的太空漫步；那一年中国成功举办奥运，那是许多中国人脑海中最闪光的记忆。中国作为东道主尽显地主之谊，一首《北京欢迎你》全球瞩目，成为世界焦点，尤其是在互联网的加持下，全球化的影响日益明显。2008年，一部《钢铁侠》横空出世，从此漫威电影宇宙正式上路。除了以好莱坞大片为代表的欧美文化的引入，"韩流"的影响也不可忽视。2005年，湖南卫视重金买下韩剧《大长今》的版权，中华大地迅速刮起"韩流风暴"，近年的《来自星星的你》《继承者们》等韩剧的播出，在中国再次掀起一股韩流。以前我只知道冬至吃饺子，现在发现每年初雪的时候年轻人开始流行吃炸鸡配啤酒。

文化的传播不是单向度的，我国的文化产品也在不断走向海外，受到国外观众的喜爱，尤其是电视剧等大众文化形式。中国电视剧的海外传播之路与40年前签署的《中日文化交流协定》密切相关——正是在其推动下，1980年中日首次合拍的电视剧《望乡之星》成为国产电视剧"走出去"的起点。近十几年来，《媳妇的美好时代》《甄嬛传》《琅琊榜》《白夜追凶》《延禧攻略》《长安十二时辰》等剧集在国外持续受到追捧。

文化的国际传播是本土文化和外来文化交流互鉴的重

微评

★ 理性思考和人文关怀，是数字时代最稀缺、最宝贵的东西。我们时常在网络中感到困顿、迷茫，而网络的瞬时性特征也让我们时刻身处信息的汪洋大海，辨别信息将成为未来人们需要必备的能力。

要渠道。比如，街舞和说唱等欧美流行亚文化的引入，也是经过了从单纯模仿到本土化创新的历程。街舞在20世纪80年代中期传入中国，这要归功于1984年的一部街舞电影《霹雳舞》，录像带通过各种途径，传递到中国青少年的手中，那些最早拥有电视机、录像机的青少年家庭，成为霹雳舞的传播中心。但是，最初的街舞是"叛逆"和"小混混"的代名词，夸张的头巾、紧身牛仔套装、霹雳手套……标新立异的形象和夸张的肢体语言成为人们对它的第一印象。21世纪初街舞开始从街头文化走进高校校园，各个学校的街舞比赛多如牛毛，甚至还出现了国家级别的电视街舞大赛。国内街舞舞者开始努力尝试将街舞与中国功夫、民族民间舞蹈等传统文化元素相融合，出现了《齐天大圣》《精武门》《贫与富》《大话西游》等优秀作品。2018年中国首部原创交响乐街舞作品《黄河》入选舞蹈领域最高奖——荷花奖，在街舞本土化的过程中，既丰富了街舞的表现形式，也给中国舞蹈带来创新，激发了更多舞蹈创意，形成了良性互动。

从众，大众文化正当时

2005年夏天，一个叫《超级女声》的电视节目几乎在一夜之间风靡全国，并由此打造了李宇春、周笔畅、张靓颖等新一代"平民偶像"，也开启了全民造星的时代。不过随着时间的推移，观众对个人选秀节目产生了审美疲劳，这类节目逐渐进入了瓶颈期，2018年《偶像练习生》《创造101》横空出世，引发了新的讨论热潮。

选秀节目兴起的背后亦是一场"大众文化"的狂欢，2005年前后，陆续涌现出一批脍炙人口的大众文艺作品，《炊事班的故事》《爱情公寓》《家有儿女》《仙剑奇侠传》《士兵突击》相继热映。已经播出了15年的《武林外传》似乎依然没有过时，主演们的表情包头像也被网友频繁使用，"B站"的视频点击率极高，里面经典的段子至今还有很多人张口就来。当年看《武林外传》的在座的很多人如今一定还记得那首主题曲"嘿，兄弟！我们好久不见你在哪里，嘿，朋友！如果真的是你，请打招呼！"

除了电视剧，电影的腾飞也进一步印证了大众文化的时代活力。近二十年来我国电影尤其是商业电影走出了一条产业化和大众化的道路，《英雄》《卧虎藏龙》《无极》《十面埋伏》等一系列"大片"凭借大投资、大制作、大场面、大明星等优势展示出强大的票房号召力。但"大片模式"在2006年被打破，宁浩的《疯狂的石头》以及后来的《失恋三十三天》等小成本电影都完成了票房的"逆袭"。但是，产业化发展并不是一帆风顺的。近年来，影视行业遭遇"寒冬"。寒冬过后往往是春天，留下的只会是禁得起"考验"的制作人和从业人。观众从未缺席、未来依然可期。

大众文化的发展自然也离不开流行歌曲。2001年，一首歌曲席卷中国的大江南北，大街小巷的孩子们都在唱着"快使用双截棍，哼哼哈嘿"。此后《东风破》《兰亭序》《青花瓷》等中国风音乐开始流行。除此之外，港台地区的流行歌手有很多佳作问世，内地音乐人也有一批传唱度很高的作品，《无所谓》《奔跑》《明天过后》《该死的温柔》《蓝莲花》《暗香》《小苹果》《因为爱情》《时间都去哪儿了》《传奇》等成为这一时期传唱度很高的歌曲。此外，"女子十二乐坊"等流行民乐团体出现，为中国民乐在新世纪的复兴做出一定贡献。

但是，近年来华语流行音乐的表现却不尽如人意。伴随近年来中国流行文化投入大量资源在综艺节目和选秀节目上，负面影响也逐渐体现出来，潜心于原创音乐创作和唱片发行领域的艺术家越来越少，新鲜原创音乐人的面孔也凤毛麟角；大量偶像组合以模仿为主，缺乏自身的特色。甚至在选秀节目当中，很多人唱的还是十年甚至几十年前的港台歌曲。关于音乐，我们院党总支副书记，也是声乐专业科班出身的朱敏教授还是很有发言权的，下面就请他带我们回顾中国唱片发展的70年。

朱敏：中国唱片，见证中国音乐消费70年

唱片作为音乐的载体，一直是中国人民精神文化生活的重要组成部分，也是体现中国文化软实力的重要"文化标识"。我想通过唱片来与大家分享我国人民在过去70年的音乐生活的点点滴滴。

1949年6月3日，上海解放的第5天，刚刚回到人民手中的大中华唱片厂录制了新中国的第一批唱片，标志着新中国唱片业的开端，其中就包括《解放区的天》《军队向前进》等人们耳熟能详的革命歌曲。这些唱片主要用于刚刚解放的城市广播电台，从此中国唱片唱响了为人民服务、为社会主义服务的时代主旋律。1957年，中国唱片社（后更名为中国唱片公司）成立。《歌唱祖国》《东方红》等，都是那个时代中国唱片社出品的精品唱片。

1966—1976年中国唱片业处在发展的低谷，但即便如此，仍出现了不少经典佳作，其中包括《智取威虎山》《红灯记》《白毛女》《红色娘子军》等一批红色主题唱片，为那个时期中国人民贫瘠的精神生活增添了一抹难得的亮色。

在20世纪50年代至90年代，长达半个世纪的时间里，以黑胶唱片、盒式磁带、CD为代表的实体唱片占据了中国人民音乐消费的主流。无论是六七十年代围坐在老唱片机旁边倾听黑胶唱片放出的革命歌曲，在80年代改革开放之初，大街小巷提着录音机随声曼舞的时髦青年，还是90年代随处可见的WALKMAN（随身听），都已成为那个时代中国人民音乐生活最珍贵的集体记忆。而这个时期中国唱片的商业模式也一直是以唱片公司灌录出版，由实体音像店售卖为主的传统商业模式。进入21世纪，随着现代数字技术的发展，数字音乐迅速取代实体唱片，构建起以互联网为核心，更注重参与性和互动性的新型音乐消费模式。

2019年9月16日周杰伦的新歌《说好不哭》在QQ音乐、酷狗音乐、酷我音乐准时上线，仅用时24小时，该数字唱片在三大音乐平台上的销量已累计达到667万张。按照3元/张的价格计算，该数字唱片的销售额已达2001.2万元。这在传统实体唱片时代是很难达到的。QQ音乐、网易云音乐、虾米音乐、咪咕音乐等几大网络音乐平台通过资源整合和版权互认等方式，为消费者提供了海量的数字音乐内容和更好的音乐体验。同时，知识产权环境也逐步改善。2015年，我国颁布了史上"最严版权令"，为数字音乐付费模式的实施提供了更加坚实的保障。中国唱片业已经走过了不断攀登求索、积聚力量、走向自信的70年。随着5G时代到来，中国唱片业也将以更加充沛的活力，继续为实现中华民族伟大复兴的中国梦提供不竭的精神动力。

你有你的《快乐大本营》，我有我的《养生堂》

这是你们的时代，也是我们的时代，正所谓"萝卜白菜，各有所爱"。你有你的《快乐大本营》，我有我的《养生堂》。前面讲了年轻人的大众文化、流行文化、互联网文化，那么日趋庞大的老年群体和逐步迈入老年的中年群体的文化生活呢？最近几年，中国的大妈们越来越活跃，越来越注重娱乐和休闲，一个非常明显的表现就是广场舞这一娱乐形式随处可见。《佳木斯健身操》《小苹果》《站在草原望北京》等一系列歌曲成为大街小巷的背景音。虽然在广场舞流行初期，出现了扰民、非法占据公共空间等问题，但随着相关管理规定的出台和地方政府的正确引导，广场舞已经愈加规范和健康，成为广大人民群众喜闻乐见的娱乐形式。随着网络的发展，很多年轻人选择在网上看剧，而大部分中老年人还是坚守在电视机前，做忠实的观众。比如，《金婚》《父母爱情》《乡村爱情》《乔家大院》《亮剑》《大宅门》《康熙王朝》《闯关东》等，都是他们的最爱。

根据中国互联网络信息中心发布的数据，从2000年到2017年6月，我国50岁以上的网民群体呈扩大趋势。2017年，50岁以上网民群体在网民中所占比例达到10.6%，越来越多的中老年人融入互联网之中。中老年人对互联网的应用集中于沟通交流和信息获取方面，主要的搜索内容包括菜谱、出行、旅游相关信息，浏览的公众号文章主要围绕传播正能量、养生保健、运动健身、生活小窍门等话题，但也不乏一些虚假消息。十几年前，很多父母教育小朋友说，"网上的东西都是假的，不要信"，现在看他们很多人转发的朋友圈文章，果然很多是假的。

国风"出圈"，传统文化焕新生

当下年轻人喜爱的二次元文化和动漫等形成了庞大的粉丝圈和受众基础，但是近年来动漫再也不是单纯以娱乐和观赏性为单一目的进行创作，与传统文化相结合并讲述中国故事，成为动漫创作者的初衷之一。2015年《大圣归来》票房近十亿元人民币，成为近年国产动漫电影的一座新的里程碑。

《大鱼海棠》《大护法》《白蛇：缘起》等一系列表现优秀传统文化的国漫电影，让人们看到了中国动漫电影人的匠心。2019年暑期，《哪吒之魔童降世》更是树立起一座新高峰。这些的漫作品以中国优秀文化为内核，辅以年轻化的动漫表达方式，对中华传统文化进行全新演绎，用弘扬文化自信和民族精神的正向思想，重新定义中国动漫。

除此之外，一向以娱乐为主流内容的综艺节目也开始出现变化，除了《奔跑吧兄弟》《极限挑战》《挑战不可能》《王牌对王牌》《我是歌手》《中国好声音》《爸爸去哪儿》《奇葩说》等偏向娱乐化的综艺节目，《朗读者》《国家宝藏》《中国诗词大会》《经典咏流传》《我在故宫修文物》等文化综艺节目，给电视机前的观众带来了阵阵清流。好的综艺市场就是这样，它给观众带来足够多的选择，让各种人群都可以找到自己喜欢的那个节目。

为时代画像、为时代立传、为时代明德

2019年3月4日，习近平看望参加政协会议的文艺界社科界委员时强调："中国特色社会主义进入了新时代。希望大家承担记录新时代、书写新时代、讴歌新时代的使命，勇于回答时代课题，从当代中国的伟大创造中发现创作的主题、捕捉创新的灵感，深刻反映我们这个时代的历史巨变，描绘我们这个时代的精神图谱，为时代画像、为时代立传、为时代明德。"

从前两年的《人民的名义》《大江大河》，再到今年引起广泛关注的《都挺好》《少年派》《小欢喜》，现实主义题材电视剧热度不减，话题不断。2019年上半年播出的《都挺好》，苏大强的表情包被各大电视节目、商家广告、微博营销号争相改编，"苏大强表情包作者不心疼版权"还登上了热搜。但是喧嚣过后，这部剧走红的真正原因是它用戏剧冲突直面当今社会存在的教育、婚姻、养老等热点问题，引发了大家的广泛共鸣。电影领域，《我不是药神》引发了新一轮的药价改革，还有《无名之辈》《芳华》《找到你》《烈火英雄》《二十二》等电影接连登陆大银幕，赢得了口碑与市场的强烈反响。

　　这些电影把社会问题搬上银幕，表现普通人的日常生活和命运，传达真挚的情感和理性的社会批判，现实主义的回归成为近两年影视的主题词。除了现实主义的回归，主旋律也成为近两年影视行业的又一关键词，《我和我的祖国》《中国机长》《攀登者》三部主旋律献礼片引发全民观影热潮，堪称"史上最强"国庆档。除了文艺创作要以人民为中心，人民的基本公共文化需求也不容忽视。2018年1月1日，《中华人民共和国公共图书馆法》正式施行，明确宣布中国的公共图书馆实行免费开放，突出强调了公共图书馆的社会教育功能，它不仅是借书还书的地方，还承担着"以文化人"的功能，同时也明确了公共图书馆是公共文化设施。博物馆的功能也不断拓展，2019年7月，中国国家博物馆、上海博物馆、陕西历史博物馆、广东省博物馆等相继宣布暑期开夜场，种种举措都旨在满足人们日趋多元化的文化需求。

结　语

　　2001—2019年，近二十年间，经济保持高速增长，国内生产总值翻了两番，中国错过了前两次工业革命，如今终于登上了世界第三次科技革命的列车，从"2G跟随、3G突破、4G同步"，到如今5G时代有望实现技术与市场全球双领跑，未来是一个最好的时代，也是一个最快的时代。

　　在2019年的最后四个小时，我们用一个个记忆深处的片段，耳熟能详的旋律，不为人知的故事共同回顾新中国七十年的文化发展。有些片段让我们陷入回忆，有些旋律让我们忆起青春，有些故事让我们潸然泪下，这大概就是文化的力量，它浸润在新中国七十年的发展脉络里，也镶嵌在每一个个体的生命轨迹里。

尾声　东方欲晓，莫道君行早

　　伴随着新年钟声的敲响，我们共同迎来了2020年。在新年到来之际，请允许我向在场所有的朋友以及观看直播的朋友们道一声：新年快乐！今夜，我们沿着时间的长河，细细回溯，新中国文化建设历程中一个个生动的画面呈现在我们眼前。那些激动人心的高光时刻、历史瞬间，都是文化发展的印记。

对话卜希霆：展望未来，预告明年

范老师：我今天讲述的内容可能只是中华人民共和国成立70年以来的千千万万成果中的很小一部分，甚至只是文化发展若干领域的一个小片段。因为时间的关系，我们并非以偏概全，而是通过这种形式，将70年来文化发展历程中撷取一朵一朵小浪花呈现给大家，后期我们也会继续沉淀，出版一本学术专著《新中国文化70年论纲》作为我们此次学习的一个阶段性成果，也欢迎大家持续关注。

大江奔腾势如虹，前进的步伐是不可阻挡的。站在中华人民共和国成立70周年的历史节点上，我们用了四个小时回首过往，也想在新年钟声刚刚敲响的此刻一同展望未来。下面，我将邀请中国传媒大学文化产业管理学院党总支书记，也是我的老搭档卜希霆老师和我一起大胆畅想，展望未来。

卜老师：听了范老师四个小时的演讲，七十年的文化建设历历在目，让我对中国未来的发展更加充满信心。2020年是全面建成小康社会和"十三五"规划收官之年，即将迎来中国共产党成立100周年。说到这里，范老师，我听说您下次跨年公开课的主题已经确定了？可不可以提前和我们透露下？

范老师：对！是的。2020年全面建成小康社会，是我们党制定的"两个一百年"奋斗目标的第一个百年奋斗目标。所以下次跨年公开课，我想以此为背景和大家进行分

微评

★ 2020年，是决战决胜脱贫攻坚和全面建成小康社会的收官之年。"十三五"时期，5575万农村贫困人口实现脱贫，为新时期乡村的全面振兴奠定了坚实基础。在经济、政治、文化、社会、生态文明五位一体、全面推进的背景下，文化小康是衡量小康社会建成情况的重要指标，文化振兴也是乡村振兴中必不可缺的一环。

享，主题是 "小康社会建设，文化不能缺位"。2020年，我和团队将走访中国的大江南北，走过一个个乡村，走进一户户人家，寻找全面小康建设道路上一个个生动的案例和故事，在跨年时继续与诸位分享。

卜老师：真的是让人很期待呀。刚才范老师提到我党"两个一百年"奋斗目标，大家都知道，第一个"一百年"，是到中国共产党成立100年时全面建成小康社会；第二个"一百年"，是到中华人民共和国成立100年时建成富强、民主、文明、和谐、美丽的社会主义现代化强国。不知道到2049年，我们的生活将是什么样的呢？

范老师：我想到那个时候，智能高铁早已四通八达，无人驾驶成为现实，也许会飞的汽车也已经在多数城市穿行，智慧交通一应俱全。随着科技进步，未来社会的科研、教育、娱乐、制造等将全面实现数字化、智能化升级，人们的美好生活触手可及。

卜老师：是呀，那时候的科技一定会对各个行业产生深刻的，甚至是颠覆性的变革。我来大胆畅想一下，未来，汽车会不会成为繁忙的都市人不可或缺的办公空间呢？在上下班途中，如果有需要紧急处理的工作，我们可以随时切换成无人驾驶模式，用一个"口令"打开无屏投影，车厢瞬间变成一个虚拟办公室。如果需要进行跨国会议，智能耳机的实时翻译将为我们实现无障碍的交流与对话。我们的购物也会更加便捷，无人机会瞬间将我们需要的物品送达，通过面部识别完成签收。您说，到那个时候，我们教师是不是都失业啦？机器人教师和VR虚拟教师成为主流，只有足够优秀的教师才能走进课堂。多屏终端互联互通，全息投影技术带来穿越时空的课堂体验。真的是既有危机感，又充满期待。如同我们在这里展望未来，未来的我们如果想要重温今晚这场"新中国文化70年"跨年公开课，只需打开智能手环、带上VR眼镜，就能实现沉浸式的体验。未来已来。数字经济模式下的全球竞争新格局正在重塑，未来，中国数字产业以及数字文化产业将给我们带来怎样的惊喜呢？值得期待。

范老师：总的来说，正如毛主席在1934年写的《清平乐·会昌》一诗中所说的：东方欲晓，莫道君行早。踏遍青山人未老，风景这边独好。近期习主席在意大利访问的时候也曾经提到"我将无我，不负人民"。我也希望我们文化从业者以此态度共同推动我国的文化发展。辉煌成就已载入民族史册，美好未来正召唤我们去开拓创造。一代人有一代人的使命，一代人有一代人的长征，我们理当鸡鸣而起，我们理当携手同行！让我们再一次唱响那个熟悉的旋律，《我和我的祖国》。

卜老师：这个夜晚，我们一路回首，一路展望。这一堂关于中国文化70年的公开课，希望大家都有所共鸣，有所收获。祝福和感谢的话，怎么也说不完。尤其是今晚在座的朋友、老师、同学当中还有很多人是不远万里从各地赶过来的，我很高兴看到大家这种对历史变迁、过往岁月的珍视之情，还有对文化、对知识的追求之心，也希望在大家的接续努力中，让中国的文化力量传递得更广、更远。

沧桑巨变70年，文化自信润人心

范周

【写作背景】10月1日，正值中华人民共和国成立70周年，在这个特殊的日子里，老范作为北京市朝阳区文创界代表，有幸参加了国庆70周年阅兵观礼活动，置身在这样一个庄严隆重、热烈喜庆的观礼现场，可谓终生难忘、感触颇深，现将观礼感想整理出来，与大家共同分享。

习近平总书记在阅兵典礼前铿锵有力地指出："今天，社会主义中国巍然屹立在世界东方，没有任何力量能够撼动我们伟大祖国的地位，没有任何力量能够阻挡中国人民和中华民族的前进步伐！"站在观礼现场，与30万观礼嘉宾一起在观礼现场感受伟大祖国的光辉时刻，确实令人热血沸腾、心潮澎湃。总结来看，主要有以下三点感受，与朋友们共同分享。

一是国家日益繁荣富强。习主席指出，"70年来，全国各族人民同心同德、艰苦奋斗，取得了令世界刮目相看的伟大成就"。此次受阅的装备均为国产现役主战装备，较为充分地体现了中国国防科研自主创新能力。尤其此次全新登场的东风-41导弹，作为我国自主研制的新一代战略核导弹，其"东风快递、使命必达"的口号更是令国人信心倍增。从"万国牌"到"中国造"，国庆阅兵展现了中国军事武器装备的发展，受阅方队的变化，也体现着中国军事力量的发展。

如今，中国以崭新面貌亮相，不断吸引全世界目光。这次盛大的阅兵展示大大激发了民族自豪感和民族自信心。当我们齐声高唱国歌的时候，我不禁热泪盈眶，改革开放40年来所取得的巨大成就，在长安街上勾勒出一幅幅动人的画卷。这也更让我们坚信，打铁还需自身硬，只有祖国强大起来，才能够真正屹立于世界民族之林。没有祖国的繁荣富强、没有各行各业取得的光辉成就，我们的和平发展如同空谈。

二是回首来路漫漫。观礼现场还有两件事令我印象深刻，一个是阅兵现场中车牌为1949的车上是空的——虽然无人乘坐，承载的却是当年被鲜血染红的英魂，网友们纷纷感慨"这盛世，如您所愿"。另一个是那些为新中国成立而抛头颅、洒热血的老一辈革命家们的亲属和儿女高举他们先辈的画像走过。回想五年前中国人民抗日战争暨世界反法西斯战争胜利70周年阅兵时，我也在观礼现场。五年过去了，我国的军事力量又上升了一个台阶，不禁慨叹：这样庞大的一个中华民族，筚路蓝缕走过来，朝着共同的美好愿景昂首挺胸，从没停下过脚步。

七十载风雨无阻，先辈们用热血与生命铸就了人类史上的奇迹。此刻，我们的眼中是万里华章。我们是如此幸运，能够亲眼见证祖国的繁荣昌盛，而这份幸运，更应当不断激励我们将先辈们拼尽全力创造的一切变得更好。

三是每个人都平凡而伟大。此次阅兵还有一个特点，即整个的游行与方阵，真正覆盖了各个领域。尤其是晚上联欢活动中《我和我的祖国》大规模"快闪"行动，学生、军人、劳动模范、残疾人、快递小哥全程参与，被认为是张艺谋导演指导此次国庆活动最成功的设计，是贴合了时代的艺术表现形式，也真正让我感受到这繁华盛世中，有你也有我。"以人民为中心"并非一句口号，我们每个人都与国家大事有着密不可分的关联。

因此，新时代下我们更应肩负使命，坚信每个人都是平凡而伟大的。此次阅兵仪式中，无论是阅兵、游行还是联欢晚会，高校师生、社会各界人士都付出了很大的辛苦。我们学校也有老师和学生有幸参与其中，有的是民兵方队中的一员，有的是活动志愿者，也有的是合唱团成员，正是有了这些普通人的默默付出，此次阅兵仪式才能够顺利进行。每个人生命的精彩，莫过于在新时代把握住难得的历史机遇，实现人生抱负，融汇家国梦想。我坚信这些宝贵的经历将成为参与此次活动的同学们人生中最宝贵的财富。

虽然一整天活动下来有些疲倦，但令我感动的是，每个人脸上都洋溢着为祖国庆祝70年华诞的幸福。值得一提的是，在活动观礼结束后，整个广场没有一个垃圾，没有一片纸屑，可以看出大家对国家的高度认同感、归属感和责任感。观礼结束后，回到家又陪同家人看了近日热播的《攀登者》和《中国机长》，在观看的过程中这些电影场景与广场上观看阅兵、游行和参与群众联欢的场景在我的脑海中交相呼应，不能忘怀。

最后，衷心祝愿祖国更加强盛。新时代下，我们都是追梦人，每一个人在祖国的发展历程当中，都应力所能及地献自己的力量。国庆期间，我们也将从明天开始开展多种主题的研讨调研，结合"不忘初心、牢记使命"的主题教育，扎扎实实地做好每一件平凡的事情，同心共创祖国的美好未来！

光影变幻，新中国电影中哪些镜头藏着你的记忆？

刘小炜

【写作背景】这一年，《流浪地球》《哪吒之魔童降世》《我和我的祖国》《中国机长》《攀登者》《少年的你》等现象级影片燃爆市场，中国电影正处于黄金生长期。回首70年新中国文化发展，电影留下了浓墨重彩的一笔。展望未来，在互联网和全球化的语境下，一路追逐的中国电影将持续提升内容的品质和水准，探索向上之力、向前之路。

1895年12月28日，法国巴黎卢米埃尔兄弟放映了胶片摄制的《工厂大门》与《火车进站》等活动影片，标志着电影艺术诞生。

十年后，任景丰导演拍摄的戏曲片《定军山》标志着中国电影的开始。此后，尽管经历着抗日战争与解放战争的烽火连绵，中国民族电影工业仍然艰难生存和发展。1949年10月1日，中华人民共和国成立，人们告别战乱与斗争，投身国家的建设之中，中国电影进入新纪元。

1949—1966年新中国红色经典电影时期

在我国百年电影史上，1949—1966年这一阶段的电影发展受到国内外政治、经济环境的影响，以国营电影体制的形成和探索、社会主义红色经典电影的产出为两大主题。

中华人民共和国成立前的电影业主要以娱乐和教化为功能、私营为主体的形式活跃于历史舞台上。**随着中华人民共和国的成立，具有鲜明政治色彩的电影肩负起构建主流意识形态权威性的使命，逐步完成了由私营到国营的转变。**其中几个电影文件与重要事件对此转变发挥了关键作用：

1948年11月，第一个以中共中央正式文件的形式下达的《中共中央宣传部关于电影工作给东北局宣传部的指示》阐明了"电影剧本的标准"应当是"反帝、反封建、反官僚资本的，而不是反苏、反共、反人民民主的"，"电影剧本故事的范围"主要应该是"解放区的、现代的、中国的"，这种对新中国电影未来的期待将中国电影引向了越来越鲜明的政治事业道路。

随着1951—1953年社会主义改造的基本完成，以及长春电影制片厂、北京电影制片厂、上海电影制片厂三个国营制片厂的建立，国营电影体制形成。

在这一阶段，包括1956年党中央提出的"百花齐放、百家争鸣"的方针，1956年年底关于电影制片工作的制片厂厂长会议（即"舍饭寺会议"），1961年关于电影创作与生产内容的"新侨会议"召开，1962年设立的观众最喜爱影片"百花奖"等在内的一些重要指导思想和会议也影响着中华人民共和国成立后电影制片、放映和创作的方向，一大批优秀经典作品诞生。

1949年中华人民共和国的第一部故事片《桥》与第一部彩色戏曲片《梁山伯与祝英台》等电影相继问世，出现了1959年与1963年的电影创作高潮。

第一次在1959年，以国庆10周年为契机，电影界出品了80部影片，如大众熟知的《林则徐》《青春之歌》《永不消逝的电波》《林家铺子》《战火中的青春》《五朵金花》，这些影片在庆祝中华人民共和国十周年的新片展览月放映，被电影界誉为"难忘的1959年"。

在1963年的第二次电影创作高潮中，《李双双》《小兵张嘎》《英雄儿女》《早春二月》《农奴》《野火春风斗古城》《杨门女将》《红楼梦》等

微评

★ 这些经典之作成为那个时代人民群众的精神食粮。电影作为重要的艺术门类体现着时代的变迁与人民生活的变化。

成为新中国电影的典范之作。其中既有农业题材、工业题材，也有革命历史题材与少数民族题材，总体上以"工农兵"为电影主人翁，重大历史事件为主线。这一批红色经典电影体现了该时期艺术家们的高度社会责任感，也反映出当时政治与电影文艺不可分割。

1966—1976年：革命电影时期

1966—1976年这一时期的电影生产以1973年为界分成两个阶段。第一阶段是1966—1972年。在这七年中，故事片的生产和创作处于停滞状态。这个阶段的文艺以"革命现代京剧样板戏"电影为最主要代表，从1970年到1972年总共拍摄10部，以京剧《红灯记》《沙家浜》《智取威虎山》《奇袭白虎团》《海港》《龙江颂》，芭蕾舞剧《白毛女》《红色娘子军》8个剧目为代表。

第二阶段是1973—1976年，这一阶段故事片重新恢复生产，作品数量呈现逐年上涨的趋势，出现了《闪闪的红星》《创业》《海霞》等作品。这一时期也不再是"八亿人民八个样板戏"的时代，新闻纪录电影在此阶段占据大量的银幕空间。如歌颂铁人王进喜的英雄事迹和大庆精神的《大庆红旗》《铁人王进喜》《大庆人》，工业建设纪录影片如《成昆铁路》《襄渝铁路》《南京长江大桥》《胜利油田》等一批反映人民群众艰苦奋斗、克服困难的勇敢精神和创造性劳动的新闻纪录影片诞生。

除此之外，还有记录中国核武器研制试验的纪录影片《欢呼我国发射导弹核武器试验成功》《我国成功的进行了一次新的氢弹试验》《我国又一颗人造地球卫星发射成功》等，为以后的科研、历史研究留下了珍贵的影像资料。

1977—2000年：恢复、变革的转型电影新时期

在改革开放，思想文化多元解放的背景下，电影迈入了恢复、变革的转型新时期。1977—1978年间，以前被禁映的影片陆续复映，一批电影工作者得到平反，同时还出品了大量反"四人帮"的故事片。经过调整和恢复，1979年中国影坛掀起了一次创作高潮，出现了《从奴隶到将军》《苦恼人的笑》《曙光》《啊，摇篮》等一批伤痕与反思电影，标志着电影进入迅速发展阶段。

我国影史上的第三代、第四代、第五代电影人在这一时期的电影舞台上发光发热，创造了中国影史上的第二个黄金时代。

首先，第三代导演迎来了艺术上的丰收期，遵循现实主义原则、表现生活本质的他们在民族风格、艺术意蕴方面做了较多有益尝试。谢晋、谢铁骊等知名导演创作了《芙蓉镇》《今夜星光灿烂》《鸦片战争》《骆驼祥子》《边城》《春桃》等一批优秀作品。

其次，以20世纪60年代北京电影学院毕业生为主体的第四代导演接受了系统的电影理论学习，也有丰富的艺术实践经验，在80年代探索电影新观念时大胆引入纪实美学概念。以吴贻弓、吴天明、张暖忻、郑洞天、谢飞、颜学恕等一批导演为代表的电影人拍摄了《人生》《老井》《巴山夜雨》《我们的田野》《本命年》《野山》等作品。

到了以张艺谋、陈凯歌、田壮壮、黄建新等导演为代表的第五代导演，力求标新立异的他们主观性、象征性、寓意性极强，产出了《一个和八个》《黄土地》《孩子王》《晚钟》《红高粱》《菊豆》《大红灯笼高高挂》《秋菊打官司》《霸王别姬》《活着》《一个都不能少》《那人那山那狗》等优秀作品，垂名影史。

这一时期电影模式有了转变，逐渐从国营电影体制转向市场化发展。1979年8月国务院颁布198号文件，明晰了发行的分成比例与利润的留存办法。1984年《中共中央关于经济体制改革的决定》将电影业规定为企业性质

（事业单位企业化管理）。1993年1月的3号文件《印发〈关于当前深化电影行业机制改革的若干意见〉的通知》直接触及电影业多年来的发行垄断问题，要求电影院适应社会主义市场经济的发展。1996年3月的"长沙会议"又明确赋予了电影"以高尚的精神塑造人，以优秀的作品鼓舞人，培育有理想、有道德、有文化、有纪律的社会主义公民"的意识形态义务。这些政策文件共同构成了新时期电影既坚持以为人民服务、为社会主义服务为方针，同时面向市场化探索特点。

1997年，冯小刚的《甲方乙方》正式登陆贺岁档，标志着国产电影商业化的新路径和新阶段，为即将进入2000年的电影业提供了另一种新思路。

2001年至今：国际化与市场化探索的电影时期

2001年12月，中国正式加入世贸组织。我国电影产业既要直面以美国好莱坞为首的外来文化的挑战，也需要在国内日渐开放、竞争的市场环境下探索未来发展之道。

"入世"之前，进口电影已经在中国电影票房市场占据了不小比例，《廊桥遗梦》《泰坦尼克号》比大部分国产电影更为知名。"入世"初期，进口电影与外资电影商对中国本土电影市场的冲击持续了一段时间，我国民族电影产业在借鉴与探索中快速发展，《英雄》《十面埋伏》《神话》《无极》《满城尽带黄金甲》《赤壁》等"1.0"国产大片大量出现，吸引了不少观众走进电影院。

此后，如《疯狂的石头》《泰囧》《失恋三十三天》《美人鱼》《捉妖记》《流浪地球》等商业类型电影，《找到你》《烈日灼心》《亲爱的》《推拿》《山河故人》《嘉年华》《我不是药神》等现实题材电影，以及《智取威虎山》《建国大业》《战狼2》《红海行动》等主旋律电影全方位地展现了国产电影市场化、多元化发展的全新面貌。

多个规定和文件为进入2000年后的电影产业保驾护航。2001年12月，国务院通过的《电影管理条例》以法律的形式为电影制片降低了市场准入条件，使民营企业可以进入电影发行、放映行业，促进电影产业化发展。

2003年是中国电影产业化的重要年份，这一年广电总局共出台了16份文件，连续颁布了4个广电总局令后，中国电影市场开始迅速发展，电影票房、观影人次、电影院与银幕数，每年都在高速扩张，中国电影开始真正走向产业化。

2010年国务院办公厅发布《关于促进电影产业繁荣发展的指导意见》，2017年3月1日起正式施行的《电影产业促进法》，2018年国家电影局下发的《关于加快电影院建设促进电影市场繁荣发展的意见》均给进入新时代电影产业的长足发展做了诸多政策保障。

结语

中国电影产业走过了波澜壮阔的七十年：在体制上，从中华人民共和国成立前的私营模式转变为成立初期的国营电影体制，到改革开放后电影业从计划经济体制向市场经济体制过渡，再到现在的以市场化为主的运作模式；在内容上，虽然受到不同时期的政策环境的影响，但始终与历史、现实等时代命脉紧密相连。展望未来，在互联网和全球化的语境下，一路追逐的中国电影必将持续提升内容的品质和水准，探索向上之力、向前之路。

2020，你文化跨年了吗？

巩仪　李姝婧

【写作背景】逝者如斯夫，不舍昼夜。转瞬间，2019年的时光飞逝而过，时间的注脚已跳入了2020年。在2019—2020年的跨年夜，我们欢歌起舞，我们踌躇满志。多年来，观看各大平台的跨年盛会已成了不少人心中的必选项。回顾近年，我们可以看到不少平台也纷纷搭上了"文化"号列车，在发展的路上疾行。2019—2020年的跨年夜，你又是怎样度过的呢？有没有哪台盛会成为你回忆中的珍藏？

在物质生活与精神生活日渐丰富的当下，人们的跨年方式已演变出多种形式。例如，娱乐跨年、知识跨年、文化跨年等，其中参与娱乐跨年的人依然占据多数，与此同时，在近几年开始知识付费等多重因素下，知识跨年、文化跨年也逐渐兴起。今天，让我们一起盘点2019—2020年各大平台的跨年盛会，去回忆2019年最后几个小时的欢歌笑语，去寻找喧嚣背后的反思与启迪。

微评

★ 宋代吴自牧在《梦粱录》里写道："正月朔日，谓之元旦，俗呼为新年。一岁节序，为此之首。"从节日影响力来看，元旦的影响力远不如春节。但近20年来因元旦兴起的跨年档已经发展成为重要的纪念日之一。它反映了文化市场以及大众对文化需求的不断变化。

娱乐跨年：流量与品质的博弈

从格局上看，在2019年跨年夜，依然以近年形成的以湖南卫视为首的"五大卫视"头部阵容为主，势头强劲。其中湖南卫视、江苏卫视、东方卫视三大台表现亮眼。此外，刚刚组建一年的中央广播电视总台首次携《启航2020》跨年盛典入局，董卿、朱广权等央视著名主持人的加入，让2019年"跨年大战"形势愈加激烈。

根据"新浪综艺"汇总的结果，2019—2020年跨年大战中湖南卫视与江苏卫视成两大赢家。在全国网、酷云数据、欢网的统计数据中，跨年"优等生"湖南卫视依旧不负众望，直播关注度达到3.8512%，市场占有率达到23.5176%，以成倍优势高于位居第二的央视，取得全域冠军。而在索福瑞公布的全国59城与35城收视数据中，江苏卫视则以2.721%的收视率成功超越湖南卫视，成为收视赢家。

将目光聚焦在跨年晚会的头部力量上，我们不难发现今年的跨年夜是一场流量与品质的博弈，而今年的两大赢家则是各自阵营最有力的代表。

"对不起，除了顶流我们一无所有。"湖南卫视跨年演唱会总导演陈歆宇的一句话瞬间引爆观众的好奇心，也指出了湖南卫视跨年夜最核心的要素——"流量"。在流量驱使下，新浪微博上关于湖南卫视跨年晚会119.5亿的主话题量与2200多万的讨论量，也让47个相关热搜的出现不再奇怪。可以说，湖南卫视抓住了年轻人对于话题的渴望，充分利用了"流量"这张王牌。

这一年跨年大战的另一位赢家江苏卫视则走出了一条完全不同的道路。在其跨年演唱会迈入第12个年头之际，江苏卫视坚持品质为先，在演出前就放话"现场全部真唱"，引发网友热议。表演嘉宾虽不足20位，但观众却用手中的遥控器投出了自己对它的认可。此外，江苏卫视跨年晚会在舞美等方面也获得了网友的一致好评，足以见得其在品质上的用心。

流量还是品质，这是一个娱乐界永恒的问题。流量与品质的兼得固然理想，但在当下中国娱乐市场中流量与品质的博弈才更为主流。"假唱风波"

仍不绝于耳，"演出事故"也层出不穷，在湖南卫视的众多热搜中究竟赞与贬何为主流竟难以区分。人们要看到的是，纵然流量可以在短期内快速带来经济效益，但在文艺节目内容质量普遍上升的今天，观众对于节目的要求也不断提高。**仅有流量便能一手遮天的日子不会长远，唯有品质为王，才能历久弥新。**

知识跨年：寂静下的反思

时间回溯到2015年12月31日，在这一天，罗振宇率先举办了"时间的朋友"跨年演讲，开创了"知识跨年"新范式。其石破天惊的出现带来了"娱乐至死"时代下跨年的一股清流，也同时吸引了业界的目光。

2016年，第二次"时间的朋友"跨年演讲与深圳卫视携手，首创卫视直播"跨年演讲"的节目形式。这场总时长近5个小时的演讲，没有明星，没有流量，竟在各大卫视跨年演唱会的夹击下给出了傲人的收视率，占据全国同时段第一。这是"知识跨年"的胜利，也是"知识焦虑"年代人们用手中的遥控器做出的选择。

此后，张召忠、白岩松等各界知名人士也纷纷入局知识跨年，一时间跨年演讲蔚然成风。从根本上来说，以罗振宇、吴晓波为主的知识跨年代表为大众提供另一种跨年活动文化产品的同时，其背后也有一套成熟的商业模式运作。罗振宇"时间的朋友"2019—2020跨年演讲门票价格880—2680元，迅速售罄，它以知识付费的形式成为一些地方卫视与网络视频平台追逐的下一个高地。

2020跨年夜，深圳卫视、广东卫视、东南卫视纷纷布局"知识跨年"，其中深圳卫视延续了与罗振宇的合作，

微评

★ 2005—2015，经过数十年的孕育，跨年早已成为一个重要的纪念节点和营销的黄金档期。

★ 在知识付费热潮下，知识跨年近两年成了一种新风尚，以倡导重视知识、终身学习的跨年方式没有问题，但过度贩卖焦虑和心灵鸡汤的演讲可以称为知识吗？

第二年推出"时间的朋友"跨年演讲。广东卫视推出"更好的明年"跨年演讲，东南卫视则继续打造"思·享"品牌，邀请12位顶尖专家、智库学者，对"台海局势与两岸关系的回顾与展望"和"读懂中国，看懂世界"两个主题进行学术分析。

然而与2017年的"热"不同，除深圳卫视收视位列同时段索福瑞排行榜第十名外，其他卫视的跨年演讲在前25名都难寻踪迹。在各大平台上，吴晓波等人的演讲也并不占据主流。这说明罗振宇开创的"知识跨年"实则依靠个人IP运作能力，而跨年演讲这类文化产品的消费也有固定的"圈层"。罗振宇是知识付费领域的头部KOL（key opinion leader，关键意见领袖），从2012年至今，罗振宇IP运作已有8年之久，对于他的存在，经常上网的年轻人几乎"无人不知，无人不晓"，自然关注度就会在同类中显得略高，然而其他名人则没有这么幸运能够马上"出圈"。

究竟是"知识焦虑"解除了，还是"知识厌倦"了？究其原因，大抵有以下几点。

其一，花样繁多的跨年活动分散了受众的注意力。跨年演讲本就是与跨年演唱会分一杯羹的存在，自身内部又竞争激烈，再加上线上线下跨年活动频出，仅"上海本地宝"公众号显示的上海本地跨年活动就多达33项。在这种情况下，以知识性为核心竞争力的跨年演讲的受众在一定程度上被分散开来。

其二，演讲能否赢得最广泛的受众要靠深度与趣味的结合。想让观众在跨年的烟火喧嚣中静心于一场演讲，需要的不仅是见地的深刻，还要有平易近人的语言。要想赢得收视的胜利，必须抓住大众的口味。要让他们听着好，更要他们听得懂。如何让知识成为"high点"，成了跨年演讲的一大难题。

其三，此形式进入倦怠期。经历了四年的发展与沉淀，"知识跨年"已到达发展的节点。在观众的好奇心与新鲜感褪去之后，热度的下降成了必然，一场场跨年演讲难免还是成了业内人士的狂欢。

文化跨年：时代的涵养与浸润

随着人们物质与精神生活的丰富，我们在跨年之夜拥有了更多的选择。这些选择也让我们看到新时代中国这个泱泱大国对文化底蕴的重视与对多元文化的包容。

在各大卫视琳琅满目的跨年演唱会与跨年演讲之外，仍有异军突起。在索福瑞公布的全国59城与35城收视数据中，我们惊喜地看到跨年同时段收视前25名内，出现了更为多元化的身影。湖北卫视、天津卫视、重庆卫视凭借音乐会与戏曲类节目榜上有名。

与爱奇艺、腾讯争夺跨年晚会直播权不同，阿里大文娱的优酷近几年吸引了马未都等知名人士，具有打造文化IP的优势。2019年优酷以"文化跨年"为口号，从12月30日至1月10日邀请几十名大家展开文化讨论，致力打造自己的文化矩阵。12月31日晚推出的《回望2019展望2020》节目邀请马未都等与史航畅谈2020，然而令人遗憾的是，优酷首次的"文化跨年"反响并不算理想，各大平台均未见明显的宣发。这样的尝试是值得鼓励的，这表明跨年活动不再拘泥于晚会的传统形式，同时人们的跨年理念也逐渐发生变化，反映了人们多样化的文化需求。

放眼2020跨年夜，是文化的多元给予我们更多的选择，更是祖国的强大给予我们自豪的底气与力量。正如总书记在新年贺词中所讲，"70年披荆斩棘，70年风雨兼程"。70年来中国沧桑巨变、历史变迁，是党和国家带领人民走上改革开放的道路，引领人民吹响新时代的号角。

从跨年活动举办主体来看，这两年高校也逐渐参与到跨年活动中，引领文化跨年新潮流。2019年12月31日，中国传媒大学文化产业管理学院院长范周教授携手卜希霆、

微评

★ 近两年，跨年活动从线上到线下延伸，话剧、音乐剧等众多艺术形式加入跨年档，文化跨年的范式悄然兴起，以轻松又不失文化底蕴的方式满足人们的文化需求，为跨年夜增添了些许不一样的色彩。

贾旭东、李丹林、朱敏、刘京晶、林振宇六位学术导师组成的学术讲师团共同讲述中华人民共和国成立70年文化发展历程，引发了千万观众共鸣，为观众朋友们献上2019年跨年文化盛宴。

跨年直播公开课是中国传媒大学文化产业管理学院范周教授领衔主讲的大型文化慕课，是一场全新的教学改革探索。运用互联网思维和融媒体传播方式创新教学方式，打造"跨年慕课"，将知识跨年和教书育人相结合，扩大学术的传播力和影响力，体现了高校的学术担当。此次"新中国文化70年"跨年直播公开课是中国传媒大学文化产业管理学院继2018年"见证·文化40年"跨年直播公开课的又一次延续和创新。

从形式上看，范周教授以直播公开课为形式，历时四个多小时，向群众展现新中国70年来文化发展变迁。与知识付费浪潮下发展起来的知识跨年不同，本次课程作为公益课程，展现出高校的责任担当，是一堂有趣也有料的课程。

从内容上看，范周教授携手学术讲师团为本次课程做了充足的准备。七名学术讲师以各自扎实的学术研究为背景生动讲述不同领域的发展，回顾70年文化发展中的精彩瞬间。在这些瞬间中，让观众感受到文化的渊源和历史沿革，充分感受到文化的力量。

除此之外，2019年的跨年也有许多新鲜面孔。哔哩哔哩（又称"B站"）入局跨年大战可谓是2019年跨年夜的一大亮点。作为国内互联网文化平台的代表之一，B站首次推出主题为"2019最后的夜"新年晚会，不仅打破了"卫视独大"的新年晚会举办定式，也成为互联网平台的"首个晚会代表"。**事实上，B站的跨年晚会不是完全意义上的文化跨年，之所以将其放在这一部分讨论，是因为它象征着一种圈层文化的胜利。**

对于陪伴"90后"成长的B站来说，"2019最后的夜晚"不仅是2019年的最后一晚，更是B站十年成长的最后一夜。十年来，B站飞速发展，从蹒跚学步的"小破站"，到月均活跃用户突破亿人大关的年轻人文化社区，此次举办的首届跨年晚会正是B站对这十年的一次致敬和总结。

在整场晚会中，我们看到了IP的身影，看到了时代的印记，看到了一代年轻人的青春。《权力的游戏》《哈利·波特》《魔兽世界》……一个个经典的形象，一首首经典的音乐让人们身临其境。唱歌、跳舞、相声、乐器表演、虚拟偶像轮番上阵，展现古风与二次元文化。从"鬼畜"到vlog，弹幕与好评齐飞。无怪乎朋友在朋友圈中评价道："B站这次高能的跨年晚会真的看到泪目。"

而今，文化跨年的范式悄然兴起，虽然还未成为主流，但我们相信好的文化产品终有一天会被更多观众接纳与喜欢。"时光总是不知不觉，而我们一直后知后觉。"让我们一起期待下一次的文化跨年！

六十五载中传情，白杨精神永不落：探索高校校友文化的前世今生

王硕祎

2019年，中国传媒大学迎来65周年华诞。2019年11月10日为庆祝建校65周年活动日，海内外校友重返母校，共同回忆青春、畅想未来。如今，高校校庆已经不再仅是一场校园活动，更成为凝聚校园精神、传承高校文化的一场盛宴。而校友文化作为大学精神的重要投射和体现，发挥着承载高校记忆与高校文化、强化群体与社会认同的重要作用。我国的高校校友文化从哪里来，又将去向何方？

校友文化：发轫于中国近现代高等教育建设

美国历史学家威利斯·鲁迪曾提出，高等教育的传播是一种文化迁徙现象。而从历史发展来看，这种迁徙实际上包含着去粗取精与融合转化。中国近代高等教育肇始于19世纪60年代起的洋务运动。在西方高等教育思想和模式的冲击下，中国传统高等教育体系在中西方融合中开始了缓慢的现代化转变。**教育的新模式、新理念催生出一批校友组织，并在历史的一系列重大变革中形成了各具特色的校友文化，其中尤以清末民初校友会、黄**

微评

★ "校友"一词本身蕴含三种关系：一是校友与大学的关系，包含校友与师生的关系；二是校友与校友的关系；三是校友与社会的关系。

埔军校同学会等为代表。

清末民初校友会的出现得益于各色新式学堂的兴起。面对列强侵略与社会的巨大转变，社会思想逐渐开化，涌现出大量社会新思潮。在此背景下，以学问交流和情感沟通常态化为目标，一大批文化水平较高、热衷于新知识、接受新式教育的师生共同推动了校友会的出现。到民国初期，校友会发展迅猛，且多聚集于江苏、北京等地。而在学术、情感交流的基础上，爱国知识分子组成的校友会在民族危亡之际也主动担负起民族和社会责任，发出"爱国保家"的呐喊。

清末民初同学会所形成的校友文化具有多元、丰富的特色，而发源于黄埔军校的黄埔精神则更具凝练性。黄埔精神产生于战火纷飞的年代，其核心是为统一中国、振兴中华而矢志不渝、顽强奋斗的爱国主义，成立于1984年的黄埔军校同学会则是传承和弘扬黄埔精神的重要组织。时至今日，以黄埔校友圈层为载体发扬黄埔精神，对于正视历史、凝聚力量、推动祖国统一和民族复兴仍具有重要意义。

★ 河海大学赵广全认为，高校是文化传承、创新引领的重要阵地，校友是一所大学精神和办学理念的实践者和传承者，是高校办学实力的综合体现。通过校友文化培育提升大学生归属感、实现互助共进，逐渐形成感恩意识、回馈意识、责任意识、家国情怀。

当代校友与校庆文化：基于地缘与学缘的价值认同

不难发现，从历史中走出来的高校及校友文化往往具有强烈的时代特色，彰显着中华民族在危难时期的文化探索与价值取向，甚至是民族文化精神的集中浓缩，成为一种可上升为大众价值观的文化，具有延伸性与扩展性。而进入当代，高校文化则是在校园历史发展中形成的具体精神，是一种基于地缘和学缘的特定群体的价值认同。**其中，以高校校训、校歌、校徽等为代表性载体，以高校教育理念、人才培养目标等为内核。**

荷兰社会心理学家吉尔特·霍夫斯泰德曾提出，文化是能够将不同群体或类别的成员区别开来的一种集体心理编程，高校文化对于形成群体内部的身份认同尤为重要。基于在共同地理空间生活产生的地缘关系以及高校系统性教育产生的学缘关系，校友文化来源于众多情感互通个体的共同构建，其产生和演变也正是每个个体获取、维护这一文化共同体资格，乃至强化认同感的过程。

同时，近年来校庆活动越来越得到高校的重视与社会的关注，并形成了一种典型的教育现象与社会文化现象。作为现当代高等教育的产物，高校校庆具有多姿多彩的形式和特色，也正体现出不同高校独特的精神传统、教育理念、学术品位、办学特色和未来发展。校庆活动是高校人文精神和教育培养成就的集中展示平台，折射出高校与教育、高校与社会、高校与时代的紧密联系，也通常能够反映高等教育的文化贡献和思想价值。

高校与校友：文化传承实现双向互动支撑

高校与校友看似相对，实则一体。两者以文化为纽带，相辅相成，发挥着双向的支撑作用。对于高校校友而言，从母校获得的教育经历是其未来职业发展的重要基石，也是丰富其价值观念、注入优秀道德品质的良好契机。树立良好的校友文化，有助于高校树立"以学生为本"的理念，优化教育培养过程中人文关怀的手段与方法。

对高校而言，校友群体既是高校建设水平的直观体现，也是高校长期发展的重要资源。正如我国著名教育家、高等教育泰斗潘懋元曾指出的，学校尤其是高等学校，虽然有培养人才、科学研究和社会服务三大职能，但最重要的是培养人才。校友作为高校文化的践行者，能够有力推动高校文化实现更广范围的传播，也能以多种形式支持学校的建设，这对于建设世界一流大学的进程而言不可或缺。

值得注意的是，目前我国高校对于校友的终身教育理念还相对缺乏，终身学习的氛围还需要培养。高校对校友的服务不应局限于功利目的，更要以夯实高校价值观为目标，推动建构更加多元的校友文化。高校文化与具体的校友、校庆文化，都是高校价值观念的投射，应当充分梳理历史，继承传统，凝练精神，重塑组织文化，实现文化的升华。

校友经济与"校友圈层"文化

著名经济学者吕世杰在20世纪末提出了"校友经济"的概念，指的是在校友的社会活动中以母校为核心，通过母校、校友、社会间的物质、文化、人才等方面的多途径交流，产生客观收益的经济活动。它以母校和校友为载体，目的是通过文化纽带的联结，长期不断循环推动相关经济活动的发展。目前，校友资源在经济方面的影响最为明显，也是最便于利用的发展资源。如何有效提升校友经济的影响力，也已经成为高校建设的重要课题。

实际上，大多数高校在历史建设中往往会形成自身的专业特色，并在一些行业、领域乃至地域内具有明显的群体优势，形成一定范围内的"校友圈层"。我国产学研融合的工作正在逐渐走向实际落地的阶段，以校友资源为抓手，通过建立资源、人才、交流的互动机制，打造更加垂直、更加精细、更加高效的资源支持通道，有助于进一步形成常态化的"圈层"机制，打造新的校友文化。尤其是在当前的"大众创业、万众创新"时代，构建"校友圈"文化将具有更加显著的现实意义。

六十五载风雨，中传精神再出发

今天，中国传媒大学迎来了65岁的生日。从"广院"（北京广播学院）到"中传"（中国传媒大学），六十五载风雨，中传文化精神历久弥新。不论是"立德、敬业、博学、敬先"的校训，还是校歌《校园里有一排年轻的白杨》，都已经成为烙印在每一位中传校友心中举重若轻的文化符号。明德湖前的琅琅书声、始终不变的广院肉饼的香味、"师哥师姐"的亲切称呼、最具活力与朝气的校园，这些都成为中传校友最难忘的生活注脚，使母校的形象始终温暖而活泼。

今天上午，中国传媒大学新版校歌MV隆重发布，上线仅五小时，网络点击量就突破30万次。校友的成长是母校永远的牵挂，母校的新发展和新面貌也始终牵动着全体校友的目光。母校一直在背后深情地注视着每一位孩子的成长，母校也将永远是校友的精神家园。正如全新落成的中传文化广场中的景石所述，大学校园是学业的终点，也见证每一位中传人从学生到校友的身份转变，象征着人生的一个新起点。学生时代的校园记忆会随着时间的流逝逐渐模糊，但母校的文化精神会伴随一生。

汲取知识，做有担当有梦想的小白杨
珍惜春光，当有勇气有热情的中传人
祝福每一位校友的生活幸福美满
祝愿中国传媒大学的明天更美好

全面建成小康社会，文化如何助力?

范周

【写作背景】2020年是"十三五"时期的收官之年，也是全面建成小康社会的攻坚之年。全面建设小康社会是党和国家到2020年的奋斗目标，是全国各族人民的根本利益所在。在文化产业领域，要实现全面小康目标就要加强文化建设，明显提高全民族文化素质，让社会主义核心价值体系深入人心，良好的思想道德风尚进一步弘扬。基本建立覆盖全社会的公共文化服务体系，让文化产业占国民经济比重明显提高、国际竞争力显著增强，适应人民需要的文化产品更加丰富。全面建设小康社会除了要衡量经济指标以外，更应该思考如何构建文化指标。全面小康的要义在于全面，它必然是五位一体全面推进的小康。在全面小康的建设中，文化不能缺位。

2020年作为一个关键时间点，是全面建成小康社会的收官之年。正如习近平总书记所说："冲刺是咬紧牙关的时候，是屏息聚力的时候，是比拼意志的时候。"聚焦全面小康社会当中的文化建设问题，我们需要理清四个关系。

一是正确处理好社会效益和经济效益的关系。2020年要全面实现小康，除了经济上的衡量指标以外，更要思考文化上的指标。经济上的脱贫可以量化，精神上、文化上的脱贫则很漫长。**因此，需要考虑经济上实现脱贫、达到全面小康之后，文化建设是否能同步跟上？政府在考核摘掉国家级贫困县的帽子时，文化指标是否涵盖其中？**

这就要求把社会效益和经济效益的关系继续放大，始终把社会效益放在首位，这是文化产业发展、文化建设过程中一以贯之的要求。党的十九届四中全会对这一点强调更为明确、态度更为坚决。**坚持先进文化的前进方向离不开正确价值观的主导和引领，要不断地引导正确的价值观以潜移默化的方式融入艺术作品之中。现在有很多的文艺作品，包括文化产品在市场效益方面表现得较为可观，市场占有率也在不断扩大，但如何看待和正确引导这些文艺作品的发展，值得我们深思。**

甘肃省的经济发展水平在全国属于中等偏下，但在推动文化产品供给与市场需求进行有效对接方面发挥着示范引领作用。甘肃省将中央财政和省里财政筹措的资金投入市场配置中，通过举办各种活动来拓宽市场渠道，在短期内成效显著。尽管甘肃省文化产业的发展未列入全国前列，但其文化产业的发展和地方脱贫致富的有效结合展现出鲜明的地方特色。两百多个文化企业年均生产九百多万件产品并行销到世界各地，产生了很好的效果。

在最近几年的发展中，甘肃省致力于打造出一系列文艺精品，艺术院团排演了很多在当地富有特色、在外地颇具影响的剧目。这些文艺作品选取百姓的日常生活作为素材，引发了人们的强烈共鸣，取得了很好的效应。甘肃省的这些发展正是政府有意识主导的结果。

二是正确处理政府与市场参与小康社会建设的关系。政府在对小康社会建设的各种考核指标和刚性的政策驱动

微评

★ 保障文艺作品的生产要坚持价值导向。价值导向是文艺创作的底层逻辑，贯穿文艺创作的全过程。有关部门在进行内容审查时，要充分贯彻党的文艺路线、方针、政策。

微评

★ 2003年至2005年，安吉县开始陆续关停矿山和水泥厂。2013年至2015年该县余村工业做减法、旅游做加法，把全村规划为五彩田园区、美丽宜居区和生态旅游区，从绿色资源、绿色产业到绿色经济，深刻挖掘了"竹文化"内涵，以文化产业补充与助推旅游产业，由点及面，"竹文化＋"带动了安吉的全域旅游发展。

★ 一方面基本建立覆盖全社会的公共文化服务体系，满足人民基本文化需求；另一方面推动文化产业成为国民经济支柱性产业，满足人民多样化精神文化需求，推动形成文化事业和文化产业"两手抓、两加强"的工作格局。

上，还有很大的增长空间。**浙江安吉是一个人口只有42万人的县城，这样一个小城为什么受到大家的欢迎？**

一是，县城发展的过程中植入文化元素。当地的市场经济结构依托生态条件做出了重大调整，紧密结合"绿水青山就是金山银山"的发展理念，实现了可持续发展。

二是，政府在考核整个产业结构时把文化和旅游的要素纳入其中，全面把握整体发展规划。县城虽然没有大型文化设施的项目，但在其发展过程中已经完美地将美丽乡村建设和文化建设融为一体。除此之外，当地政府还很注重民意，充分听取民众的意见。尊重民意不破坏生态，对大片的竹林未进行过度开发。当地的自然资源在不知不觉中已经融入文化生态建设之中，深受游客们的喜爱。

三是，正确处理公共文化服务的基础性作用和满足中高端文化需求的关系。公共文化服务在文化建设和发展的过程中起着基础性作用，这对于西部欠发达地区尤为重要。当前，西部欠发达地区的公共文化服务的基础性作用没有得到有效发挥，为此，国家应该在落实《公共文化服务保障法》的渠道、内容方面继续谋篇布局。

在面对不同地区间发展不平衡、不充分的现状时，也应该满足中高端文化需求市场的发展。在保障人民群众基本公共文化服务的同时，兼顾多样化文化需求，加强公共文化服务平台的建设，特别是数字公共文化平台服务，以此来满足人民日益增长、不断升级的美好生活的需要。这也为文化产业的高质量发展提供了一个更大的空间。

四是，正确处理弘扬传统文化与吸收借鉴外来文化的关系。要把握好借鉴外来文化和中国传统文化之间的关系。在这个关系中要提升对传统文化的重视程度，同时也要关注对本土文化的继承和创新。当前，如何吸收和借鉴外来文化以实现传统文化的创新发展是一个新的课题。要把握好文化创新的机遇，依托文化旅游实现良好的对外传播，在这一点上每年中国的入境游和出境游是讲好中国故事最好的载体。**中国文化"走出去"绝不是以硬梆梆、冷冰冰的方式让中国文化"走出去"。**

在文化交流的这一过程中，**李子柒传播中国文化的事件引发了人们的关注。不可否认的是，李子柒的这种传播方式让我们多了一层思考方式，多了一种向海外讲好中国故事的方式。**她把自己看到或经历的事物通过视频的方式有效地传播到海外，获得了很好的效果。在这其中，她凭借一己之力拥有了几百万海外粉丝，也证实了传播的效果。

这充分说明对待传统文化的宣传和传播要研究的并不仅是文化本身，关键在于传播的有效性。要传播到点子上，精准传播。这一传播过程是双向、互动的，而不是让人被动接受、强加到文化交流之中的。对于这种宣传方式，应该给予更多的包容。

全面建成小康社会是一项系统工程，文化在全面建成小康社会中发挥着不可替代的作用。为此应当处理好文化小康建设中的四个关系，立足于新时代的历史条件，促进文化的创新和发展，助力文化小康的最终实现。

微评

★ 文化外溢，润物无声。继李子柒之后，阿木爷爷同样红遍海外社交媒体。他们一位分享了田园生活，一位分享了传统技艺。他们以民俗、饮食、音乐、茶艺、工艺为载体，把中华文化中的智慧、勤劳与深沉呈现出来。——央视网评阿木爷爷

五大判断洞见文化产业未来发展趋势

范周

【写作背景】2020年是"十三五"规划的收官之年，也是谋划"十四五"的规划年。习近平总书记高度重视"十四五"规划编制工作，把加强顶层设计和问计于民有机统一，为迈入"十四五"，开启全面建设社会主义现代化国家新征程奠定了坚实根基。未来五年，中国必将在全面建成小康社会、实现第一个百年奋斗目标之后，乘势而上，开启全面建设社会主义现代化国家新征程，不断取得新辉煌。在这一重要时间节点上，文化产业的发展动向值得关注。

"十三五"时期是我国全面建成小康社会的决胜阶段，也是推动文化产业成为国民经济支柱性产业的决定性阶段。2020年作为"十三五"规划的收官之年，**文化产业发展正处于大有可为的重要战略机遇期**，在此背景下，对我国文化产业的发展，我有以下五点看法。

微评

★ 承上启下，继往开来，我国文化产业迅速发展，如今满地开花，是得益于国家政府出台文化产业政策的鼓励、支持和优惠，文化企业的人才聚集和开拓创新，文化市场积极活跃，文化消费者成长壮大等综合力量的结果。

文化产业发展的数值很重要，但不是衡量产业发展的绝对要素

在"十三五"规划中提出要将文化产业发展成国民经济的支柱性产业，而并没有对文化产业增加值占比重作量化要求。由此可以看出，虽然文化产业发展的数值非常重要，但产业发展水平不能仅靠数值高低来衡量，文化产业在发展过程中所带来的巨大的社会效益是无法用数值来衡量的，而且文化产业在多变的社会环境下仍能保持稳中有升的发展态势就已表现出其强劲的发展动力。

文化产业发展应从数量型发展向质量型发展过渡

近年来，尤其是2019年以来，文化产业的发展进入转型期，这在很大程度上是由我国整体的发展形势所决定的。我国当前的经济结构正由粗放型、资源型的经济发展方式向精细化、高精尖、科技化的方向发展，文化产业也面临着提质增效的挑战和机遇。

以电影产业为例，根据国家电影局2019年12月31日发布的数据，2019年中国电影总票房642.66亿元，同比增长5.4%。2019年全年共生产电影故事片850部，全年票房过亿元影片仅有88部，其中国产电影47部。由此可见，我国电影生产中仍然存在无效生产：许多电影被生产出来，但少有人问津。因此，提质增效已经成为当前文化产业发展中亟须解决的问题。

微评

★ 约瑟夫·奈提出了"软实力"的概念。文化产业就是最具代表性的软实力，中国要进一步增强综合国力，提高国家国际竞争力、影响力、话语权，就必须"软硬兼施"，提高文化产业发展质量。

文化产业与科技的融合程度将日趋深化

文化产业的发展要审时度势、科学研判，在5G、VR、AR、云计算、人工智能等技术不断深入发展的背景下，文化产业的发展不能固步自封，而是要和科技深度融合，科技成分的占比在文化产业的发展中越来越重要。

数字文化产业是文化产业发展的新动能和新的经济增长点之一。因此要抓住数字文化产业发展的重大机遇，科学合理地进行顶层设计。从实际出发，加快数字产业与文化产业的有机融合。2019年8月发布的《中国数字文化产业发展趋势研究报告》显示，仅在2017年，数字文化产业增加值为1.03万亿～1.19万亿元人民币，总产值为2.85万亿～3.26万亿元人民币，数字文化产业发展潜力巨大。

当下我国文化消费正在向互联网平台转变

线上文化消费在文化消费市场中占据的比重越来越大，也逐渐成为年轻群体文化消费的主阵地。中国互联网络信息中心（CNNIC）发布的第44次《中国互联网络发展状况统计报告》数据显示，截至2019年6月，我国网络音乐、网络文学、网络游戏、网络视频、网络直播的用户规模分别达到6.08亿元人民币、4.55亿元人民币、4.94亿元人民币、7.59亿元人民币、4.33亿元人民币，我国网民的人均每周上网时长达到27.9小时。由此可以看出我国互联网文化消费受众群体之多。

但在我国文化消费逐渐向互联网平台转移的背景下，大量的文化发展经费仍然被用于传统的文化传播方式如报纸电视上，不符合当下人民群众文化消费习惯。**对此，我**

微评

★ 有专家表示，目前我国数字文化产业正处于新一轮爆发性增长的前夜，呈现三大特点：一是处于由新技术而产生的新一轮爆发性增长的前夜；二是消费互联网向产业互联网转变；三是从国内市场竞争迈向全球市场竞争。

国政府应当顺应时代潮流，对电子竞技、网络电视剧等新兴文化业态予以关注，并进行积极引导。

立足本土化，十四亿消费市场是我国文化产业发展的坚实后盾

当今国际形势复杂多变，我国文化产业的发展要坚定文化自信，立足本土化，着眼于国内市场的开发和培育。近14亿人口的庞大消费市场、4亿多中等收入群体的强大购买力是文化产业发展的有力保障。

以电影产业为例，当下，**我国电影产业的受众群体要以国人为主，随着文化自信不断深入人心，对我国传统文化和民族文化的表达的文化精品更能赢得他们的青睐。**从近年来电影产业的票房来看，国产片在总票房中占据的比重越来越高，国内市场对国产电影一直保持着信心与期待，对国产电影的讨论和希冀空前热烈。无论是2019春节档的《流浪地球》，还是暑假档的《哪吒之魔童降世》抑或是国庆档的《我和我的祖国》，都取得了票房和口碑的双丰收。**因此，文化产业的发展要立足于国内市场的开发和培育，不断开拓产业发展空间。**

微评

★ 近年来我国电竞事业迅速发展，根据企鹅智库分析，2017年，中国电竞的市场规模超过50亿元人民币，到2020年，有望突破200亿元人民币。腾讯集团COO任宇昕表示，中国电竞行业正在驶入起飞跑道，而腾讯公司将继续加大对电竞业务的投入力度，将电竞作为腾讯文化战略的重要业务来发展。

★ 观察发现，我国文化产业还存在诸多方面不足：文化产业法律法规很不健全，作为文化产业基本法的《中华人民共和国文化产业促进法》还未颁布实施；文化产业投融资体系不健全，知识产权价值评估难，文化产业项目投资风险大；中国文化产业规模和影响力有限，文化企业集团、跨国公司尚处空白，文化产业国际化道路道阻且长。

聚焦顶层设计，
明确政策指引方向

　　党的十九大以来，我国文化产业发展迈向新阶段，文化政策体系日益完善。洞察文化产业顶层设计，战略规划新思路为产业发展提供风向标。在新的发展阶段，文化立法不断完善、融合发展日益明显、新兴业态层出不穷、文化监管更加规范。

自贸区建设背景下海南文创产业发展之路

范周

【写作背景】在海南改革开放暨建省三十周年的背景下，海南被赋予新一轮改革开放的历史重任，被国务院批准成立自由贸易试验区，并逐渐探索、稳步推进自由贸易港建设，以发展现代服务业、旅游业、高新技术产业为主体。世界上许多自由港都是由转口贸易发展起来的，转口贸易为自由港快速发展做出很大的贡献，同时也实现了大量的原始资本积累;反过来自由贸易港的繁荣也对转口贸易的稳定增长起到很好的促进作用。2018年，海南自由贸易试验区正式成立。海南省文化旅游服务业在自由贸易试验区（港）和国际旅游消费中心的背景下，互补互助，积极融合，推动着美好新海南建设。

2018年4月，党中央决定支持海南全岛建设自由贸易试验区。《中共中央国务院关于支持海南全面深化改革开放的指导意见》的出台赋予了海南全面深化改革开放试验区、国家生态文明试验区、国际旅游消费中心、国家重大战略服务保障区的战略定位。中国（海南）自由贸易试验区（以下简称"海南自贸区"）建设对海南文创产业来说意味着什么？文创产业又将在自贸区建设过程中扮演什么样的角色？

海南自贸区如何建设?

与国内其他自贸区相比，海南自贸区建设有其特殊性。首先，系统性更强。海南自贸区建设与海南全面深化改革开放的战略规划高度一致和协调，涉及行政体制改革、产业结构优化、金融开放创新、贸易监管模式创新等方方面面。**其次，试点范围更广。**海南岛全域面积为3.54万平方千米，是国内其他17个自贸区面积总和的近20倍，实施全岛试点和对外开放，开放的范围更大、层次更高。**同时，独具海南特色。**海南重点打造国际旅游消费中心，突出生态文明、海洋经济和军民融合。

自贸区建设没有公认的定义和通行的国际经验，海南自贸区建设也绝不是国内其他自贸区成功经验的简单复制。不仅要对标，更要超越，要因地制宜、大胆创新，探索具有海南特色的模式和路径。其关键在于五个方面：深化改革，建立与自贸区建设相适应的制度和政策体系；扩大完善开放格局，推动贸易自由化；持续优化营商环境，提升整体竞争力；推进生态文明建设，探索绿色、健康、可持续的经济发展模式和生产生活方式；拓展消费市场，培育凸显海南特色的消费新业态、新模式。

海南自贸区建设与其他重大国家战略

海南是21世纪海上丝绸之路的重要支点，海南自贸区建设与"一带一路"环环相扣，不仅要做好服务和保障，更要连接和融入：一是要加强与周边"一带一路"国家的合作，打造面向太平洋和印度洋的重要对外开放门户；二是要全面提升开放水平，与"一带一路"沿线国家和地区

微评

★ 世界上绝大多数的自由贸易区是以加工制造、低税或免税的进出口贸易为主。但海南本身不具备建成可双向交流的现代科技与工业相结合的商品贸易基地，但其优势在于以人流为主体的自由贸易区，以人流带动特色商品流、资金流和信息流的自由贸易区。这个"人流"就是旅游和服务经济的主体——游客。

★ 海南是"21世纪海上丝绸之路"的重要节点，具有特殊的区位优势，可以利用建设自贸区自贸港契机，打造中国面对太平洋和印度洋的重要对外开放窗口。

广泛开展投资、贸易、金融、教育等多领域合作，尤其是数字经济与服务贸易方面的合作；三是进行国际旅游合作，与"一带一路"沿线国家联合开发旅游品牌、共同设计多样化的旅游体验项目等。

海南自贸区与粤港澳大湾区不仅在地缘上有着密切的关系，在发展战略上也应当协调和呼应：一方面，要依托粤港澳城市群，促进人才、技术、资本等要素流动，推动合作创新，实现区域协同发展；另一方面，还要发挥生态环境优势，作为粤港澳大湾区休闲旅游发展的延伸空间，以及高端医疗、旅游、教育等现代服务的重要供给地。

自贸区：海南文创产业发展的机遇

一是科学的顶层设计。建设自贸区的重大决策从国家战略高度对海南经济社会的发展给予支持，对海南文创产业的发展进行了科学的战略定位和产业布局。《中国（海南）自由贸易试验区总体方案》中明确，以发展旅游业、现代服务业、高新技术产业为主导。相应地，在文创产业领域，应当以文化旅游业、文化服务业和（与高新技术相结合的）数字文化产业为重点。

二是有利的制度和政策环境。自贸区建设将创造开放、便利、高效的营商环境，吸引外地和外资企业入驻，并通过制度创新为文化贸易提供便利。与海南自由贸易区相隔不远的深圳前海蛇口自由贸易区自2015年成立后，坚持高标准改革，在制度创新上取得了重大突破，其发展经验在全国推广。通过率先形成与开放型经济体系相适应的新体制、新模式，为文化产品和服务"走出去"提供了便捷的路径和机制。

微评

★ 全球化是一柄双刃剑，是机遇，也是挑战。特别是对经济实力薄弱和科学技术比较落后的发展中国家，面对全球性的激烈竞争，所遇到的风险、挑战将更加严峻。目前市场全球化中亟须解决的问题是建立公平合理的新的市场经济秩序，以保证竞争的公平性和有效性。

三是更加广阔和开放的市场。过去本地文化企业面向的主要是省内、区域性市场，未来文化贸易的范围将扩大到全国乃至全球。同时，市场的扩大也意味着需求的增加，将带来更大的竞争压力，尤其是来自于国际市场的压力，从而倒逼供给侧结构性改革和传统产业提质升级。

四是高效的资源整合与公共服务平台。自贸区作为改革前沿和开放高地，能够链接与整合多种创新要素，并通过平台的打造，为企业提供更加便捷和完善的公共服务。"他山之石，可以攻玉。"迪拜是新一轮生产要素流量聚集的重要枢纽城市。迪拜自贸区推行一站式统一管理，取消平行多头机构，建立集酒店、办公中心和会议中心多位一体的服务中心，营业执照更新、签证申请以及海关、医院、电信、邮局、交通、水电等一系列的服务申请，都能在自贸区一站式实现。

在新一轮海南自贸区建设中，海南文创产业需要通过高起点设计，国际化谋划，在地化实施，让"文化+"理念的融会贯通，同时与数字经济各要素紧密结合，抓住发展机遇，乘势而为。

文创产业发展将对自贸区建设产生怎样的影响？

首先，带动关联产业，优化产业结构。文创产业的发展，将带动餐饮、民宿、休闲娱乐、建筑、物流、金融、教育培训等上下游及关联产业，形成产业集群、延伸产业链条；通过文化与传统产业的"嫁接"与融合，培育新业态、增加产品附加值，赋能传统产业；丰富产业类型，改变产业单一、过度依赖旅游业和房地产业的现状，构建更加多元化、多层次的产业发展格局。

其次，传播海南自贸区形象，增强品牌影响力。一方面，通过文化产品和服务出口，能够实现地域形象和文化的柔性传播；另一方面，通过举办大型文化节事活动，能够提升品牌关注度和社会影响力。

日本新潟县南部的越后妻有地区，通过举办大地艺术节，用户外艺术和创意改变了传统的生产生活方式，在实现艺术活化乡村的同时，也使越后妻

★ 文化振兴的基础和关键在于育人，以社会主义先进文化塑造新时代村民的"精气神"是实现文化强国战略目标的重要方式。因此，必须将乡村文化建设作为乡村振兴的内生动力摆在优先发展位置，为乡村振兴战略的实现提供根本动力源泉。

有声名大噪。海南近年来也有国际旅游岛欢乐节、青年狂欢节等特色民俗文化节庆，还有2018年举办首届海南岛国际电影节等，未来还需要不断创新，增强品牌影响力。

最后，提升文化氛围，激发消费活力。通过丰富文化设施和活动，提供更加多样化的消费选择，培育更具消费力的新中产阶层，拓展本地消费市场、释放旅游消费潜力；同时，营造更加多元、活跃的文化氛围，提升生活品质，吸引外来人才尤其是创意阶层集聚。

五大要点：海南文创产业发展之路

海南文创产业的发展，既要符合自贸区的战略定位和总体规划，又要凸显海南自身的特色和优势。

第一，以发展文化服务业为重点，推动服务贸易增长。布局高端旅游、节庆会展、艺术品交易、知识产权交易等重点领域和特色产业，拓展旅游、文化、体育消费市场；完善税收优惠政策、贸易监管模式和跨境金融服务体系，推动国际艺术品交易，影视、动漫、游戏版权交易等；健全渠道、载体、平台和机制，加深与港澳台地区和"一带一路"沿线国家的合作与互动。

第二，推进"文化+"模式，促进文化与相关产业跨界合作、优化提升传统产业。例如，推动文化与农业、旅游、医疗保健等相融合，发展休闲农业、生态农业、康养旅游、医疗旅游等。同时，探索应用大数据、物联网、虚拟现实、人工智能等技术，大力发展数字文化产业，以互联网和数字科技支撑文化创新。

第三，构建差异化、立体化空间发展格局。一方面，以旅游业为核心进行产业功能布局，推动全域旅游升级。

另一方面，各区域之间进行差异化定位，形成发展合力。以海口、三亚为两极，重点发展现代传媒、旅游演艺、数字文化产业等；东部打造健康休闲产业带，重点发展康养（医疗旅游）、节会、体育产业等；中部打造绿色文化产业带，重点发展生态旅游、休闲农业等；西部打造特色文化产业带，重点发展原生态旅游、黎苗特色文化产业等。

第四，深化文化金融融合，健全文化产业投融资体系。 完善金融服务，创新互联网文化金融业态；扩大金融业开放，提升国际化水平。文化金融不是"文化"和"金融"的简单组合，而是一个整体性的概念，属于产业金融的范畴，是国家文化产业体系和金融体系的重要组成部分。当前海南省出台的文化金融相关政策较少，但是文化金融的作用不可忽视。

第五，完善人才流动机制，强化文化人才体系。 既要通过积极的人才引进政策吸引外来人才集聚，又要加快本土人才培育，尤其是动漫、影视、会展、创意设计等领域的专业人才，文化科技与数字化人才，文化策划与管理人才，以及跨专业、复合型人才。人才资源的利用不应该局限在本地，要畅通人才流动渠道，构建网络化、开放式创新平台，让全世界的人才为我所用。

结语

从1950年海南岛宣告解放，到1988年海南经济特区设立，到2010年海南国际旅游岛建设步入正轨，再到2018年海南全岛建设自由贸易试验区，每一个历史节点都至关重要。关键是要抓住机遇、大胆探索创新，围绕改革开放、

微评

★ 海南文化创意产业大有希望，内外环境和优势聚合。政策到位，人才到位，技术到位，资本到位并且形成合力，大概就是文化创意产业的发展之道吧。

生态、创新、服务等关键词，立足优势产业，突出生态文化、海洋文化、少数民族文化等本土特色，构建具有海南自贸区特色的现代化、多元化、具有核心竞争力和可持续发展能力的文旅产业体系，使海南岛从单纯的"度假天堂"转变为本岛居民和海内外游客的"精神乐园"。

艺术管理中的产业化与事业性的区别和辨析

范周

【写作背景】"十四五"时期是我国全面建成小康社会、实现第一个百年奋斗目标之后，乘势而上开启全面建设社会主义现代化国家新征程、向第二个百年奋斗目标进军的第一个五年，我国将进入新发展阶段。国务院出台"十四五"规划明确提出繁荣发展文化事业和文化产业，提高国家文化软实力。面对文化艺术发展的新征程与新格局，我国艺术管理的发展路径也呈现出新趋势。

近些年来，随着文化艺术消费市场的繁荣，文化艺术消费理念、群体的更新，我国的艺术管理相关行业、产业发展迅猛。就艺术创作与表演而言，根据文化和旅游部发布的《2018年文化和旅游发展统计公报》，截至2018年末，我国共有艺术表演团体17123个，从业人员41.64万人，分别比上年末增加1381个和1.34万人；全年全国艺术表演团体共演出312.46万场，国内观众13.76亿人次，总收入366.73亿元，分别比上年增长6.4%、10.3%和7.2%。这仅仅是艺术

微评

★ 2020年文化和旅游部印发《关于深化"放管服"改革促进演出市场繁荣发展的通知》，以深化演出市场"放管服"改革为切入点，进一步优化营商环境，增强企业发展内生动力，更好地满足人民群众多样化、多层次的精神文化需求。

管理中的一个门类，相关门类广播影视业、音像业、娱乐业、图书馆业、博物馆业、科技馆业、会展业等都展现出了新兴活力。

溯源：国内外艺术管理解读

艺术管理专业最早可以溯源到1966年哈佛商学院的两位艺术管理者共同创办艺术经营管理研究所。现在，美国至少有40所大学设有艺术管理专业，本科、硕士、博士专业/方向都有。

欧洲与美国"艺术管理"的名称和标准有些许区别。欧洲的艺术管理专业是在1946年英国成立大不列颠艺术委员会（Arts Council of Great Britain，ACGB）的基础上形成的，由于欧洲艺术管理更多属于政府的行政管理范畴，对艺术管理的定义更倾向于Arts Management；**美国20世纪70年代高速发展的经济热潮，使美国高校对艺术管理专业的定义更偏向于Arts Administration，因此，艺术与文化被直接纳入经济发展的范畴，实现商业与艺术管理的紧密融合。**

就美国来看，艺术管理专业有两个考量维度：横向上，从艺术形式上划分为visual（视觉艺术）和performing（表演艺术）；纵向上，从组织是否营利划分为for-profit（营利）和non-profit（非营利）。非营利性质一般以公众关心的议题作为目标。据"美国人为艺术"组织报告，美国的非营利艺术组织在每年的经济活动中创造产值1340亿美元，但所得利润会用于所关注领域的持续投入以及组织运营的必要支出。**目前来看，横纵两方向都有所交叉、互相混合。**

微评

★ 美国20世纪的艺术组织发展是一个大爆炸的时代，美国有1/4的艺术博物馆都是在20世纪60年代建立的，美国的艺术品市场在当时是井喷式的爆炸式发展，那时它的艺术组织发展状况与今天中国艺术组织的发展状况极为类似。

　　我国艺术管理的兴起，源于20世纪90年代以来艺术机构对艺术管理人才的需求，并在学习借鉴欧美国家艺术管理发展基础上，开始我国艺术管理专业的建设。1987年，北京电影学院管理系招收第一批管理专业的本科生，从此开启艺术管理专业发展的序幕。2010年，《学位授予和人才培养学科目录》调整方案，将艺术学科从"一级学科"提升为"门类学科"。**艺术学升格为"门类学科"，标志着我国的艺术学真正确立了独立的学科地位，"艺术管理"成为二级学科。**

　　国内学界往往从多方面揭示艺术管理内涵，大致包括以下方面：

　　①传统管理职能在艺术领域的应用；

　　②对艺术活动或艺术生产的协调；

　　③营利性和非营利性艺术组织的运营与管理；

　　④艺术市场、艺术商业的经营与管理；

　　⑤具体艺术项目行政事务的操作指南。

　　从中我们可以清晰地看到产业与事业有非常明显的体现。

　　辨析：艺术管理的产业化与事业性的相互关系

微评

　　首先，艺术管理的产业化与事业性在管理目的、运营主体和运营机制上相互区别。

　　从产业化角度看，艺术产业化是生产力发展的必然产物，在市场经济体系中，受到供求机制、价格机制和竞争机制的约束，在管理时更注重经济效益。影视、广告、商业表演、画廊等行业快速发展，艺术管理在其中的艺术生产和艺术传播领域发挥了重要作用，提升了艺术创作表演

★ 艺术管理的发展与经济联动，与社会发展相关，具有极强的现实性。文化产业人才的培养需要与实际市场发展情况紧密相连，才能最终有针对性地为产业的发展推波助澜。

的数量与质量，**进一步释放了文化产业的生产潜力，培育了居民的艺术消费意识，营造了更加良好的艺术消费氛围，推动了文化消费市场的繁荣。**

从事业性角度看，艺术机构或组织所生产的产品是一种特殊的商品，具有鲜明意识形态的属性和导向功能，在为服务社会、教育人民、推动发展发挥着强大作用。**这要求管理时必须把社会效益放在第一位，一般由政府来兴办并确保其运营，资金来源于国家投资或社会资助。**

艺术管理通过艺术活动组织、艺术场馆运营与管理、艺术人才培养等环节深刻影响文化事业的发展，博物馆、展览馆等公共艺术事业大大提高了民众对文化艺术活动的参与程度，也在当前公共文化服务体系建设的进程中发挥着重要的作用。国家统计局数据显示，**仅2018年，全国文化和旅游部门所属艺术表演团体组织政府采购公益演出就超过16万场，观众达1.28亿人次。**

其次，在实践当中艺术管理的产业化与事业性边界愈加模糊、愈加交融也是当下特点及未来趋势。主要体现在：

艺术管理中社会效益与经济效益双效统一

从机构与组织而言，一些非营利艺术机构在非营利的艺术部门以外，内部拥有营利的业务；而营利的画廊、一些民营美术馆等，也有非营利性的公益性项目，充实其社会功能与教育功能。从艺术与文化的性质及艺术管理任务来看，必须始终把社会效益置于优先位置，这是由艺术与文化的意识形态属性决定的，在这一点上不论是营利或非营利机构与组织都应担负共同的责任。

艺术管理的产业化与事业性在一定条件下相互转化

回顾、反观世界文化产业的基本发展历程会发现，最初的艺术与文化资源和产品往往属于纯粹公共文化产品，采用事业管理体制。但随着人们文化消费需求的上升和经济条件的具备，有的艺术产品逐渐具备了经济价值，并随着现代信息技术和传播手段的发展，转化为产业。与此同时，产业化为事业性发展提供物质支撑，随着实践的发展和认识的提升，在某种条件下，产业也可以转化为事业，构成艺术管理事业性的一部分。

溯源：实践中艺术管理的产业与事业边界模糊现状与原因

理论上，艺术管理借鉴文化产业与文化事业的界限划分办法具有可行性，这是由艺术管理特殊的经济属性，艺术管理对大众、教育和艺术本身等社会环节所产生的文化价值，以及艺术能提高生活质量，改善个人素质，增强社会凝聚力等社会效益所决定的。**但在实践中，艺术管理的产业化与事业性的边界存在复杂和模糊的情况，制度、市场和新技术使我们在区分他们孰是孰非的问题上有困难。**

制度因素：多种所有制并存的艺术组织

从制度原因来看，从2012年基本完成文化体制改革之后，我国文化艺术的生产、服务和传播机构真正实现多种所有制并存形式。一方面，国有文化艺术实体分为文化事业机构和文化企业机构，这些文化事业单位主要承担公益性文化艺术服务，国有文化艺术企业由事业单位转型而来，现在主要承担着发展文化产业的任务。另一方面，混合体制的文化艺术机构既有国有、民营联合的，也有国有、民营、境外企业之间的联合。

此外，民营文化艺术企业作为发展文化产业的重要力量，和大量个体文化艺术从业者又是不同的类别。这种情况下，我国一大部分的艺术管理组织不可能像国外那样全部或基本实现私有化。而在工作要求与实际结果上，我们希望和强调的是两种价值统一和两个效益的实现，因此纯经营性的文化、纯产业性的文化活动，事实上是不存在的。

市场因素：经济与技术为艺术管理发展带来新机遇

从市场角度来考虑，一些原本性质上属于文化事业单位的艺术管理组织应当承担公益性的文化艺术服务，**但当下处于市场环境中，这些公益性的艺**

术管理组织本身也在往产业化、市场化的方向发展，这些组织生产出来的文化产品难以区分哪些是公共产品，哪些是私人产品，营利和非营利的划分也天然地存在界限模糊。另外在数字经济浪潮下，互联网、5G通信等技术迭代又为艺术管理发展带来了新机遇。

比如，博物馆作为一个大型公共文化服务设施，属于艺术管理的微观范畴，保存文化遗产和自然遗产、免费对公众开放是它的基本功能，也是公益性的表现。而现在国家在强调保护和传承之外，还鼓励要让文化遗产"活起来"，因此许多博物馆开始借助新媒体和新技术，研发和举办一些面对市场的文创产品和文化活动，故宫和颐和园在实践的过程中表现非常突出。为达到"活化"目的则需要走向市场，走向市场的过程中博物馆的经营管理便转化为经济行为，如此一来，单个艺术管理主体本身的产业部分和事业部分也存在许多交叉部分。

总结：艺术管理产业事业辨析问题对学科建设的意义

作为一个文化产业学者，我认为充分利用我国文化产业发展思路，吸收文化产业的发展理念、模式和手段，挖掘艺术管理在整个社会中的总体效益潜力，是肩负起艺术研究与推广双重使命的重要表现。最后，我想就辨析产业化与事业性的课题对艺术管理学科建设的意义谈两点看法。

与艺术管理顶层设计相关

改革开放以前，中国借鉴苏联计划经济体制经验，由中央宣传及文化主管部门统一分配与调控，艺术管理被涵盖在文化事业中，基本不存在产业性。改革开放以后，文化艺术领域内保留了追求社会效益的、公共服务性质的事业部分，但开放、发展与繁荣的市场经济促使文化艺术行业内出现许多以市场需求为导向、经济效益为目标的经营组织方式，这实际上不属于事业范畴的产业化内容。

因此，相关文化主管部门如何理解与看待现代环境下的艺术管理的事业性与产业化内容，直接关系艺术管理相关政策的宏观顶层设计，间接影响包括学科建设在内的中观、微观的艺术管理领域。

与艺术管理教学体系建设相关

目前，我国开设艺术管理专业的高校遍地开花，但由于对国内艺术组织性质、艺术管理学科属性，甚至未来就业方向缺乏系统研究，许多院校存在培养目标不明确、专业定位不清晰的现状。厘清艺术管理的产业化与事业性的问题有助于艺术管理具体课程设计、板块安排等授课体系构建，在师资队伍、教材建设、教学实践等问题上可以根据产业化与事业性的不同界限设置考核标准。

例如，在通识课程安排的基础上，针对偏事业性的艺术管理方向，强调公共文化服务的概念，针对偏产业化的艺术管理方向，着重安排工商管理、动态市场分析等实践教学，真正使教学与实践有机结合。

与艺术管理国际对话相关

目前，国内外对艺术管理新模式的探索在实践中逐渐形成了共同经验。属于非营利艺术管理机构的法国卢浮宫、英国大英博物馆与美国大都会博物馆等国外知名博物馆，以艺术授权等产业化方式实现文创产品的市场化运作，所得收入再回投到这些博物馆的设施建设与日常运营之中。而在国内，属于文化事业单位的故宫博物院通过故宫淘宝等官方艺术授权企业实现创收，"事业为主，产业反哺"的模式与国外也有同工之处。**产业化与事业性的课题重点在于研究艺术管理的在地化与本土化**。中国艺术管理的"事业性""产业化"与国外艺术管理"营利""非

微评

★ 教育部门需充分认识到艺术管理专业发展的重要性，在规章制定的同时积极进行实地调研，深入了解当前文化产业学科建设中出现的问题。

★ 国家和地区的文化发展需要具有全局观，更要具备国际视野，学习国外先进发展思路和模式，积极引进文化资本为国内的文化建设服务。

营利"能否达成一种良性的国际对话，对我国国际化人才的培养具有先导意义。

新技术与新业态

处于移动互联网时代，5G通信、区块链等新技术使艺术管理出现各式各样"融合"与"相加"的新业态。这些新业态一方面拓宽偏事业性艺术管理部分的边界与认知，另一方面给产业化艺术管理部分提供了更多市场"玩法"，总而言之，新技术与新业态是艺术管理事业性与产业性课题研究中不可忽视的重要角色。

随着市场经济的发展、传统艺术形态的延伸发展，艺术管理的领域不断扩大，使现阶段艺术管理呈现出新的特征，不同艺术形态的艺术管理呈现出产业化与事业性的双重属性。"艺术管理"学科作为海外舶来品在发展过程中应充分尊重我国的国情和现实，科学辨析不同地域、不同艺术样式与艺术体制等方面的异同，实施有区别有差异的管理方式，探寻适合中国特色的文化与艺术管理的发展道路。

未雨绸缪，国家如何积极应对人口老龄化？

王径舟　隋缘

《老年教育发展规划（2016—2020年）》的时代背景与意义

老龄人口逐年增长，中国步入老龄化社会

我国人口基数大，步入人口老龄化时间较早，当前呈现出老龄化持续加深的特征。根据1956年联合国《人口老龄化及其社会经济后果》的划分标准，65岁及以上老年人口数量比例达到7%以上，为人口老龄化。中国国家统计局统计数据显示，2001年中国65岁及以上老年人口为9062万人，在12.76亿总人口中占比7.1%。因此，早在2001年，中国已经步入老龄化阶段。

据联合国人口司发布《世界人口展望（2019年）》预测，21世纪内我国老年人口规模先增后降，2055—2060年达到峰值，60岁及以上老年人口达到4.88亿，65岁及以上老年人口达到3.98亿人，当前至2060年将是老龄化最快的阶段。

人口老龄化带来的影响

从宏观层面来看，有三个主要影响。首先，人口老龄化将减少劳动力的有效供给，缓解劳动生产速率的提高。老龄化加深使人口红利逐渐消失，劳

动力成本上升。**其次，人口老龄化将对产业结构调整产生一定影响，加剧养老服务产品供需矛盾。**当前，中国养老产品和服务需求巨大，而供给端则呈现出总量不足、结构不合理、水平不高等问题。养老护理从业人员，家政养老看护服务和日间照料等行业缺口巨大，养老服务和产品之间的供需矛盾加深。**最后，人口老龄化所带来的人口结构变化，一方面使养老保险基金的来源逐渐减少，另一方面使养老保障基金支付额不断增加，引起消费水平的变化。**这将使人口老龄化国家面临巨大的财政压力和社会负担。

从微观层面来看，无论是从收入水平还是居住安排等方面来看，人口老龄化对老年人基本生活会造成一定的影响。从20世纪80年代开始实施的计划生育政策降低了出生率，而老年人口数量在持续增加，独生子女成年后独自照顾父母的情况增多。年轻人需要花费大量的时间和金钱在老年人身上，不健全的养老体系又在一定程度上加重了年轻人的负担。而作为需求最旺盛的消费群体，年轻人却面临着"无钱可花"的情况。**人口老龄化对老年人身体、心理等健康问题造成的影响也亟须解决，老年人需要通过更高程度的社会参与和社会支持去保持身心健康。**

但"银发经济"也意味着市场新蓝海。在即将到来的老年人口巅峰期的背景下，中国也是全球老龄化产业市场潜力最大的国家。根据中国老龄协会发布的报告预测，2020年全国老年消费市场规模即将达到3.79万亿元。**针对老龄人口服务的产业蕴藏商机，老年教育、文化服饰、娱乐消费、旅游运输、老年公寓、病床护理等专为老龄人口服务的产业将迎来新利好。**

微评

★ 文化是一种安定老年社会的力量。国家应善用文化资源，开拓文化产业新路！

《老年教育发展规划（2016—2020年）》出台，积极应对老龄化社会

当前，中国仍处于转型发展的关键时期，经济增长十分重要，养老保障问题也日益突出，"既要增长又要养老"，成为中国的现实选择。《老年教育发展规划（2016—2020年）》（以下简称《规划》）近期至2022年，中期至2035年，远期至2050年，是到21世纪中叶我国积极应对人口老龄化的战略性、综合性、指导性文件，从5个方面部署了应对人口老龄化的具体工作任务，明确了应对人口老龄化的战略目标，促进经济社会发展始终与人口老龄化进程相适应。

理解《规划》的五大任务

夯实社会财富储备是立身之本

社会财富储备是提高社会保障能力，解决老有所依所养问题的基础。中国社科院发布的《中国养老金精算报告2019—2050》里提到，城镇企业职工基本养老保险基金在2028年之后将收不抵支，年度缺口将达到1181.3亿元，并在2050年扩大近100倍至11.28万亿元。我国养老金是储蓄式为主，增值能力较弱，需要寻找更多方法使养老金增值。例如，通过退休制度的改革，推后退休年龄，提升出生人口素质，养老金入市等多种举措共同夯实社会财富储备，应对养老金缺口等问题。

改善劳动力有效供给是战略重点

《规划》提出，通过提高出生人口素质、提升新增劳动力质量、构建老有所学的终身学习体系，提高我国人力资源整体素质。《规划》明确指出，到2020年，全国县级以上城市原则上至少应有一所老年大学，尤其应当增加老年科技大学、老年数字大学等针对性大学对老年人们进行数字融入教育。构建老有所学的终身学习体系不仅可以丰富老年人口生活，在退休年龄不断延后的情况下也是提升人力资源素质的保障。

微评

★ "越来越繁荣的经济将带来大量的休闲时间,人类的核心问题将是如何找到行之有效的方式来度过这个空闲时间。"——1930年经济学家约翰·梅纳德·凯恩斯《我们孙辈的经济问题》

打造为老服务和产品的供给体系是必然要求

推动老年人产品市场提质扩容,养老服务业融合发展。艾媒咨询数据显示,2017年家庭月收入超过4000元的老人已超过1.1亿人,其中2000万老人的家庭月收入超过了10000元。较理想的收入财产状况使老人对保健、养生服务、休闲娱乐、旅游、兴趣等多种消费方式更感兴趣。

我国养老产品和服务相对单一,尚未达到高质量阶段。**为老服务体系的构建需要充分匹配老年人使用需求,细化老年人产品使用场景,进一步提高老年人产品生产的质量,服务老年人便利生活。**健全的养老服务体系更需要连接互联网、人工智能、大数据、新科技多种技术的支持和完善。

强化科技创新能力是第一动力和战略支撑

强化科技创新能力是积极应对人口老龄化的第一动力和战略支撑。依靠科技创新引领产业升级,以科技创新为核心带动整体创新和为老服务等全面的创新。转变经济增长的动力机制,切实把科技进步和创新作为加快转变经济发展方式和调整经济结构的重要支撑。

★ 人们通常认为寿命更长就是老年时光更长。有证据表明,这一传统看法将被扭转。随着医学技术的提升,人们的青春时光会更加长久。年龄不再与人生阶段挂钩,忘年交的增加将增进代际理解,帮老年人保持年轻。

一方面,发挥创新引领作用,依靠科技创新引领产业升级,促进产业步入全球中高端价值链,缓解人口老龄化对经济增长带来的负面影响;**另一方面,**发展现代科技,顺应劳动力人口减少的趋势,提高老年服务科技化水平。例如以物联网、人工智能、云计算等新技术的普及和应用,将为现代社会发展注入巨大动能。**提高老年服务科技化、信息化水平,加大老年健康科技支撑力度,加强老年辅助技术研发和应用,不断依靠科技创新化解人口老龄化给经济社会发展带来的挑战。**

营造适应老龄化的社会环境是大势所趋

随着社会的进步与个体平均寿命的增长，人口老龄化已经成为必须面对的全新课题，适应老龄化的社会环境是未来不可避免的发展趋势。《规划》明确提出要建设老年友好型社会，这就需要全社会的共同努力和自觉行动，形成老年人、家庭、社会、政府共同参与的良好氛围。

维护老年人权益是养老的前提。老龄化社会的到来，会出现许多新的问题和挑战，这就需要适时修订《中华人民共和国老年人权益保障法》，完善法律法规体系。与此同时，还应加大普法宣传教育力度，鼓励老年人依法维护自身合法权益。通过健全老年人权益保障机制，加强老年群体的法律服务和法律援助。

保障家庭和睦是孝老的基础。家庭是社会上的最基本、最重要的单元。"家和万事兴"，推进幸福家庭创建，营造良好家风，完善家庭支持体系是孝老的基础。不断优化家庭发展环境，完善家庭支持政策，推动家政服务提质扩容。着力解决每家每户的实际困难，加大对生活困难家庭的帮扶支持力度。

营造社会风气是敬老的关键。建设老年友好型社会，需要优化老年宜居环境，普及公共基础设施无障碍建设，逐步健全老年人社会优待制度。**更重要的是，丰富老年人的精神文化生活，完善老年精神关怀服务体系**。在全社会大力传承弘扬养老、孝老、敬老的中华民族传统美德，营造敬老、爱老的社会氛围。

《规划》印发，人口老龄化长路漫漫

《规划》是具有前瞻性、指导性的文件，明确到2022年，我国积极应对人口老龄化的制度框架初步建立；到2035年，积极应对人口老龄化的制度安排更加科学有效；到21世纪中叶，与社会主义现代化强国相适应的应对人口老龄化制度安排成熟完备。**其中，相关具体任务的布置和安排还需要进一步**

微评

★ 正如《百岁人生》一书中所说的，真正的挑战来自对无形资产的管理。政府要解决的是个人对个性化和灵活性的渴望与政府企业简单化标准化的期望之间的矛盾。

细化分工，各部门之间工作的协调机制还有待确立。

为保障《规划》的有效实施，增强可操作性，一方面，需要健全组织保障。一是加强党的领导，二是完善组织协调机制。另一方面，完善实施机制。通过健全工作机制、完善法律制度、加强数据支撑、推进国际合作、开展监测考核等措施来确保《规划》能够按时保质完成。同时，还可以开展应对人口老龄化工作综合创新试点，在金融、土地、人才、科技及服务模式等方面进行探索创新。充分调动社会各界的积极性，鼓励民间资本以公办民营、民办公助、股权投资等方式参与养老产业发展，通过各方努力，共同解决人口老龄化的社会问题。

《规划》提出了应对老龄化的基本原则，坚持以人民为中心，积极应对老龄化，并从五方面提出应对老龄化的重要举措，抓住了关键问题，提出了有针对性的政策方案。妥善应对人口老龄化是实现经济高质量发展的必然要求。随着中国将应对人口老龄化摆到更重要位置，未来一方面将释放养老、健康产业的增长潜力，另一方面也有利于巩固"人口红利"和"人才红利"，从而为经济持续健康发展进一步夯实基础。

文化立法领域专家解读《文化产业促进法（草案送审稿）》

言之有范

【写作背景】由文化和旅游部起草的《中华人民共和国文化产业促进法（草案送审稿）》（以下简称《送审稿》）及其说明公布，并征求社会各界意见。作为我国首部文化产业领域法律，《送审稿》一经发布，引发社会各界热议和关注。基于此，言之有范第一时间采访了三位文化立法领域研究者，分别为全国人大原教科文卫委员会文化室主任朱兵，中国传媒大学文化产业管理学院学术委员会主任、《文化产业促进法》起草组成员贾旭东教授，中国传媒大学文化产业管理学院学术委员会副主任、原法律系主任李丹林教授，现将采访内容整理成文，以飨读者。

全国人大原教科文卫委员会文化室主任　朱兵

教科文卫领域目前已经拥有八部法律，《文化产业促进法》将扮演怎样的角色？

在中国特色社会主义法律体系中，文化立法一直以来都被视为短板。我国现行有效法律有270多部，但长期以来文化领域只有《文物保护法》《非物质文化遗产法》和《著作权法》，俗称"两部半"。这一弱势局面直到十二届全国人大后才得以扭转，从2016年11月《电影产业促进法》获得通过，到2016年12月《公共文化服务保障法》，再到2017年11月《公共图书馆法》的通过，**我们可以看到文化领域的相关法律出台时间越来越短，争议越来越少，共识越来越多，这些转变折射出的是党和国家对文化领域的重视程度越来越高。**

人民对文化的热爱和需求让文化立法有着深厚的土壤，研究文化立法，就是要在这样一片深厚的土壤上，**为广大人民群众提供一个相对完备的法治保障环境。**《文化产业促进法》是文化领域一部重要的基础性法律，它的制定必将对新时代我国文化建设和文化产业发展产生普遍深远和持久的影响。

《送审稿》对文化市场进行了独立成章的论述，您对此如何看待？

我国文化产业作为一个新兴产业和特殊产业，还处在起步发展的初级阶段，产业发展中难以避免地会出现市场失灵状况和市场不能解决的问题。《送审稿》注重充分发挥市场作用和更好发挥政府作用，明确提出要发挥市场在文化资源配置中的积极作用，构建统一开放、竞争有序、诚信守法、监管有力的现代文化市场体系，培育和发展各类文化产品和要素市场，维护文化市场秩序，加强文化市场监管和执法，建立文化市场诚信体系，让市场在资源配置中的作用最大限度地释放出来，同时履行好政府引导调控和监督管理职能，加强政府公共服务，有效维护文化安全。

您如何看待《文化产业促进法》在新时期我国文化治理现代化中的作用？

在商务印书馆召开的主题为"新时期我国文化治理现代化的战略选择"研讨会上，很多学者都谈到文化法制的重要作用，**我认为战略选择包括文化观念、文化思维、文化科技的发展等要素，其中最重要的就是文化法制，法制建设是文化治理现代化的一个重要内容。**过去更多谈的是文化繁荣、文化发展，从发展的角度，从内容的角度，从产业的角度，来探讨文化治理的问题，但是从制度建设的角度，从法制的角度怎么来理解还思考得较少。

中国传媒大学文化产业管理学院学术委员会主任、《文化产业促进法》起草组成员 贾旭东

纵观《文化产业促进法》的发展历程，在制定和调整过程中主要考虑到了哪些因素？

第一，是市场环境变化的因素。互联网的快速发展催生了一系列文化产业新兴业态，法案的发布和完善也在尽可能地适应新业态的发展，适应经济转型的社会背景，形成文化产业领域统领性文件。

第二，在法案的推进过程中不断征求社会各界的意见，最大程度发挥来自各领域的建议和意见，将文化产业落到实处，使法案更加完整，发挥政商学界的作用。

《送审稿》现在发布有哪些重要意义？

首先，《送审稿》的发布是在国家层面出台的文化产业领域的纲领性文件，它表明了国家对文化产业的重视和认可程度，为文化产业的发展提供了良好的法律政策环境，对新时代文化产业的发展有着十分重要的意义。

其次，在刚刚召开的党的十九届四中全会上，中央提出了推进国家治理体系和治理能力的现代化的决议，《文化产业促进法》进程的推进可以有效地促进国家治理现代化，规范文化产业领域的秩序，在文化领域推进治理能力的现代化。

最后，《文化产业促进法》对于文化企业的发展，文化市场的健康发展起着重要作用，它充分规范和调动了文化产业的发展的各要素，更好地促进文化产业健康发展，使之成为国民经济支柱性产业。

《文化产业促进法》作为文化产业发展的纲领性法律，其中的创新和引领体现在哪些方面？

2019年12月公布的《送审稿》标志着《文化产业促进法》进程又迈出了实质性的一步。一直以来，我国促进文化产业发展的基本经验和有效模式是政府主导，在文化产业政策类型上的鲜明特征，是政府主导的"二元偏向型"结构：坚持文化政策和产业政策双重取向，更偏重文化政策。我国政府主导促进文化产业发展的基本经验和有效模式，集中反映在草案将行之有效的文化产业政策转化为法律制度和法律规定；"二元偏向型"的文化产业政策结构，集中反映在草案关于文化产业发展方向的规定，以及坚持社会效益优先、社会效益与经济效益相统一的相关制度设计与制度安排。《文化产业促进法》用9章75条集中解决促进文化产业发展的三个基本问题，即谁来促进、促进什么、如何促进。**它将为我国文化产业高质量发展，亦即健康、快速和可持续发展，奠定坚实的法律制度基础和法律保障。**

《文化产业促进法》的起草工作前后历时三年，您在参与制定法案的过程中，最大的感受是什么？

首先，我个人的感受就是，非常荣幸能够参与《文化产业促进法》的起草，很多人看到送审稿说"千呼万唤始出来"，我也是这样的心情。送审稿共9章、75条，聚焦"促进什么"和"怎么促进"两大核心，在文化企业、创作生产、文化市场三个关键环节发力，在人才、科技、金融、法律等方面给出了明确的帮助与支持，非常完善，对文化产业的整个链条发展都有重要意义。

其次，《文化产业促进法》将20年来国家发展文化产

微评

★ 《文化产业促进法》是解决文化产业发展最基本问题的法律制度，也是中国特色社会主义法律体系建设的一个新的引领，文化产业政策的结构和文化领域的双效统一都是创新的展现。

业的基本经验和有效模式上升为法律，在起草的过程中，涉及了多方的利益，在拟订的过程中需要不断地调查、收集民意、评议、决策，然后才能收录进去。这部《文化产业促进法》是真正为文化产业发展助力的，所以每一条都需要考虑到很多情况，能否真正惠及企业和民众，能否为公共文化和文化产业提供良好的发展环境，能否减少阻碍文化产业发展的不利条件，都要考虑在内。

最后，法律再好不如各方切实践行。不管是民众、企业、从业者、研究者还是政府有关人员，都要认真钻研文化产业理论知识，创新推动文化产业成果落地，文化产业人要有责任、有担当，为中华传统文化的创新性转化、文化的国际交流、文化与科技、金融、艺术等各个领域的融合，贡献自己的一份力量。

中国传媒大学文化产业管理学院学术委员会副主任、原法律系主任李丹林

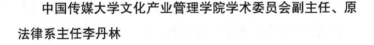

之前文化产业的发展一直由应对型的政策进行调整，制定和出台这部长期性的法律，将给文化产业发展带来怎样的变化？

显而易见，这部法律的出台对于未来我国文化产业更快更好地发展，进而带动我国文化事业的繁荣，让人们获得更充分更有质量的文化消费，获得幸福感、满足感意义重大。我们都知道政策虽然具有与时俱进性、灵活性等优点，但是相较于法律，其不稳定性也是很突出的。通过法律把国家关于文化产业发展的态度、政府相关职责规定下来，这无疑对于文化产业持续性地更好发展提供了法律保障。

党的十九届四中全会通过的《中共中央关于坚持和完

善中国特色社会主义制度、推进国家治理体系和治理能力现代化若干重大问题的决定》，首先指出中国特色社会主义制度是党和人民在长期实践中探索形成的科学制度体系。紧接着提出，坚持和完善党的领导制度体系，要提高科学执政、民主执政、依法执政的水平。运用法律的形式将良好成熟的政策肯定下来，作为政府行为和企业组织行为的准则，这也是执政党依法执政的基础。

《送审稿》中特别强调了各级各类学校的美育工作，以及提出构建有中国底蕴、中国特色的思想体系、学术体系和话语体系，您怎么看待以立法形式提出学科建设方面的内容，您认为《送审稿》对于文化产业人才培养会产生怎么样的作用？

《送审稿》关于这些方面的规定的确有划时代的意义。在改革开放初期相当长时间的文化迷茫、思想困惑之后，如今能够充分认识到要从连续不间断的五千年文明中寻找我们的根基、发展的智慧和动力，这是一种理性的体现。但是我们要想切实发扬传统文化和民族智慧又是多么不易，因为我们曾经"断代"。所谓断代就是我们没有通过学校教育、社会教育和大众传播给特定的几代人进行传统文化、人文精神和具有审美要素的活动进行知识传承和熏陶。**《送审稿》所规定的关于人才、学科方面的规定，对于文化产业人才的培养无疑具有重要推动作用。**

同时，这也对于提升全民族的人文素养、创意基因、精神思想等都具有意义。但是在具体实施方面，仍然需要切实探索具体的路径。同时，我个人认为从产业发展本身来说，建构良好的用人机制、设计科学合理的薪酬激励机制、利益分配机制也是文化产业人才保障的直接途径。

微评

★ 《送审稿》是文化产业领域立法的基础，而文化产业人才是文化产业发展最具活力环节，《送审稿》无疑是从事文化产业从业人才的强心剂。

从专业的角度，您如何评价现在的《送审稿》？

草案《送审稿》与草案征求意见稿的有几处不同。具体是：

第一处：《送审稿》第九条增加了"鼓励各地区突出特色、体现差异、保护文化生态"。

第二处：《送审稿》第九条删除了"追求真善美、抵制假恶丑"。

第三处：第三十一条，《送审稿》表述为"国务院文化和旅游主管部门、广播电视主管部门和国家网信部门、国家新闻出版（版权）主管部门、国家电影主管部门、国务院文物主管部门负责会同国务院财政部门制定"，送审稿修改为"国务院和省、自治区、直辖市人民政府负责制定"。

从专业角度看，我认为这几处修改，体现了《送审稿》的科学性有所提升。

第一，第九条增加的内容，体现了《文化产业促进法》的特殊功能和价值、避免在产业发展中单纯追求商业价值，伤害我们的文化根本，意义重大。这也是建构有中国底蕴、中国特色的思想体系、学术体系和话语体系的基础。如果一部法律的实施效果本末倒置，这部法律的制定就不是科学的。

第二，从根本上来说，法律是对行为的一种规范。被删除掉的"追求真善美、抵制假恶丑"从表述上来讲存在瑕疵，并且难以成为具体的行为规范，其边界也难以界定，故而被删除。

第三，第三十一条的修改，对于习惯性的部门本位立法，或者借立法争取更多权力的动机，是一个遏制。同时《送审稿》的表述所体现的制度设计更为科学。中国幅员辽阔，各地区经济发展、文化传统区别很大，对于文化产业的促进、公共文化服务保障，应该赋予地方政府更多的权力，这样才能有更有针对性地、更适应本地方需求地做出决策或决定。

总体来说，《送审稿》可以看作我国自改革开放以来良好的文化经济政策集大成的体现、中国特色社会主义法律体系建设的一个新的进展。个人认为这部法律的规定和表述还有可以继续修改、继续完善的地方。比如第三章，标题为"文化企业"，依据立法逻辑，这一章应该针对文化产业领域的具体经济组织的相关设立条件、行为、义务作出规定，但是，在各个章条中，只有第二十七条、二十八条、二十九条是针对文化企业作出规定。而其余各条都是针对国家、政府作出规定的。其中，第三十条对于"国企国资"的规定，与二十七条、三十六条的相关规定是冲突的。

助力文化产业高质量发展，2019年文化政策有哪些亮点？

宋立夫　李姝婧

2019年，文化产业取得了显著成绩。我国文化产业在保持高速成长态势的同时进一步追求高质量发展，产生了巨大的社会效益和经济效益。2019年，文化政策亮点纷呈。各级政府、部门出台多项文化领域政策法规，积极推动文化产业与国家经济社会深度融合。

文化政策的上位政策框架

理解2019年文化产业各领域政策的制定与出台意义，离不开对党的十九大、党的十九届四中全会以及2019年全国"两会"这几个重大会议精神的充分认识。总体说来，习近平新时代中国特色社会主义思想和党的十九大精神是我国制定文化建设各项任务的灵魂。**十九届四中全会以及2019年全国"两会"精神是十九大精神的延续与深化。这几个重大会议为当前我国文化产业政策的制定起到定基调、明方向、划框架的重要作用。**

十九大报告：各项文化建设的任务部署正稳步落实

2017年召开的党的十九大，是在全面建成小康社会决胜阶段以及中国特色社会主义进入新时代的关键时期召开的具有重大历史意义的大会。大会作出的中国特色社会主义进入新时代、我国社会主要矛盾已经转化为人民日益增长的美好生活需要和不平衡不充分发展之间的矛盾等重大政治论断为此后我国经济社会发展奠定重要理论基础。对于文化建设而言，十九大明确了新时代文化建设在"五位一体"总体布局的位置和作用更加凸显；明确了新时代文化建设的目标是坚持中国特色社会主义文化发展道路，激发全民族文化创新创造活力，建设社会主义文化强国。在这样的目标指引下，各项文化建设任务部署正在稳步落实。

十九届四中全会：治理能力和治理体系迈向现代化的新征程

2019年10月31日，中国共产党第十九届中央委员会第四次全体会议圆满落幕，全会为完善中国特色社会主义制度、推进国家治理体系和国家治理能力现代化规划了宏伟蓝图。对于文化建设方面，党的十九届四中全会对坚持和完善繁荣发展社会主义先进文化的制度进行了深刻阐述、对重大任务做出了部署，强调发展社会主义先进文化、广泛凝聚人民精神力量，是国家治理体系和治理能力现代化的深厚支撑。

全会通过《中共中央关于坚持和完善中国特色社会主义制度、推进国家治理体系和治理能力现代化若干重大问题的决定》（以下简称《决定》）。《决定》为新时代中国特色社会主义文化建设提出总要求，明确推进文化制度建设的目标方向、使命任务和方针原则。会议指出："**必须坚定文化自信，牢牢把握社会主义先进文化前进方向，围绕举旗帜、聚民心、育新人、兴文化、展形象的使命任务，坚**

微评

★ 2019年全年文化产业各领域政策的制定对党的重大会议精神有充分的认识，了解文化政策的上位框架，也是形成政策的整体性和连贯性的体现。

持为人民服务、为社会主义服务，坚持百花齐放、百家争鸣，坚持创造性转化、创新性发展，激发全民族文化创造活力，更好构筑中国精神、中国价值、中国力量。"

总体来看，《决定》对文化建设在推进国家治理体系和治理能力现代化方面的重要作用做了精准概括。未来文化政策的出台，必须以习近平新时代中国特色社会主义思想为指导，以高质量发展为目标，以融合发展为主线，以改革创新为动力，着力加强制度建设，完善治理体系，提升治理能力，努力推动文化发展再上新台阶。

2019年政府工作报告：以优化营商环境保障推动产业发展与民生建设

从世界经济局势上来看，整体世界经济面临增长放缓的危机，而2019年中美贸易争端更加剧了人们对未来世界经济发展的担忧。面对世界经济下行的巨大压力，如何提振市场信心，发挥国内市场的巨大优势成为2019年政府工作任务中的重点难点问题，在这样的背景下，优化营商环境迫在眉睫。政府应尽可能减少对市场直接干预，为企业生产经营提供更为宽松的政策和市场环境，才能充分发挥市场的作用顶住经济下行压力。

在2019年政府工作报告中，频繁提及"营商环境"，而各级发改委也相继成立优化营商环境的具体执行部门，负责对接和承担这一重要任务。对于文化产业发展而言，在减税降费、扶持中小微企业成长、加大知识产权保护力度等方面释放出一些值得关注的积极信号。**工业和信息化部发布的数据显示，2019年全年减税降费2.36万亿元，小微企业普惠性减税约2500亿元，完成了《2019年国务院政府工作报告》中的目标任务。**

微评

★ 中小微企业是我国经济增长中最具活力的组成部分之一，对于文化产业而言中小微企业的生存发展更是不可分割的组成部分，普惠性减税和营商环境的优化政策无疑是推动小微企业快速发展的重要支持。

当前，我国文化及相关产业市场主体数量剧增，经营性文化产业法人单位占比较大。国家统计局发布的《第四次全国经济普查系列报告之五》显示，截至2018年年末，我国共有文化产业法人单位210.3万个，占全部二、三产业法人单位的9.7%；文化个体经营户261.4万户，占全部个体经营户的4.2%。在全部法人单位中，经营性文化产业法人单位194.88万个，占全部法人单位的92.6%；公益性文化事业法人单位15.5万个，占7.4%。为推动现代文化市场体系的健全，必须继续优化营商环境，保障推动产业发展与民生建设。

2019年文化政策全方位复盘

《文化产业促进法》：文化产业政策轴心

2019年文化政策的最大亮点，无疑是《文化产业促进法（草案送审稿）》的公布。2015年，文化部（现为文化和旅游部）承担起《文化产业促进法》的起草工作，历经近4年的过程，在2019年取得了重大突破。7月《文化产业促进法（草案征求意见）》公布，12月草案送审稿送国务院审议。这标志着《文化产业促进法》的立法进程迈出了实质性的一步。

众所周知，文化产业的立法工作一直是文化发展中的短板，在十二届全国人大以前，我国文化领域法律只有《文物保护法》《非物质文化遗产法》以及《著作权法》，被称为"两部半"。文化产业的发展更多依靠法规性政策发展，缺乏根本性法律政策。2016年后，伴随着《电影产业促进法》《公共文化服务保障法》《公共图书馆法》的密集出台，文化领域相关法律的出台时间越来越短。《文化产业促进法》从"草案征集意见稿"到"送审稿"仅五个月的时间，表明了国家对文化领域的重视程度。

《文化产业促进法》实质上是文化产业政策的轴心、纲领性法律。文化产业领域其他的政策都是围绕《文化产业促进法》进行进一步深化、细致地规定，为文化产业的下一步发展奠定基础。顾名思义，《文化产业促进法》是文化领域的一部重要法律。"促进"二字深刻反映出当前我国文化产业对与国民经济的重要性，显示出国家对文化产业的重视程度。它将用9章75条集中解决谁来促进、促进什么、怎么促进这三个重大问题。根据文化和旅游部2020年工作要点，《文化产业促进法》的立法项目将是下一步文化和旅游部的重点工作之一。

部委政策引导文化产业深度融入经济发展

在积极推动《文化产业促进法》出台的同时，2019年，各级部委以应对性、引导性政策为主，积极推动文化产业进一步融入国民经济。"文化产业成为国家经济社会发展战略的重要组成部分"这一判断已成为共识。在这一共识基础之上，各级部委出台多个政策，从领域上来看，对文化科技融合、知识产权、体育与冰雪产业、广播电视和网络视听、旅游演艺、文化消费、文旅融合等重点领域部署工作重点。同时为推进文化事业和文化产业改革发展，对国有文艺院团社会效益评价考核、文化企业税收优惠等方面也出台了相关政策。这是落实2019年政府工作报告的坚实举措。

文化科技融合成为文化产业发展的强劲动力

2019年是文化和科技融合发展的爆发年，高密集政策出台与文化科技的场景化实践应用交相呼应。4月，文旅部印发《公共数字文化工程融合创新发展实施方案》提出公共数字文化工程的转型升级；5月，中共中央办公厅、国务院办公厅印发《数字乡村发展战略纲要》，对数字乡村建设进行全面部署；6月，工信部向中国电信、中国移动、中国联通、中国广电正式发放5G商用牌照并修订《电信业务分类目录（2015年）》意味着5G时代的正式来临，对

微评

★ 文化和科技融合也是未来文化产业发展的重点方向之一，数字文化产业的时代与我们距离越来越近，文化与科技也将创造未来经济发展的风口。

我国数字文化产业将产生颠覆性的改变；8月，科技部、中央宣传部、中央网信办、财政部、文旅部、国家广播电视总局八部门联合印发《关于文化和科技深度融合的指导意见》提出主要目标，即到2025年，基本形成覆盖重点领域和关键环节的文化和科技融合创新体系，实现文化和科技深度融合。12月，国家发改委等7部门联合发布《关于促进"互联网+社会服务"发展的意见》，提出鼓励沉浸式运动、数字艺术演艺直播、赛事直播等智能化交互式创新应用示范，引领带动数字创意智慧旅游、智慧文化等新产业新业态发展。

由此可见，一系列推动文化科技融合的政策贯穿2019年的产业发展。中央各部委联合为文化科技的深度融合提供高质量发展的政策保证。未来文化与科技的融合也将在文化产业的各环节产生颠覆性的变革作用，并且将极大拓展对文化产业本身以及文化产业发展路径的认知边界。

文旅融合开局之年，高质量发展成为关键词

2019年是文旅融合的开局之年。秉持"宜融则融，能融尽融，以文促旅，以旅彰文"的十六字工作方针，从顶层规划设计到具体融合举措全方位政策规范、保障文旅融合落到实处。3月，《关于促进旅游演艺发展的指导意见》发布，正式将发展旅游演艺作为文化和旅游工作的重要内容；伴随各地都在进行文旅融合相关规划制定，5月文旅部制定《文化和旅游规划管理办法》，从总则、立项和编制、衔接和论证、报批和发布、实施和责任等方面对文化和旅游规划体系进行统一，对规划管理进行完善，以提高规划质量；12月，中央经济工作会议上再提旅游业的高质量发展。

总体来看，高质量发展是2019年文化旅游工作的关键

微评

★ 2019年是文旅产业的融合和文旅产业快速发展的一年，也是我国经济不断发展，文化消费潜力不断释放的一年，同时文旅产业的转型升级是否也是我国经济转型的写照？文旅融合未来将会推动多少产业变革发展？

词。未来，促进数字技术、互联网技术在文化和旅游相关产业中的应用将是
未来一段时间旅游业发展的主要方向。

　　新业态不断涌现，文化消费潜力逐步释放

　　随着我国经济持续快速发展和文化市场的繁荣，城乡居民的文化消费需
求不断增加。目前，包括文化、旅游等在内的居民服务性消费已占消费总支
出的半壁江山。文化和旅游部数据显示，2019年上半年全国居民人均教育文
化娱乐消费支出1033元，比2018年同期增长10.9%，占人均消费支出的比重
为10.0%。数据表明人民群众对美好生活的不断追求是文化产业发展的内生
动力。

　　1月，国家体育总局、国家发展改革委下发《进一步促进体育消费的行
动计划（2019—2020年）》，这项专项行动计划是对2018年《中共中央国务
院关于完善促进消费体制机制进一步激发居民消费潜力的若干意见》、国务
院办公厅《完善促进消费体制机制实施方案（2018—2020年）》两项重要政
策的落实举措。

　　3月，国家发改委发布《关于持续深入推进降低重点国有景区门票价格
工作的通知》推动国有景区破除"门票经济"的传统观念，引导景区收入多
元化发展。

　　8月底，国务院办公厅五日内连发两文促进文化消费。其中，《国务院
办公厅关于进一步激发文化和旅游消费潜力的意见》由文化和旅游部牵头负
责，明确各部门任务分工。意见提出推进消费试点示范、发展假日和夜间经
济、促进产业融合发展等九大举措；而《关于加快发展流通促进商业消费的
意见》则提出20条稳定消费预期、提振消费信心的政策措施。两份文件中都
提出大力发展"夜间经济"，一时间，点亮"夜间经济"成为扩展产业发展
和居民消费新时间、新空间的重要抓手。

　　根据中国旅游研究院最新报告，我国夜间经济的市场规模正持续扩大，
门票经济持续弱化，夜间餐饮仍占主导，文化休闲则为需求蓝海。未来，夜
间经济将有广阔发展空间。与此同时，发展夜间经济，对城市治理现代化而

★ 随着我国经济的不断发展，我国居民可支配收入不断增加，消费水平逐渐提升。但与此同时，我国还有部分地区仍未脱贫，参与消费扶贫、参与脱贫攻坚战，不仅是脱贫工作的重要内容，也意味着这是全国人民共同奔小康的重要途径。

言也是一个极大考验。

除了夜间经济之外，**消费扶贫也是2019年文化消费的重要工作。1月14日，国务院办公厅下发《关于深入开展消费扶贫助力打赢脱贫攻坚战的指导意见》；11月，国家发改委、文化和旅游部等15个部门发布《动员全社会力量共同参与消费扶贫的倡议》，再次将目光聚焦消费扶贫。消费扶贫成为精准扶贫的重要抓手，为如期打赢脱贫攻坚战，全面建成小康社会提供重要保证。**

中国话语体系建设带动优秀传统文化崛起

话语体系是一定时代经济社会发展状态和文化传统的综合表达。五千年文明发展中孕育的中华优秀传统文化和党领导人民在革命、建设、改革中创造的革命文化和社会主义先进文化构成了中国特色社会主义文化。推动中国话语体系建设，离不开对中华优秀传统文化的保护传承与创新发展。**文物是文化的物质载体，加强文物保护和文物价值的挖掘阐发，是构建中华文明标识体系的重要环节。**

从2019年1月1日起，由财政部、国家文物局制定的《国家文物保护专项资金管理办法》正式实施。专项资金是中央财政为支持全国文物保护工作、促进文物事业发展设立的具有专门用途的补助资金，涵盖范围包括文物本体维修保护工程支出，文物考古调查、发掘支出，文物安防、消防及防雷等保护性工程支出，文物技术保护支出，预防性保护支出，数字化保护支出，文物陈列展示支出，文物保护管理体系建设支出等内容。

近年来，世界范围内文化遗产火灾频发为我国文物消防安全敲响警钟。2019年4月，法国巴黎圣母院塔楼起火，10月，意大利、日本两处文化遗产再次发生火灾，损失严重。因此，11月国家文物局、应急管理部联合发布《关于进一步加强文物消防安全工作的指导意见》为文物安全划定红线。只有保障文物安全，才能谈及文物的活化与利用。

与此同时，1月《长城保护总体规划》、5月《大运河文化保护传承利用规划纲要》相继发布；12月中共中央办公厅、国务院办公厅发布《长城、大运河、长征国家文化公园建设方案》标志着以长城、长征、大运河为核心的线性文化遗产保护传承与利用将进一步完善。建设长城、大运河、长征国家文化公园，是《国民经济和社会发展第十三个五年规划纲要》《国家"十三五"时期文化发展改革规划纲要》确定的国家重大文化工程。**对坚定文化自信，彰显中华优秀传统文化的持久影响力、革命文化的强大感召力具有重要意义。**

在博物馆发展方面，5月国家文物局出台《博物馆馆藏资源著作权、商标权和品牌授权操作指引》和11月出台《关于进一步加强文博事业单位人事管理工作的指导意见》在博物馆文物资源的活化、文博人才队伍的发展等方面作出重要部署，文博事业迎来新的发展阶段。

2019年，文物与博物馆和多个行业领域跨界融合，不断涌现新业态新模式。未来，文博事业将为扩大中华文化国际影响力、构建中国话语体系等方面作出重要贡献。

现有文化政策亟待完善的几个问题

李增福、汪保亮、吴威、刘珊等学者已从实证分析的视角，证实了文化产业的发展对于经济增长具有促进作用。纵观2019年从中共中央、国务院到中宣部、文化和旅游部、国家发改委、广电总局、国家文物局等中央部委和

微评

★ 国家大型文化工程的建设对国民坚定文化信心，发扬文化自信有着重要意义，《长城、大运河、长征国家文化公园建设方案》的下一步建设和利用保护传承将会进一步推进，期待国家文化公园走向世界。

机关，再到地方各级政府，频频将制定文化政策（包括制定作为公共政策的文化发展规划和文化产业发展规划）纳入到治理框架中，多重政策分别从保障、促进、引导和规划等方式入手，推动文化产业与在地产业进行融合，意在经济下行压力加大的发展环境下，激活新的经济增长点，取得了一定成果。**但从"他者"的视角进行观察，会发现文化政策的一些"旧疾"在新的制度安排中仍然存在。**

各类产业政策和指导意见的精细化程度不足

中共中央总书记、国家主席习近平曾表示，"治大国如烹小鲜"。随着经济发展转型的进一步深入，十九届四中全会对于"坚持和完善治理体系和治理能力现代化"进行了重点部署，敦促各级管理主体从思维上实现从管理到治理的转变。

2019年的文化产业政策，在产业发展方向和具体工作环节的部署上，基本能够有效地匹配和贯彻上位政策的精神和意见，但在落地执行和效果反馈两个环节，还缺少相应的精细化管理。机构改革未完成，以及政府和相关主管部门的人手紧张被视为政策执行不畅的原因之一，但政策制定过程中对于保障部分的制度设计是否有可以提升的空间、是否可以通过其他途径带动治理体系和治理能力整体的精细化水平提升，值得商榷和论证。

荣跃明曾表示，"创意产业在技术、知识产权、专利制度、金融服务等发展条件的支撑下，以居于价值链高端的地位渗透所有产业，决定生产过程利润分配的本质。"足见文化产业能够在转轨时期充分地参与供给侧结构性改革的进程，全局性地促进产业链和价值链的高端化，而文化产业治理水平的进一步精细化，则是引导文化产业更好地发挥经济功能的触媒和保障。

文化产业统计口径衡量产业状况的能力不足

政策评估的角度和方法是多元的，但均建立在充分的市场和产业观察的基础之上，需要有翔实的证据来对政策实施的效果进行充分的论证。**就目前而言，效果反馈和政策评估的一大障碍，在于现行的《文化及相关产业分类**

2018》统计口径没有打通财政、贸易、金融等统计部门。以国家统计局发布的文化产业增加值和规模以上文化及相关企业的营收数据来观察文化产业，仅能够得出较为初步的市场判断，无法对更为复杂的现代化市场做出准确的分析，也无法不断深入进行学术研究。对于持观望态度的投资机构而言，由于市场评估数据的不易获取，使金融市场对于文化产业和文化产品无法取得准确的评估效果，从而间接地降低了金融进入的可能性，为文化产业发展带来了负面影响。

此外，文化贸易统计数据的公开也存在一定的滞后性。国内最权威的文化贸易获取单位为商务部的数据公开平台，而现有的文化贸易统计被归类在服务贸易之下，相关的统计口径标注与文化及相关产业分类则有一定的出入，需要对数据进行一定的盘整和剥离才能接近正确的值，也有部分数据在统计口径的差异之下出现了缺失，而发布较为及时、口径统一的联合国、世界银行、国际货币基金组织等国际组织的统计数据则不能囊括中国互联网发展为文化产业带来的产值，计算方式的不同也使获取的文化产业相关数据不能通过简单的相加相减得出结论，由此则导致无法正确、精准地评价中国文化产业的发展与世界文化产业强国之间的差距。因此，建立一揽子的文化及相关产业统计框架，虽需要政府和市场部门大量的协调工作进行接入，但这一环节是发展现代化、高效率的文化市场所必需的。

文化市场主体与财政金融工具的匹配不足

前世界经济论坛首席经济学家、高盛大中华区主席胡祖六曾在中国金融专家年会上表示，"金融现代化是中国

微评

★ 文化口径的统计数据系统的公开、联通将会有助于文化产业市场的繁荣发展，从学术研究的角度来讲数据是衡量产业发展的重要组成部分，文化领域的数据统计工作不仅需要统一也更应当接入统一的数据系统。

经济现代化最重要的标志"。从数量上来看，我国文化企业以有旺盛融资需求的中小微企业居多，但我国的投资运营和相关金融服务在文化产业中发挥的作用还比较有限，资金的流动效率较低，文化产权交易中心和文化产权交易所等金融机构也更多地使头部文化企业享受到了便利，类似于"文创板"的优质金融系统和工具还未在业界产生较大影响。

结合2018年以来各季度的规模以上文化产业统计数据来看，我国文化产业的金融现代化程度还不够，各类文化市场主体与文化金融工具的匹配度上出现了一定的错位。

文化产业的市场规模不断扩大，市场资金量也随之水涨船高，但金融工具参与程度的不足，使资金流通的周期较长、流动速度较慢，导致市场效率不高，制约了文化产业的进一步发展。从文化金融建设的角度来看，中央财经大学魏鹏举教授曾提出："建构中介发达、风险可控、富于创新的多元多层次文化产业金融支持体系。"这一建议对于今日的文化市场来说仍然适用。

习近平总书记指出，"要坚持社会主义先进文化前进方向，用社会主义核心价值观凝聚共识、汇聚力量，用优秀文化产品振奋人心、鼓舞士气，用中华优秀传统文化为人民提供丰润的道德滋养，提高精神文明建设水平。"充分的市场化并不意味着双效统一原则的失灵，对于文化产业的发展而言，只有建立健全把社会效益放在首位、社会效益和经济效益相统一的文化创作生产体制机制，只有坚持以人为本的核心思想，才能够不断地提高生产效率，创造无愧于人民、无愧于历史的文化产品，才能够始终将扩大内需、提振消费与提升我国综合国力进行结合，才能够实现中华民族的伟大复兴。

回顾2019文化产业十大事件，哪一件让你记忆犹新？

王径舟　邢拓

回首2019，文化领域发生的一件件大事仍历历在目。《文化产业促进法（草案征求意见稿）》公开征求意见，故宫上元灯会引发多方热议，歌曲《我和我的祖国》火遍大江南北，明星直播带货成热潮，"网红"博主李子柒"火"到海外，5G开始走进日常生活。

《文化产业促进法》呼之欲出

2019年6月28日，文化和旅游部面向社会公开《文化产业促进法（草案征求意见稿）》（以下简称《草案》）。《草案》聚焦"促进什么"和"怎么促进"两个核心问题，围绕促进文化产业发展的关键环节和核心要素，确定在创作生产、文化企业、文化市场三个环节发力，在人才、科技、金融财税等方面予以扶持保障，促进文化产业发展。《草案》的提出，标志着我国首部关于整体文化产业领域的法律立法工作取得重大进展。《文化产业促进法》是文化领域一部重要的基础性法律，它的出台必将对新时代我国文化建设和文化产业发展产生深远持久的影响。

亚洲文明对话大会在京举行

2019年5月15日，亚洲文明对话大会在北京隆重开幕。来自亚洲全部47个国家和世界其他国家及国际组织的1352位会议代表共同出席大会。会议聚焦"亚洲文明交流互鉴与命运共同体"主题，共商亚洲文明发展之道，共话亚洲合作共赢大计，达成广泛共识并发表《亚洲文明对话大会2019北京共识》。

文明因交流而多彩，文明因互鉴而丰富。亚洲文明对话大会的举办，旨在通过亚洲各国在经济、贸易、文化等领域的合作交流，推动亚洲经济发展，融入世界发展浪潮；探索亚洲地区文化和旅游融合发展的模式，推动不同文明交流对话、和谐共生；探寻各文明之间对话交流的重要意义，为推动全球治理转型和人类命运共同体建设做出更大贡献。

李子柒获"年度文化传播人物"，美食短视频火到海外

微评

★ 一名小女子，做到大传播。"年度文化传播人物"这一称号颁布给李子柒当之无愧，尽管视频和制作有不少争议，但是视频的内容的确展现了中国文化，并将美好努力生活的姿态展现给了每一个人。美好和文化无国界。

美食博主李子柒以"乡村生活""乡村美食"为主题创作的短视频火到海外，成为2019年度对外文化交流传播的经典事件。数据显示，在海外社交平台YouTube频道上，李子柒的订阅人数超过750万，每个视频播放量都在500万以上，仅靠这些播放量带来的收益都能年入5000万。部分网友认为，李子柒的短视频能向老外普及中国饮食知识，展示了中国的饮食文化和传统文化，是一种对外文化输出的新方式。12月，李子柒被中国新闻周刊评为"年度文化传播人物"。尽管李子柒团队及其制作的视频伴随着不小争议，但在讲好中国故事、传播中华文化这

件事上，李子柒做到了。

"夜经济"打造增长新引擎

2019年2月17日，故宫宣布在元宵节期间举办灯会，这是故宫94年来首次开放夜场参观。"紫禁城上元之夜"一时间吸引了大量的关注，随之引发的"夜经济"也成为社会各界热议的话题之一。4月份，上海出台《关于推动夜间经济发展的指导意见》；6月19日，济南发布《关于推进夜间经济发展的实施意见》；7月初，北京印发《北京市关于进一步繁荣夜间经济促进消费增长的措施》，全国各地纷纷出台政策推动夜间经济发展。当前，夜间经济是文化和旅游融合发展的需求新蓝海、供给新动能，不同年龄、不同文化背景和不同消费层次的游客和居民对夜间消费的需求正与日俱增。各个城市的夜间文化和旅游消费正成为激发夜间城市活力、推动区域经济发展的重要发力点。

巴黎圣母院被毁，文物保护工作持续加强

当地时间2019年4月15日，法国著名地标——巴黎圣母院突遭大火，受损严重。文物古建一直以来都是世界各国文化遗产保护的重点对象，却频频遭遇大火侵袭。文物管理现代化的今天，巴黎圣母院的大火再次敲响了文物保护工作的警钟，文物安全的红线不容越过。**2019年，国家文物局、应急管理部联合下发《关于进一步加强文物消防安全工作的指导意见》，将文物安全纳入18个省政府年度考核评价体系**。在确保文物安全的前提下，2019年中国的文物开发利用工作成果颇丰，良渚古城遗址申遗成功，第一

微评

★ 巴黎圣母院不单单是法国的地标建筑，更是世界人民心中宝贵的文化遗产。大火一场，曾经的光辉和历史风貌化为灰烬。我国文物局下发的《关于进一步加强文物消防安全工作的指导意见》及时有效，我国是文化大国，更需要重视文物安全。

批革命文物保护利用区确定，以马首铜像为代表的海外珍贵文物回归等一系列工作成果令人瞩目。

多家5A级景区被要求整改，旅游市场监管力度不断加强

2019年，文化和旅游市场监管力度不断强化，A级景区、民宿、星级酒店等都迎来了相关的监管整治标准。2019年8月，5A级景区乔家大院被摘牌，四川省乐山市峨眉山景区、云南省昆明市石林景区等6家5A级旅游景区被警告。在2019年A级旅游景区整改提质行动中，全国复核A级旅游景区5000多家，1186家景区受到处理，其中405家受到取消等级处理。7月，文化和旅游部正式批准并公布旅游行业标准《旅游民宿基本要求与评价》，明确了旅游民宿等级，同时加强了民宿卫生、安全、消防等方面的要求。2月，全国旅游星级饭店评定委员会取消了7家饭店五星级旅游饭店的资格。

5G正式商用，文化与科技融合步伐加快

2019年6月6日，工信部向中国电信、中国移动、中国联通、中国广电发放5G商用牌照。5G商用正式开启，意味着文化产业应用场景进一步拓展。8月份，科技部等六部门印发《关于促进文化和科技深度融合的指导意见》，旨在促进文化与科技融合发展。在5G与万物互联的背景下，文化与科技的融合发展，会带来一系列新模式与新业态的落地。大带宽和低时延能够为4K、8K等超高清视频的传输奠定基础，也能够为VR、AR技术的应用推广提供便利，人工智能也会因此得到迅猛发展。5G商用，文化产业究竟能借此东风发展到何种地步，值得期待。

国产科幻、动画电影迎来高光时刻

2019年的电影市场，科幻与动画电影作为新兴力量开始崛起，"科幻电

影元年"与"国漫崛起"成为高频词汇。2月5日，首部国产科幻电影《流浪地球》在猪年春节的热闹气氛中上映，凭借精良制作与故事设定，该片成为票房与口碑双丰收的春节档冠军。**作为中国第一部"硬核"科幻电影，《流浪地球》虽然迟到，但终究没有缺席，它的出现让中国观众重新拾回对国产科幻的信心——不仅为内地科幻电影类型化创作开辟了一条全新的出路，也在世界范围内为科幻电影的大银幕幻想贡献了中国智慧。**

此外，暑期上映的《哪吒之魔童降世》登上50亿元人民币票房的高峰，取得了巨大商业成功。以《哪吒之魔童降世》为代表的中国动画电影不仅在类型化创作和商业化探索中取得了突破，还真正突破了中国动画低幼向的瓶颈，吸引了广泛的观影群体，不断突破动漫产业"天花板"。在经历了漫长蛰伏后，国漫如竹子般拔节而起，终于迎来了阶段性的成长。但"国漫崛起"任重而道远，动漫产业需要在用户上"开源"，也需要一直深耕内容，构建完整可持续的行业生态。

现实主义题材成荧屏主流，网络平台成古装主战场

2019年恰逢中华人民共和国成立70周年，反映当代社会和现实生活的现实主义题材成为荧屏主流。既有《小欢喜》《都挺好》《少年派》等直击社会热点问题的都市剧，又有《亲爱的，热爱的》等现代偶像剧，还有《外交风云》《在远方》《奔腾年代》等献礼剧，现实主义题材细分趋势越发明显。

古装剧则在2019年迎来了史上最严的监管。备案拍摄、播出剧集的数目大幅减少，但不少剧集仍凭借着精良

微评

★ 《流浪地球》是首个受到极大欢迎的中国科幻电影，经受住了国内电影市场的检验也就意味着中国科幻电影迈出了坚实的一步。

的制作与故事内容成为了2019年度爆款。优酷独播的《长安十二时辰》引发官媒与网友的一致称赞；腾讯视频的《陈情令》成为豆瓣史上评分人数最多的电视剧；《庆余年》在年末重新点燃观众追剧的热情，内地流量市场迎来了新一轮的更迭与升级。

总的来说，2019年是文化产业迈向高质量发展的一年。文化产业法治建设取得重大进展，文化建设任务部署稳步落实，文旅融合发展走向更广更深。同时，在政策指导和市场监管的基础上，文化市场有序发展，文化产品与服务的质量逐步提升。展望2020年，文化产业应用场景将进一步扩展，新业态新经济将不断涌现；文艺作品将更好地为人民服务，为社会服务；文化产业的未来将被赋予更多可能。

北京发布"科创30条"，助力文化与科技深度融合发展

刘文杰

【写作背景】2019中关村论坛重大成果发布会上，北京市政府印发实施的《关于新时代深化科技体制改革加快推进全国科技创新中心建设的若干政策措施》正式对外公布。此次发布的若干政策措施，聚焦重点领域和关键环节。除此之外，"科创30条"还释放了哪些新的信号？

"科创30条"的出台背景是什么？

2014年2月26日　习近平总书记考察北京

习近平总书记考察北京提出"四个中心"（即全国政治中心、文化中心、国际交往中心、科技创新中心）的建设目标，要求努力把北京建设成为国际一流的和谐宜居之都。

2016年9月　科技创新中心建设上升为国家战略

国务院印发实施《北京加强全国科技创新中心建设总体方案》，全国科技创新中心建设上升为国家战略，科技创新中心成为我国建设创新型国家和世界科技强国的"排头兵"。

2016年11月　科技创新中心建设领导小组成立

国务院成立科技创新中心建设领导小组，下设北京推进科技创新中心建设办公室，提出"北京办公室"组建方案，设立"一处七办"的组织架构。

2019年　明确北京城市战略定位五周年

正值习近平总书记视察北京工作，明确北京城市战略定位五周年。为加快推进"全国科技创新中心"建设，北京市委市政府提出，要坚决突破制约科技创新的制度藩篱，充分发挥中关村先行先试制度创新勇气，刀刃向内，闯深水区，以更大决心、更大力度把改革进行到底，为科技创新护航开路。

在这样的背景下，2019年10月中旬，北京市政府印发实施了《关于新时代深化科技体制改革加快推进全国科技创新中心建设的若干政策措施》（简称"科创30条"）。这是在新的历史方位和时代坐标下，北京市为深入贯彻国家创新驱动发展战略，更好践行高质量发展，在更高起点、更高层次、更高目标上，为建设具有全球影响力的全国科技创新中心提供更大改革动力而出台的又一重大改革文件。

"科创30条"的亮点有哪些？

"科创30条"以增强全国科技创新中心建设动力为主线，聚焦科技创新战略布局、提升原始创新能力、构建"高精尖"经济结构以及实现首都高质量发展等重点领域和关键环节，分五个部分提出了30条改革措施。现对主要亮点进行概述。

微评

★ 北京一直以来都是我国政策出台、科技创新发展最快速的地区，"科创30条"的出台不仅仅意味着首都速度，更是全国科创发展更强的引领。

进一步凝聚了共识，切实理顺了协调机制

"科创30条"中进一步明确了国家层面和北京市层面协调机构。在国家层面，充分发挥北京推进科技创新中心建设办公室统筹协调作用，建立与中关村国家自主创新示范区部际协调小组联动工作机制，协调推进科技创新中心建设中跨层级、跨领域重大事项。在市级层面，将统筹建立推进科技创新中心建设领导协调机制，加强重要政策协同，抓好重点任务落实。

通过协调机构和协调机制的明确，进一步加强了组织机构的领导，明确了不同机构和部门的分工，做到了权责分明。接下来在一些重大科技内容协同攻关和成果转化过程中将会沟通得更加顺畅，执行力也会大大增强。

进一步赋权激励，切实下放了"四大自主权"

"科创30条"进一步落实国家改革要求，加大探索突破力度，切实推动"四大自主权"下放，激发高等学校、科研机构、高水平医疗卫生机构创新动力。

主要在选人用人、项目经费使用、科研机构管理运行、成果转化授权等方面进一步简政放权。比如，在选人用人方面，明确事业单位编制中符合条件的全时全职承担重大战略任务的高层次人才，允许采取年薪制、协议工资制、项目工资制等灵活多样的分配形式，所需支出不受本单位工资总额和绩效工资总量限制。这将打破事业单位"吃大锅饭"现状，让事业单位中"能者多劳、能者多得"成为现实，将进一步激发事业单位中科研人员的创新活力，为高层次人才留在事业单位编制内增加了筹码，也为高层次人才从企业向事业单位流通打开大门。

再如，在加大成果转化授权力度方面，"科创30条"推动《北京市促进科技成果转化条例》立法。该《条例》中明确了高校和科研院所的科研完成人可以自行实施成果转化，科技成果转化成效纳入职称评审，科技成果转化人才可享受住房、医保等待遇。这些内容将为高校和科研院所的科研人员享受科研成果转化带来的福利提出明确的保障。

进一步创新人才体制机制，切实推出了"四个优化"举措

为充分发挥北京科技和人才优势，激发人才第一资源的积极性和创造性，"科创30条"明确提出人才发展体制机制改革的"四个优化"，主要将在人才培养机制、人才评价机制、因公出国（境）审批机制、外籍人才引进及服务机制等方面进行优化。

比如，在优化人才评价机制方面，"科创30条"在深入落实国家层面人才分类评价、职称改革等要求基础上，推行代表作评价制度。所谓"学术代表作"，是指申报高级职称评聘时，参评者提交1～3篇代表作，然后根据专家的严格评审，对其学术价值进行认定，如果得到专家的认可，即使只有一篇代表作，也能够获聘高级职称，而不需要满足一些硬性的科研指标。这一制度可谓是人文社科科研评价的创新，专利成果、项目报告、工作总结、工程方案、设计文件、教案、病历等成果形式都可以替代论文。**这项改革的推行，将进一步让科研工作者专注于本领域的研究，而不是为了追求数量和考核粗制滥造。**

进一步为科研人员"松绑减负"，切实实施了"四个简化"

以"四个简化"为抓手，着眼科研管理全流程改革和完善，打出"组合拳"，为科研人员松绑和减负。在这方面，"科创30条"提出简化项目申报流程、评估检查流程、仪器设备采购流程。比如，推行项目材料网上报送和"材料一次报送"制度，强化项目管理信息开放共享，实现一表多用；针对关键节点实行"里程碑"式管理，减少科研项目实施周期内的各类评估、检查、抽查、审计等活动；严格依照任务书开展综合绩效评价；对实施周期3年以

微评

★ 长期以来，科研工作者受到各类事务和各项规则以及体制机制的制约，专注于科研的时间逐渐减少，而"科创30条"的出台意味着人才优势和智力优势得以更好地发挥。

下的项目一般不开展过程检查。

在简化流程松绑减负的同时，明确两个"提高"。在现有20%比例基础上，以智力密集型市级财政科研项目为试点，将间接费用核定比例提高至30%，对基础研究领域中数学、物理类科研项目则可以提高至60%。同时，允许间接费用中的绩效支出不设比例限制，纳入工资总额统计范围，不受本单位绩效工资总量限制。

进一步优化服务，切实激发不同创新主体的活力

"科创30条"专注于优化服务体系，提出要激发国有企业创新动力。扩大市属科技型国有企业员工持股实施范围，激发核心技术骨干的积极性和创造性。将支持中央企业在京设立具有独立法人资格的研发中心，加强高新技术企业培育，完善高新技术企业培育库制度，加强对入库企业的服务和支持，同时健全"一企一策"服务机制，实施世界级领军企业培育计划。加大对中小微企业和创业团队的支持。通过公共科技服务平台建设，为中小企业提供专业化服务，发挥北京市科技创新基金引导作用，探索设立孵化接力基金，专门投资孵化器自有基金退出投资的优质项目。

"科创30条"如何助推文化与科技深度融合发展？

如今，文化与科技融合发展已经成为全社会的共识，事实也证明，注重文化与科技融合的国家，其经济与社会发展往往取得了巨大的比较优势。注重文化与科技融合发展的企业，其产值往往领先于单独依靠技术或单独依靠文化发展的企业。我国早就意识到文化与科技融合发展带来的巨大机遇，早在2016年就已经开始重视文化和科技的融合以及数字文化产业的发展。同时，像BAT（百度、阿里巴巴、腾讯）一些大型互联网企业也已经布局文娱板块，文化与科技融合发展已经成为企业的新常态。

微评

★ 近些年来，文化与科技的融合逐渐加深，2019年是文化与科技融合领域的重要一年，"科创30条"的出台涉及文化与科技融合的部分，更展现出政策制定的灵活性以及政策即将更好地刺激有潜力的领域快速发展的导向性。

"科创30条"与国家文化科技融合政策体系有什么关系？

对于推动文化与科技融合发展，其实从2016年开始，国家陆续推出了《"十三五"国家战略性新兴产业发展规划》《关于推动数字文化产业创新发展的指导意见》《"十三五"时期公共数字文化建设规划》《国家文化和科技融合示范基地认定管理办法（试行）》等相关政策。**特别是2019年，文化和科技融合成为文化产业领域的亮点和焦点。**仅2019年，国家就陆续出台了一系列的政策文件助力文化与科技融合发展，如《公共数字文化工程融合创新发展实施方案》《数字乡村发展战略纲要》《关于促进文化和科技深度融合的指导意见》《关于扩大高校和科研院所科研相关自主权的若干意见》等内容，从国家层面持续推动文化与科技融合发展。

从"科创30条"中，我们看到的很多措施或是遵循国家已有的创新制度，或是先行先试近一段时间才刚刚出台的重大改革举措。比如，2017年中办、国办印发《关于深化职称制度改革的意见》，还有刚刚出台的《关于促进文化和科技深度融合的指导意见》《关于扩大高校和科研院所科研相关自主权的若干意见》等内容。

现阶段，文化与科技越来越难区分开来，已经逐渐形成"你中有我，我中有你"的局面。但是，文化和科技深度融合仍面临许多新的挑战，科技对文化建设支撑作用的潜力还没有充分释放，相关部门和地方对文化和科技融合的重要性和紧迫性的认识尚需进一步提高。

在我们的生活中，文化与科技融合已经成为大众日常消费的文化产品，时刻影响着大家的生活。比如，抖音、快手等短视频软件不仅让年轻群体着迷，也让中老年群体逐渐加入刷短视频的行列；网络小说、手机动漫在窄小的手机屏里夺取着大众的注意力；荧屏上、银幕上不断上演着火爆的IP改编作品；更不用提智能穿戴设备、虚拟现实、人工智能、无人机等数字技术在文化领域的嵌入和应用。看似抽象的文化与科技融合，在具象化之后成了我们生活中的文化产品和服务，蕴含在我们的文化消费中，并逐渐成为我们生活中不可或缺的一部分。

"科创30条"在先行先试相关政策背景下，也为文化发展提供了依据。有的政策是文化科技企业能够直接应用的；有的政策积极引导文化企业向文化科技企业靠拢；有的政策鼓励人文社科类的高校和科研院所积极研发技术并进行持续创新；还有的政策或将成为未来全国推行的示范。

总之，从丰富的政策文件可以看出，文化的政策中越来越多地包含科技的内容，科技的政策中也越来越离不开文化的制度。"科创30条"虽然只是讲到了科技型的内容，但是现阶段却很难明确界定某一个企业是科技企业还是文化企业。文化科技企业似乎已经融为一体，互为手足，互相借力发展。

"科创30条"将在哪些方面助推文化产业蓬勃发展？

进一步激发文化共性关键技术的研发。"科创30条"的推出，将进一步引导更多科研人员聚焦在限制我国基础领域发展的共性关键技术上。这些共性技术不仅是科技领域的"特需"，在文化领域也已经备受期待。比如，在智能科学、体验科学等基础研究方面，开展语言及视听认知表达、跨媒体内容识别与分析、情感分析等智能基础理论与方法研究方面，开展人机交互、混合现实等关键技术开发方面，推动类人视觉、听觉、语言、思维等智能技术在文化领域的创新应用等方面。

再如，在文化创作、生产、传播和消费等环节共性关键技术研究，开展文化资源分类与标识、数字化采集与管理、多媒体内容知识化加工处理、VR/AR虚拟制作、基于数据智能的自适配生产、智能创作等文化生产技术研发方面；开展文化产品多渠道发布、多网络分发、多终端呈现等文化传播技术研发等都需要进一步突破。

　　进一步完善文化科技创新体系建设。"科创30条"特别针对科研院所和高等学校推出了一系列的简政放权政策，并为科研人员释放创新活力提供了制度保障。**这为国家探索建立高效协同的创新体系，培育产学研结合、上中下游衔接、大中小企业协同的创新格局提供了遵循原则。**

　　未来，依托企业、高校、科研院所建设文化和科技融合创新领域的国家级及省部级科技创新基地，建立文化科技重大科研任务形成机制，从基础研究到关键技术研发、集成应用等创新链一体化设计。将进一步明确企业、科研院所、高校、社会组织等各类创新主体功能定位，构建开放高效的创新网络。

　　进一步加快文化科技成果产业化推广。"科创30条"推动了《北京市促进科技成果转化条例》立法，允许赋予科技人员职务科技成果所有权或长期使用权，明确科技成果完成人自主实施科技成果转化相关权利，简化科技成果转化有关资产管理程序，明确财政资金设立的应用类项目的科技成果转化要求，规范担任领导职务的科技人员获得奖励报酬的方式和条件，建立科技成果转化活动中勤勉尽责制度，进一步为科技成果转移转化提供制度保障。**这将会使国家重点研发计划成为抓手，疏通应用基础研究和产业化连接的快车道，通过打通关卡，促进创新链和产业链精准对接，破解实现技术突破、产品制造、市场模式、产业发展"一条龙"转化的瓶颈，进而加快文化和科技融合成果从样品到产品再到商品的转化。**也会积极培育和发展面向社会从事文化科技咨询、技术评估、技术转移、成果转化的文化科技服务，有效降低文化科技创新风险，加速推进文化和科技融合成果产业化。

　　进一步推动媒体融合向纵深发展。在新一轮"科创30条"的政策红利驱动下，将会加快党报党刊、通讯社、电台电视台等网络化改造和技术升级，构建以"内容+平台+终端"的新型新闻内容生产和传播体系，通过运用信息革命成果，进行流程优化、平台再造，从而实现各种媒介资源、生产要素有效整合，促进新闻信息、技术应用、平台终端、管理手段共融互通，推动媒体深度融合。通过探索将人工智能运用于新闻采集、生产、分发、接收、反馈，进而全面提高舆论引导能力，让个性化定制、精准化生产、智能化推送服务于正面宣传。通过利用VR/AR技术实现内容传播精细化与沉浸化，推动跨媒体内容制作与呈现。

进一步提升文化装备技术水平。目前，我国的文化装备受限于各种科技手段，很多核心技术都掌握在外国企业的手中。下一步，随着科技水平的提升，我国将进一步瞄准文化领域关键核心技术产品与装备，攻克一批关键瓶颈技术，实现文化领域重要软件系统和重大装备自主研发和安全可控，提升文化装备制造水平，特别是要加强激光放映、虚拟现实、光学捕捉、影视摄录、高清制播、图像编辑等高端文化装备自主研发及产业化；加强舞台演艺和观演互动、影视制作和演播等高端软件产品和装备自主研发及产业化。

推进跨界融合，把握文旅发展脉搏

自文化和旅游部组建以来，"文旅融合"成为高频热词。数字化进程的加速正在重构文化和旅游产业新格局。文化和旅游的深度融合在助力城市文化软实力提升、推动区域经济协调发展、塑造特色文化品牌等方面发挥着重要作用。随着基础设施和配套服务的完善，文旅融合发展将掀开新篇章。

文旅融合助力城市文化软实力提升

范周

城市是人类文明和财富的聚集地，德国著名学者斯宾格勒甚至认为"人类所有的伟大文明都是由城市产生的"。**联合国经济和社会事务部公布的城市化水平数据显示，2018年全球55%的人口生活在城市，而未来这一数字仍会继续增长。**

当今世界正面临着百年未有之大变局，随着全球经济化和信息化程度不断加深，城市之间的各要素流动加速，城市逐渐成为主宰全球经济的中坚力量。**可以说当今国家之间的竞争，某种层面上也可以理解为是国家城市综合实力的竞争**。城市综合实力由硬实力与软实力共同构成，而城市作为文化经济最活跃的空间，城市文化软实力为城市发展提供精神动力和智力支持，越来越成为城市凝聚力和创造力的重要源泉，成为城市综合竞争力提升的重要因素。

城市文化软实力的构成要素

软实力概念是由美国哈佛大学教授约瑟夫·奈于1990年提出的。他认为，软实力是"一种能力，即通过吸引，而不是以强迫或收买为手段来达到目的的能力"。而文化软实力作为软实力的重要组成部分，表现为一个国家和地区的文化影响力、凝聚力和感召力。**城市文化软实力是一个城市的城市文化、制度文化和精神文化中所体现出来的包容力、传承力、转换力以及对外交往中产生的辐射力。**

城市文化包容力：构建城市文化软实力的基础

城市的综合竞争力不在于拥有多少资源，而是在于如何成为资源自由交流的平台和洼地，在于能否汇聚全国性乃至全球性的资源。一个城市的包容性体现在对人的包容、对制度的包容，更体现在对文化的包容上。城市的文化包容性是衡量这座城市和谐度的重要指数，包容的人文环境和城市品格能够容纳更多的人才，从而最大限度地集聚智慧和力量，激活人民的主动性和创造性，增强城市的文化创造力。日本总务省公布的2018年的人口统计数据显示，东京都市圈人口已经达到3658万人，约占据日本人口的30%；被称作"世界上最自由的城市"——阿姆斯特丹的居民涵盖178个国家；在国际化大都市——伦敦市中使用的语言多达300余种。正是有了这种包容性，让更为自由的文化氛围、更为多元的地域文化、更为活跃的文化创造力在这些城市生根发芽，不断吸引更多的人才会聚于此。因此城市文化包容力是构建城市文化软实力的基础。

地域文化传承力：建构城市文化软实力的切入点

"一方水土养一方人"。**每个城市都拥有独一无二的地域文化，地域文化是一个城市最重要的名片。**它代表这座城市的历史变迁、发展轨迹，它是城市发展的资本，更是一个城市发展下去的根本。强烈的地域性能够提高城市

微评

★ "海纳百川，有容乃大"，包容是中华文明绵延千年持续传承的重要思想。和城市的包容度也在一定程度上与城市的活力息息相关，而不同的文化和行为以及人文环境往往会创造更加富有生机的城市氛围，由此产生城市创新力的"马太效应"。

魅力，并使城市的形象更鲜明。地域性文化不仅代表着城市的文明程度、积累的文化底蕴，而且说明了这个城市所历经的风雨，这也是一座城市的魅力所在。地域文化作为城市的DNA，是城市发展的根基与底色。**如果说地域文化是构建城市文化之魂的重要因素，那么对地域文化的传承能力是该城市能否成功建立起高辨识度、高认同感的城市文化的关键。**20世纪中后期成功摆脱"二战"危机进而崛起的伦敦、巴黎、巴塞罗那、新加坡等城市先后采取**"文化城市"**的定位策略，将城市传承地域文化、活化文化资源作为推动城市经济社会发展的生产性要素，从而在加快经济结构转型、融合产业发展以及提升国家整体竞争力等方面取得了卓越成就。

城市文化资本转换力：城市文化软实力提升的永续动力

皮埃尔·布迪厄在《文化资本与社会炼金术》中把城市理解为积累文化和财富的"社会世界"，强调"必须将要资本的概念重新引入这个世界"。城市可以说是文化资本存在的方式，是"文化资本空间群"。而对于文化资本的转换力的高低直接体现出该"空间群"的活力。**每个城市都有独特的历史文化与自然资源，只有这些资源通过文化资本再生产和相关的运作过程，才能够让文化资源实现其自身价值。**根据英国国家旅游局数据，2018年英国的海外游客访问量首次突破4000万大关。基于文化大国和旅游大国的双重优势，英国十分注重城市文化资本的转换与利用。英国是博物馆的发祥地，也是世界上博物馆最发达的国家之一，有2500多家博物馆，参观博物馆是85%的境外游客来英国旅游的主要目的之一。

城市文化辐射力：城市文化软实力的重要指标

城市文化辐射力是城市文化对外传播的体现。在全球化趋势不断加深的今天，城市文化也应当以敞开的胸怀去主动融合世界文化潮流，接纳吸收外来城市文化特色，同时也应当增强城市本民族、本地区文化的辐射作用，从而提升城市文化综合实力。**这不仅取决于独特魅力的文化产品，也取决于先进的传播手段。传播是文化的内在属性和基本特征，一切文化都是在传播**

的过程中得以生成和发展的。不同城市间文化的扩散与传递、交会与碰撞、交流与融合能够在传播的过程中更加多元，通过传播也能够让城市文化凝聚力、感召力和对外影响力越来越受到人民的关注和重视。

文旅融合之于城市文化软实力的意义和价值

《雅典宪章》指出，城市规划的目的是解决居住、工作、游憩和交通四大功能的正常进行。然而在如今的快速城镇化进程中，人们似乎主要关注居住、工作、交通功能，而往往忽略了游憩。**在文旅融合的大背景下，如何充分利用城市在历史发展过程中形成的文化积淀，推动城市发展中的文旅融合，既是城市文化延续的需要，也是城市功能回归的需要。**

文旅融合推动城市文化多元化，增强城市文化包容性

文旅融合背景下，城市文化不断被挖掘进行生产再创造，文化创意对城市文化的赋能能够激发城市文化活力。把文化旅游融合发展作为推进城市文化建设的重要目标进行研究和设计，更加关注文化旅游业与其他关联领域和产业如城市规划、产业规划、商业规划、金融、生活消费等的密切关系，不仅有助于促使其与城市的总体发展战略、规划、目标及相关部门、领域更好地衔接与合作，更能够增加城市流动性，促进城市文化多元融合，增强城市文化的包容性。

文旅融合构筑城市文化新业态，加速城市产业转型升级

随着数字化技术的进步，互联网、虚拟现实、增强现

微评

★ 没有传播力的文化往往会逐渐消失在历史长河之中，一切文化的活力与传播、传承相关。而城市的软实力往往意味着被更多人所熟知，被更多的人所认可，吸引更多人才前来建设，一个城市其文化辐射的范围会越过地理和物理的限制，最大范围的拓宽城市影响范畴，支撑着城市的发展。

实等技术的广泛应用为文化旅游的发展带来了新活力。文旅融合势必会产生新业态，新型业态也成为各地进行供给侧结构性改革的重要推动力。**在行业经济向跨界经济转型的背景下，城市亟待整合文化旅游资源，并将其转化为产业优势和市场优势。**以英国为案例，英国在文旅资源开发的过程中不断构筑城市文化新业态。在文化节庆方面，爱丁堡国际艺术节、诺丁山艺术节、泰晤士河艺术节等大大小小600多个文化节庆吸引着国内外游客；文化旅游挖掘上深度开发英国100多所高等院校的旅游价值。

文旅融合扩大城市文化宣传，提升城市文化影响力

城市是文化的容器。文旅融合的大趋势下，文化产业与旅游产业的深度融合与协同发展，核心工作是将文化资源和旅游资源有机融合，挖掘文化资源在旅游活动中的价值，加强文化产业对旅游相关行业的增值效应，形成优势互补的文旅共融状态。**通过对文化旅游融合业态的品牌核心价值提炼、品牌IP打造、旅游氛围营造，不仅能够强化该业态的文化活力，也能从另一个层面扩大城市文化宣传，提升该城市的知名度与影响力。**

文旅融合助推城市空间更新，加速城市文化资本转化

城市由城市肌理组成，城市肌理包含城市的形态、质感色彩、路网形态、街区尺度、建筑尺度、组合方式等，这些因素共同构成城市的"底色"。然而快速城镇化进程中，许多城市在快速发展的过程中逐渐失去了城市的"底色"，特色城市文化空间逐渐被高楼大厦取代，城市文化资本不能很好地开发利用甚至遭到破坏的情况屡见不鲜。

而文旅融合能够较好地激活城市空间，一个优质的城

微评

★ 2019年"文旅融合"成为热词，其背后不仅仅是人民的物质生活水平不断提高，更是对品质和精神的追求与美好生活的向往。文旅产业的发展不仅是打造城市形象的重要一环，也是提升城市影响力以及城市软实力的重要部分。

市更新项目会成为区域文化地标，带动区域的文化聚拢和产业升级。**在城市更新的命题下，文化旅游元素的导入是驱动城市整体活力提升的重要手段，也是撬动旧城区休闲游憩价值的重要杠杆。**创建于1889年的札幌啤酒园，以前是札幌最具代表性的啤酒园之一，如今已经华丽蜕变为日本札幌大麦啤酒文创园，成为当地文化旅游的重要景点。因此，讲好城市的文化故事，既是空间再造的必然需求，也是文化传承的必然选择。

文旅融合背景下提升城市文化软实力的发展路径

着眼于多元文化需求，讲好城市故事

城市的包容程度体现出一个城市的开放程度，文旅融合背景下，城市应当通过着眼多元文化需求，提供有效文化供给，营造特色文化传播氛围提升城市文化软实力，让城市文化软实力成为人们能够切身感受到的有效需求。

一是城市文旅项目开发要满足多元人群的全龄层文化需求。消费升级带来人们对文旅产品的品质化追求和个性化需求。如今人们出行的目的不再是简单的观光游览，以"90后"和"00后"年轻群体为例，他们评价旅游目的地的重要指标不仅包括自然景观是否精致，完善的旅游设施、高质量的文化服务以及整体的旅游环境也影响着他们的旅行满意度。**二是紧跟时代发展脉搏，以科技加持城市文化软实力的提升。**例如，积极引入VR科技等展示形式，通过科学专业的大数据掌握城市文化竞争力发展指标以及方向，等等。**三是讲好城市文化故事，深挖城市文化资源。**城市文化软实力的提升应当立足本土，深入挖掘城市固有的、独特的城市文化DNA，并将这些DNA加以再生产，使之成为可以对外展示的、代表城市文化精神的文化产品。

打造有温度的城市，增强群众城市文化认同感

城市精神是地区发展的精神旗帜，也是城市文化软实力提升的核心要素之一。作为市民普遍认同的精神理念，城市精神通过价值引领与激励规范的方式影响着城市公众的价值取向和行为选择，体现着市民共同的价值目标和精神追求。**一个城市文化软实力高的城市必定是城市文化认同感高的城市，必定是有温度的城市，必定是全民参与的城市。**巴黎以"文化立市"而闻名，在文化发展方面鼓励企业参与，吸引协会协助，也让市民拥有更多接近和享受文化服务的权利。巴黎在保存自己文化独立性的同时，文化的包容性也很强，重视对艺术人才的引进和吸纳。巴黎鼓励市民接触文化，许多文化艺术场馆对市民免费开放，注重艺术教育，城市艺术气息浓重，通过"大巴黎计划"的实施，拓展巴黎的文化空间，让市民享受城市文化建设成果。巴黎的艺术氛围以"润物细无声"的形式以文化人、以文育人，也增添了它在世界文化中的独特魅力。

微评

★ 一座城市的成长和衰落正如人的生老病死一样，是动态变化的过程。城市文化不仅可以塑造人，也是由所有居民共同塑造的，建立科学的城市观就意味着以科学规划的方式去塑造城市，保护城市，留存城市的基因，为城市的长久发展做了充足的准备。

强化城市的记忆力和识别力，形成城市的特色化发展模式

作家冯骥才说，城市和人一样，也有记忆，因为它有完整的生命历史。城市对于人们，不仅是栖身之所，更是传承文化基因的摇篮。挖掘城市文化记忆、提升城市文化辨识度能够增强城市文化特色。**城市特色是提升城市文化软实力的着力点和突破点，只有在充分彰显城市文化特色的基础上，城市的文化记忆力和辨识度才能不断提升。**

首先，要树立科学的城市特色观。要认识城市特色对于城市发展的重要意义，在城市文化旅游的开放中注重城市特色的发掘与塑造。同时要加强对城市特色的探讨与研究，找准符合城市实际并能促进城市持续、健康、协调发展的特色化模式。**其次，要严格保护自然和文化遗产。**历史遗产是城市的记忆，是无法替代和仿制的城市特色，必须积极保护和科学利用。针对诸多的文化古建以及名人故居，英格兰文化遗产基金会早在1866年就实施了"蓝牌计

划"，凡被挂上蓝牌的建筑均不得随便拆除或改建。

建立城市现代文化传播体系，增强城市文化品牌度和影响力

城市文化品牌是内涵和形象的载体，是城市文化个性和文化魅力的名片。城市文化传播能力是城市文化软实力的重要体现，也对城市文化软实力提升起着重要的推动作用。**城市文化品牌对于发展城市文化和旅游产业具有集聚资本、引导消费、延伸链条、倍增利润等多重功能**。日本东京作为亚洲乃至世界重要创意产业城市，从20世纪90年代开始，通过创建以动漫为核心与主题的软件展、电玩展、秋叶原娱乐节等城市文化品牌，促进了文化与科技的高度融合，催生了全新的经济业态，带动了城市产业结构的优化升级，使东京地区经济从低谷中迅速攀升。

首先，需要依托地域特色，推动城市产业融合。旅游业本身具有浓厚的多产业融合发展特色。特别是随着步入大众旅游新时代以及全域旅游发展战略的深入实施，旅游产业融合发展定是未来产业发展的新高地。而促进旅游与文化融合发展，更能形成新动能。在以往的印象中乌镇都是小桥流水的江南小镇，近年来，乌镇扶持旅游与互联网、数字文化产业相融合，2014年首届世界互联网大会在浙江乌镇举行，乌镇成为世界互联网大会永久会址，互联网的融入为这座江南小镇塑造了新的文化品牌。**其次，运用多元手段，营销城市文化形象**。在人人都是媒体人的时代，城市文化形象的塑造应当从"旅"入手，向"文"挖掘。近年来，随着传播手段的丰富，城市文化形象影响也应当顺应融媒体时代发展趋势，通过互联网、短视频、新媒体等多元手段，挖掘文化内涵、彰显城市精神，开启城市品牌由依赖"硬"推广到"软"传播的转变。

微信扫一扫

聚焦文旅融合，讲好"黄河故事"

范周

"人说山西好风光，地肥水美五谷香"，在郭兰英老师这首响遍大江南北的民歌里，留有大家对山西最初的美好印象。近年来，我们看到山西开启了高质量转型发展的崭新历程，转型发展势头强劲。文旅行业成为山西未来最应该突出的发展元素。

时代背景：全域旅游下的文旅融合

微评

★ 山西拥有丰富的文化资源与深厚的产业基础，"全域旅游"的发展与相应政策的出台必然会为山西文旅融合发展提供新机遇。

2018年，文化和旅游部的组建以及各地文化和旅游机构改革的完成，拉开了文化和旅游融合发展的大幕。2019年，习近平总书记先后在甘肃、河南两度调研了黄河流域生态保护和经济发展情况，发出了"让黄河成为造福人民的幸福河"的号召。在这样的时代背景下，可以说，山西的文旅融合发展迎来难得的历史机遇，而全域旅游作为经济转型社会发展的一种新思维、新手段，与文旅融合、城市更新都密切相关。

2018年国务院办公厅《关于促进全域旅游发展的指导意见》（以下简称《指导意见》）中明确提出，**"发展全域旅游，将一定区域作为完整旅游目的地，以旅游业为优势产业，统一规划布局、优化公共服务、推进产业融合、加强综合管理、实施系统营销"**，从而不断提升旅游业的整体水平，更好满足旅游消费需求。

全域旅游思维下，文化和旅游相融相生的核心理念就在于——以文促旅，以旅彰文，深度融合。

核心价值：文旅融合赋能城市发展

以文促旅，推动全新城市形象的塑造

文化是旅游的灵魂，以文化提升旅游的内涵是文旅融合的坚实基础。随着人民生活水平的提高，对美好生活的向往具体表现为对精神文化生活的需求增大，对幸福感、获得感、安全感的追求增加。**全域旅游背景下，大量游客出行已远远不满足于以城市景观为核心吸引物的浅层观光旅游，而越来越期待以城市文化为核心吸引物的深度体验旅游。以文促旅，有利于推动全新城市形象的塑造。**

重庆这几年到底有多火？**看看它上了多少次抖音和各种平台的热搜就知道了。**由携程旅游和百度数说制作的《2018年城市旅游度假指数报告》中显示，2018"网红"城市排行榜上，重庆位列榜首；在抖音联合清华发布的《短视频与城市形象研究白皮书》中，重庆更是唯一一个城市形象相关视频播放量超过百亿的城市。

一系列骄人成绩的背后是重庆旅游鲜明的文化底色。在重庆，文化丰富了旅游的内容，更提高了城市形象的文化附加值和旅游品质。长江三峡、大足石刻之外，青山与

微评

★ 在微博和抖音的热搜中，出现频率最高的不是一线城市，反而重庆、成都、杭州等新一线城市的文化底色与风俗人情更容易受到游客的喜欢。

大江相倚，高楼与轻轨交错的魔幻空间里涵养着重庆未曾改变过的烟火气——热闹而俗气、粗犷而蓬勃的城市生活文化，正是重庆旅游的核心吸引力。

微评

★ 随着人们物质生活的不断丰富，精神需求变得越来越重要，以前的旅行重在出去看看，现在的旅游，从路线规划到当地体验都非常重要。

以旅彰文，促进旅游产品服务的升级

旅游是文化的载体，以旅游扩大文化的传播和消费是文旅融合的有力保障。全域旅游思维下，**对于游客而言，外出旅行已从单纯的观光玩乐上升到求新、求知、求乐的精神愉悦阶段。在新时代的旅游活动中，人们期望在每一次旅途中都能近距离触碰文化脉搏，感知文化神韵，汲取文化营养**。这必然推动旅游产业供给侧结构性改革，提供更为丰富的文化产品和服务。

以旅彰文，有利于促进旅游产品及服务的升级。旅游与红色文化结合，能够推进爱国主义教育和革命传统教育大众化、常态化；旅游与物质文化遗产、非物质文化遗产结合，能够创新旅游体验，拓展研学旅行新模式；旅游与农业文化结合，能够发展集农耕体验、田园观光、教育展示于一体的特色旅游。总而言之，让游客在旅游中自觉或不自觉地感知文化、亲近文化，进而激发游客的消费欲望，将为旅游产品和服务的转型升级提供源源不断的动力。

曲阜是孔子的故里，也是山东十大文化旅游品牌之首的东方圣地。曲阜现有研学基地80余家，先后开发了以"尼山圣境"为代表的多个大型文旅项目。2018年起，曲阜陆续迎来百余万人的研学师生，他们用脚步丈量鲁国古城，用眼睛观察三孔古建，用心灵思考儒学经典，在研学旅行中亲身感受中华优秀传统文化。

深度融合，真正繁荣城市的新兴业态

文旅融合不是传统的旅游产业和文化产业的简单相加，其融合势必会产生出新的业态，**因此在文旅融合的过程中要格外注重新业态的培育**。只有文化和旅游深度融合，才能真正繁荣这座城市的新兴业态。

我们聚焦国内古城遗址的文旅融合现状，同为世界文化遗产，丽江古城在申遗成功后的二十多年里迅速商业化；另一边的凤凰古城，景区运营方涸泽而渔、强制围城、捆绑售票，曾一度引发舆论哗然，旅游品牌受损；而平遥的文旅融合步伐则一直稳健。据报道，第三届平遥国际电影展上，有多达27个国家和地区的54部电影前来参展。**依托文旅融合的新兴业态，平遥国际电影展在增强中国电影与国际电影界交流合作的同时，建立起一种体现中国文化价值标准的、有全球影响力的电影评价体系。** 除此之外，平遥还成功举办了平遥中国年、平遥国际摄影大展、平遥国际雕塑节等文化活动，逐渐形成大众参与的全民式文旅活动。

在这样的对比中，我们可以深刻意识到如果**文旅融合只是一时兴起的概念炒作，就会在昙花一现的虚火过后，留下千篇一律的文旅小镇和门可罗雀的人造景区；如果文旅融合还是"里外两张皮"，就难免造成旅游地产的野蛮生长和旅游产品的大同小异，没有文化故事和文化温度的文旅融合，行之不远。**

使命所在：在新时代的文旅融合中讲好"黄河故事"

承续文脉，保护丰厚灿烂的文化资源

习近平总书记在黄河流域生态保护和高质量发展座谈

微评

★ 新业态在文旅融合发展中非常重要，像平遥古城，利用既有的文化产业基础，结合最新的科学技术，可以衍生出众多文化与科技融合的项目。

会上强调，要"保护、传承、弘扬黄河文化"，要"推进黄河文化遗产的系统保护，守好老祖宗留给我们的宝贵遗产"。这一重要论述对深入推进沿黄各省（自治区、直辖市）市各地区文化和旅游产业发展具有重要指导意义，成为我们文旅工作的根本遵循，必须格外重视对黄河文化历史资源的科学保护和有效利用。

山西是黄河流域省份，黄河山西段总长968.5公里，流经4市19县（市），流域面积占全省的62.2%。这条中华民族的母亲河千百年来哺育了沿河两岸的三晋子孙，更孕育出山西得天独厚的文旅资源。**据山西省文物局统计，山西有全国重点文物保护单位531处，高居全国第一，古代壁画和古代彩塑均居全国第一。中国古代的建筑门类和建筑艺术，在山西几乎都能找到实物。**这些文旅资源蕴含着黄河文化的核心价值，是黄河故事的生动载体，是文旅融合的重要前提。切实推进黄河文化遗产的系统保护，守护好老祖宗留给我们的宝贵遗产具有重要的现实意义。

战略布局，打造强劲有力的文旅品牌

山西现有平遥古城、云冈石窟、五台山3处世界文化遗产，6座国家级历史文化名城，40个国家级历史文化名镇、名村。**山西根祖文化、德孝文化、佛教文化、晋商文化等闻名遐迩。**

社会转型发展背景下的文旅融合之道，关键在思想重视和观念解放。**无论是表里山河的壮丽风光，还是可歌可泣的红色文化，无论是古迹众多的物质遗产，还是忠义昭彰的人文情怀，丰富多彩的文旅资源本身并不意味着文旅产业可以直接收获丰厚的社会效益和经济效益。**从战略部署的高度做好顶层设计，为山西全域旅游建设量身打造系

微评

★ 山西的红色文化、晋商文化等具有悠久的历史和可供开发的潜力，如何使其转化成产业，是值得从业者思考的问题。

统方案，推动优质文旅资源的创造性转化和创新性发展，打造一批强劲有力的文化品牌，擦亮这些底蕴深厚的文化名片，是实现山西文旅产业又好又快发展的题中之义。

顺势而为，展示黄河文化的独特魅力

当今世界经济正处于新旧增长动能转换的关键时期，以大数据、人工智能、云计算、5G技术为核心的新一轮科技革命和产业变革蓄势待发，层出不穷的新媒体更是把大众的注意力从现实吸引到屏幕，重塑着大众生活方式的同时，也给文旅融合提供了新的发展思路。

《指导意见》中提出"探索名胜名城名镇名村'四名一体'全域旅游发展模式"，为的就是要防止千城一面、千景一面，确保"四名一体"的全域旅游发展模式不走同质化的老路，进而构筑起各美其美的文化旅游品牌。为此，就应顺势而为，充分利用抖音、快手等新媒体平台宣传推介城市形象，积极运用科学专业的大数据平台精准把握游客的消费需求，大力开发适宜互联网、移动终端等载体的数字文旅产品，促进优秀文旅项目多渠道传输、多平台展示、多终端推送，讲好"黄河故事"，展示黄河文化的独特魅力。

立法保障文旅发展　挖掘品牌文化内涵

范周

　　近年来，文化产业呈现出蓬勃发展的态势，多种多样的文旅小镇如春笋般在各地建设起来；科技的发展也引导着线上社交、资讯平台快速成长和不断多元化发展……伴随着各种新型业态兴起的同时，也出现了一系列问题。在此背景下，文化立法成为解决之道。中国传媒大学文化产业管理学院院长范周教授就此问题接受《人民日报》采访。

　　问：2019年6月，我国文化产业领域的"母法"的立法工作取得重大进展，在您看来，推进文化领域法制化进程有何意义？

　　答：我国的文化建设一直伴随着文化立法，文化立法工作是文化领域的各项事业得以健康发展的保证。**从目前的情况来看，我国现有的成文法当中，文化领域的立法现在不足4%**，所以立法工作的任务仍然艰巨。在我国的社会治理过程当中，有法可依的前提是要立法。

微评

★　立法是法制建设的重要前提，文化领域也不例外，但目前的文化成文法依然很少，法制建设任重道远。

我国的文化工作，有很强的意识形态属性，也就是我们常说的双效统一的问题，社会效益第一位，社会效益和经济效益有机结合是第二位。通过立法的约束，也使我们在这一方面的认识和法律建设同步进行。

此外，做好立法工作，也使文化领域得以健康规范发展，特别是社会主义核心价值体系的建设，和实现国家战略发展当中的四个自信都能够得到充分的保障。**最后，有了立法保障，在文化建设、文化交流、文化贸易方面，才能够更好地与国际同步接轨。**

立法工作是文化领域的重要组成部分，可以保证文化领域得以健康发展。在社会治理中，当文化建设全面进入国家治理体系，能够与我国的现代化发展一脉相承时，文化建设才能得到有意义的补充和保障。

问：文化跨界融合是当前产业发展的大趋势，在"互联网+""科技+"因素的引领下，传统文化产业该如何实现转型升级？

答：在文化产业发展与科技融合发展的大趋势下，文化产业如何转型升级，这个问题亟待解决。

从现在全国文化产业发展的整体情况来看，体量和增长速度都是比较理想的。**但是随着互联网发展，特别是数字经济的发展，尤其是5G的全面商用，使我们的业态发生了很大的变化。**互联网的许多新业态日新月异，几年前我们还对短视频一无所知，现在其成了重要的产业和门类；我们在2016年以前对直播还没有任何的关注，现在直播成了一个巨大的产业；我们原来认为游戏当中的电子竞技比赛是娱乐，而现在它成了国际赛事的组成部分。还有VR技

微评

★ 立法保障涉及文化建设的方方面面，对内涉及国内文化市场体系的完善，对外涉及国际文化贸易的权益保障。

★ 5G技术的快速发展，推动了文化与科技融合的步伐，不管是生产、消费还是传播，文化产业都离不开科技的助力。

术、AR技术，特别是人工智能AI的出现，多元互动、多元交叉的体验式消费形态、消费形式产生，这些体现在家庭消费、旅游消费以及各种各样的公共场景消费中。**文化和科技融合之后，带来了这种新型业态的转型升级，就是一种必然。**

在这个必然当中，管理层应该对它有高度的认知。第一，要做好顶层设计，做好规划；第二，我们的教学管理部门要对人才培养及时跟进，新文科建设，其实就是要把传统的文科教学理念与科技融合，**用试验手段和场景、沉浸式体验教学来实现。**比如，过去我们玩游戏就是娱乐，现在通过游戏还可以学化学、学物理、学文史……通过游戏进行旅游观光深度体验，还可以重新进行再创意，这些东西都对我们传统的管理提出了新要求。

由此可见，文化产业发展与科技融合相加带来业态转型升级，这既是一个趋势，也是一个当前的发展瓶颈，必须从上到下重视，要能够拿出来很好的解决办法。传统产业要被赋予新的科技形式，需要有新的表达方式，还要有新的能够切合实际的、与传统产业相匹配的可行解决方案。

问：在文化和旅游融合发展的过程中，对于文旅品牌建设方面应注意哪些问题？

答：文化和旅游融合发展、文旅品牌的打造，首先，要深度挖掘文化内涵。现在很多东西给人感觉做得差强人意，就是因为文化内涵表达不准确、指向性不清晰，每一个文化内涵的所指性应有特定的意义。其次，在文旅融合之后的文化品牌打造，还要能够具有民族和中国自身的一

微评

★ "沉浸式"不仅涉及文化产业业态的培育，还与文化产业人才培养息息相关，一种沉浸式的场景、沉浸式的教学方式能够使学生具有更强的体验感，加深对产业的理解。

些特色，只有民族的才是世界的，完全照搬欧洲小镇是不会得到人们的认可的。这种文化品牌要持续发展，不是一劳永逸，要不断打造，不断提升，不断经营，不断完善。最后，文旅品牌的打造要让互联网一族能够看懂，喜闻乐见，能够接受，而不只是把我们一些想当然的东西作为一个品牌。**品牌不是靠口号，也不是靠政府的权力价值，一定是市场的认同，是消费者的认同，所以从这一方面来说，一定要加强对品牌的长期呵护与管理。**

问：2019中国文旅品牌影响大会的举办，您认为对于文旅行业的发展有何意义？

答：在文旅发展当中，品牌发展是重中之重。首先，任何一个领域，到了品牌阶段就是最高阶段，我认为它非常有必要。其次，它的必要性还体现在引领、示范和带动作用，文旅的顶级品牌都是让这个产业得以发展的标杆和旗帜。此外，文旅品牌的发展还有利于拉动产业的上下游，使大家知道如何用良币驱逐劣币，如何用优质产品来在社会上进行广泛的传播和推广。

好的文旅品牌既要通过一个大会起到"昭告天下"的作用，还要通过好的文旅品牌的广泛传播和精细化传播、准确的分众化传播起到应有的作用，**文旅品牌大会的召开不是一个一劳永逸的事情，而是在品牌的号召引领下，对全行业起到推动和影响作用。**

微评

★ 民族的和世界的并不排斥，而是相互增强的关系，很多文化产品在走出去的时候，要注重自己的本土特色，同时也要注重当地的文化元素，实现二者的融合。

★ 品牌化对于文旅大会而言，具有非常重要的意义，而一个品牌的塑造要经历很长的时间，与核心内容的好坏、传播方式的全面有效息息相关。

全国首个省级文旅融合发展意见发布，其中有何深意?

言之有范

2019年12月11日，北京市人民政府新闻办公室组织召开《关于推进北京市文化和旅游融合发展的意见》（以下简称《意见》）新闻发布会，北京市文化和旅游局二级巡视员马文、中国传媒大学文化产业管理学院院长范周出席发布会，介绍《意见》的总体情况和各项举措，并对记者提问进行了详细回答。

《意见》提出了七个方面共26条工作举措，即"北京文旅融合26条"。

作为全国首个在省级层面出台推进文化和旅游融合发展总揽性规范性文件的城市，《意见》的推出将进一步推动北京文化和旅游的资源优势转化为发展优势，开发促进首都高质量发展的新动能，满足市民和旅游者对美好生活的新期待，助力全国文化中心与国际一流旅游城市建设。

在**文化旅游空间布局**方面，提出打造"一城三带一区一圈"的融合发展格局，打造具有全球影响力的文化旅游带和世界级的文化旅游圈。

在**文化旅游公共服务**方面，公共服务设施共建、公共活动共享和公益服务共促三大工程将营造北京和谐宜居、主客共享的文化旅游发展氛围。

在**文化旅游产品体系**方面，紧扣"四个文化"，提出四项举措。在提升文化旅游国际影响力方面，通过拓展对外交流综合平台，推广对外交流国际品牌，拓宽对外交流层次渠道三项措施。

在文化和旅游市场监管、市场秩序治理等方面的工作举措将为市民和游客打造更为贴心、舒心和安心的文化旅游环境。

发布会上，记者围绕《意见》内容分别对马文巡视员与范周教授进行了提问。

问：《意见》的推出，能够让百姓在文化和旅游的融合发展中得到哪些实惠？

马文：《意见》的推出主要是基于为老百姓提供幸福美满的生活，提升人们在文化和旅游方面的幸福感。具体有以下三个方面的目标。

首先是城市品位的建设，旨在为人们提供城市文化的内涵与旅游的舒适。围绕这一点，在提升文化和旅游的公共服务水平上，要以国家公共文化服务示范区和全域旅游的示范区建设为抓手，以融合发展为动力，推动构建文化和旅游的公共服务的共建共享工程。要不断提升首都文化和旅游公共服务设施网络建设水平。鼓励有条件的地区增设地区级的文化中心、文化服务中心，有效实现公共文化服务的全覆盖，解决公共文化服务的"最后一公里"问题。同时，在完善公共、图书文化服务和公益演出的三大配送体系方面，要支持这些体系与经典的结合。吸引游客主动参与，不断拓展居民公共文化服务的覆盖面。

其次是提供优质的服务。优质的服务既包括旅游服务也包括旅游产品的服务。实现服务有温度，产品有质量。要围绕古都文化、红色文化、经贸文化和创新文化，设计

微评

★ 在实施保障方面，还要把文化和旅游融合纳入全市重点工作，健全部门、市区联动机制，加大财政、资金、人才、土地等方面的支持力度，完善统计监测体系。

★ 对于民众而言，公共文化服务主要体现在博物馆、图书馆和公益演出等方面，其中，公益演出对于边远地区与农村地区具有重要意义，必须形成配套体系。

出一批精品的旅游线路。要立足于一河、一城、三带、两区全国文化中心建设的总布局，聚焦老城、大运河文化带、长城文化带和西山运河文化带，建设一批有文化和旅游设施完善的旅游线路和景区。同时，要坚持京津冀文化的旅游协同发展，实施京津冀的历史文化和一些景区贯通，实现共融共享。

最后要提供秩序安全的保障，进一步优化文化和旅游市场。要持续让游客在旅游过程中感觉到安全，相关部门要规范文化和旅游融合的发展秩序，让市民在旅游的过程中能够更加贴心、放心和安心。同时要加大打击非法旅游力度，对一些剧场和相关场所以及景点景区的隐患进行详细排查。

问：《意见》当中，在发展乡村旅游，进一步满足市民乡村观光休闲度假需求方面有哪些新的举措？

马文：在研究《意见》的时候，注意到大城市的居民生活压力比较大，周末经常去乡村旅游放松。因此，在政策的制定过程中也注意到了这个问题，并且针对这个问题也进行了专题研究，有了许多新的措施。

在《意见》当中，主要围绕三个方面，即"三个一批"的工作思路来发展乡村旅游。一是打造一批有质量、有特色的乡村文化和旅游精品线路。二是建设一批体现京韵农味的乡村精品的民宿和精品酒店。三是培育一批特色文化和旅游重镇。

具体来看，在深化改革过程当中，积极推动了门头沟、昌平、平谷、怀柔和延庆的全域旅游的工作项。2019年北京市的平谷区、怀柔区和延庆区已经成为全国全域旅游的示范区。

微评

★ 对于乡村旅游来说，乡村民宿建设具有重要意义，一方面，要支持乡村民宿发展，建设乡村民宿平台，规范运营；另一方面，要做好配套措施对其进行支持，手把手教会农民群众对民宿进行经营。

　　首先，在政策的创新方面，主要是围绕乡村民宿和精品酒店这两个来发展。 现在正在研究出台两个文件，首先是关于促进乡村民宿发展的指导意见，其次是京郊的精品酒店建设试点工作方案。围绕乡村游、京郊游推出一系列相关活动。

　　其次，在产业方面，策划举办京郊旅游重点投融资项目的推介会。 推介会上将推出35个重点项目，涵盖了文旅融合的7个典型。同时，协同相关部门，在创新文化旅游精品线路上也进行了一些探索，推出很多方便广大市民旅游的京郊线路。比如，S2的轻轨线就是专门为发展乡村旅游而设立的，也包括西郊线。下一步将从满足市民不同需要的角度出发，通过特色化、专业化、规范化发展，让乡村的休闲度假受到广大市民的欢迎，提升乡村旅游的幸福感！

　　问：最近，夜间经济正成为全市关注的重点工作和社会热议话题，文化和旅游融合在点亮"夜北京"上有什么具体的想法和举措吗？

　　范周：夜间经济，特别是"点亮北京"是一项系统工程。**夜间经济是文化和旅游融合发展的需求新蓝海、供给新动能，北京的夜间文化和旅游正成为扩大全市夜间消费、支撑夜间经济发展的重要发力点。**

　　从整体消费趋势上看，不同年龄、不同文化背景和不同消费层次的游客和居民对文化和旅游的夜间消费需求正在增长。国家博物馆、首都图书馆等地标性的公共文化服务机构延长夜间服务时间更塑造了北京新兴的文化旅游消费目的地，文化和旅游融合维度下的夜间经济大有可为。

　　按照《意见》的内容和要求，北京的夜间文化和旅游

微评

★ 在研究消费者的消费方式时，要对消费人群进行分众化研究，性别、年龄、地域、收入、学历等都是影响消费观念的重要因素。

未来将在三大方面发力。

第一是热点集聚地拓展消费。北京市正在研究制定进一步扩大文化和旅游消费，促进夜间经济繁荣的具体措施，推出"点亮北京"旅游消费计划。《意见》的推出将推动形成文商旅融合的夜间消费聚集地。目前，以王府井、前门、西单、蓝色港湾等六大热点夜间消费集聚地为代表，鼓励特色商圈、文化街区、创意街区以及有条件的旅游景点延长营业时间，实现夜间消费与城市文化、历史文化、景观风貌等的深度融合。

第二是以品牌项目引领消费。要充分结合北京功能定位、资源禀赋和优势产业，推出"夜品京味""夜游京城""夜赏京戏"等系列文化和旅游消费品牌项目，策划推出一批融合北京现代文化气息和古城文化底蕴的文化旅游夜间精品消费路线，支持各类市场主体研发适应人民对美好生活新需求的品质文化旅游产品。形成以文化创意为特色、文化主题为主线、文化品质为保障的夜间文化旅游消费产业链条，让不同消费层次的城乡居民和外来游客在夜间有得游、游得起、玩得舒心。

第三是用节庆活动带动消费。以节庆文化活动品牌、首都市民系列文化活动、北京文化惠民消费季等为依托，丰富活动内容，打造主客共享、全民同乐的盛大文化节日。以文化旅游消费载体的服务供给提升为支点，推动更多的公益性文化单位延长服务时间。鼓励更多知名景点景区开发适宜的文化夜游消费项目，支持更多文化娱乐场所提供健康优质的文化消费内容，释放文化消费的潜力，让文化之旅成为夜北京最耀眼的风景线。

微评

★ 作为首都的消费聚集地，夜间经济的发展举措在全国发挥着带头与表率作用，在延长营业时间的同时要探索更多可行、科学、有趣的方式，留住游客。

问：目前北京作为亚洲深受瞩目的旅游目的地城市之一，未来在文旅融合发展提振入境游水平上有什么想法和举措吗？

范周：近年来我们国内的出境游和入境游以很高的速度在增长，但是在增长过程中也出现了很多不平衡的状况。**北京作为千年古都、历史文化名城、国际旅游目的地之一，发展入境游是北京承担全国文化中心和国际交往中心功能建设使命的题中之义。**中国旅游研究院与谷歌（Google）合作发布的《2019中国入境游游客行为与态度研究报告》显示，北京和上海是入境游客第一认知的中国城市。北京的入境游市场正在逐步回暖，文化和旅游融合将为相应领域发展注入新动力。

首先要以跨界融合为支点，转变入境游产品的供给思路，塑造独有的品牌资源优势。比如，对接入境游的年轻消费主力群体需求，关注国际文化流行趋势、时尚消费话题和群体消费偏好，深耕细分市场，大力挖掘北京时尚文化资源优势，聚焦亲子游、研学游、体验游、商务游等需求，打造时尚化、国际化、现代化的北京旅游。同时要对接品质化的消费需求，以文化创意、文化内涵、文化主题作为入境游产品设计的灵魂，开发具有国际影响力的北京文化IP资源，体现北京旅游的独特性和无可替代性，增强对游客的吸引力、感召力和带动力，提升用户黏性。

其次要搭建更多的对外展示交流平台，增强北京文化旅游的对外吸引力。比如，我们将通过环球影城等重大功能性文化项目、标志建筑和文化设施的建设和运营，塑造新的文化地标，通过高品质的内容注入和服务引入，展现北京作为国际大都市的时代文化风貌。**要继续办好北京国际音乐节、国际设计周、国际电影节等品牌文化活动，**让北京成为亚洲和世界各国文明成果的展示中心，成为文明交流互鉴的重要窗口，有效带动入境客流。

最后要创新北京文化的展示方式，对外塑造友好和谐的城市文化形象。建好国际主流社交网络媒体上的公众号并保持曝光度和关注度，积极参与国际话题讨论，吸引国际关注。优化旅游海外推广模式，以普通人的视角，以外国游客易于理解的话语体系，讲好北京城市文化故事，营造接地气、有人气、有温度的城市生活氛围。

同时要转变世界旅游城市联合会的工作重点，通过制订实施双边或多边的旅游市场双向拓展行动计划，推进北京与世界著名旅游城市之间的市场共建、客源共享。充分依托北京会奖旅游产业联盟，力争北京举办国际会议数量进入亚太城市排名前五，发展高端商务会展入境游。借助北京入境旅游全球战略合作伙伴，依托全球100家知名旅行商，在主要客源国开展精准有效的市场分析、产品设计、形象推广、市场开拓等各项工作。

此次《意见》的推出将进一步推动北京文化和旅游的资源优势转化为发展优势，开发促进首都高质量发展的新动能，满足市民和旅游者对美好生活的新期待，助力全国文化中心与国际一流旅游城市建设。

国庆文旅市场释放出哪些信号？

李姝婧

1999年，国务院发布《全国年节及纪念日放假办法》，标志着我国开始正式实施黄金周制度。从此，黄金周假日旅游在我国旅游业中占有了重要地位。在2019年国庆假期，我国文旅市场表现抢眼且亮点纷呈，其中释放了哪些信号？

四大亮点看2019国庆文旅市场

2019年的国庆假期，适逢中华人民共和国成立70周年重要节点，各地文化活动精彩纷呈。**根据文旅部发布的官方数据，2019年国庆七天全国共接待国内游客7.82亿人次，同比增长7.81%；实现国内旅游收入6497.1亿元，同比增长8.47%。**

红色旅游成为主旋律

2019年的国庆假日旅游，适逢中华人民共和国成立70周年的重要节点。在浓厚的为祖国庆生的氛围中，各地游

微评

★ 2019年国庆假期，文旅市场继续稳步增长，背后不仅是人民生活水平的提高，还有人们消费观念的改变。

客主动前往红色革命遗址参观，接受爱国主义教育。红色旅游成为2019年国庆假日旅游的主旋律。在红色旅游目的地的选择上，携程大数据显示，在十大热门目的地中，北京位列榜首，延安、上海、嘉兴、井冈山、遵义、沈阳、徐州、重庆、南京分列第二位至第十位。

值得关注的趋势是，年轻人、青少年参与红色旅游的热情高涨。中国旅游研究院发布的最新数据显示，2019上半年，14岁以下游客参与红色旅游接待量按可比口径同比增长17.23%。而在9—10月中，参与红色旅游的客群年龄分布上，"80后""90后"占比提升至41%，"60后"和"70后"人群降至30%，"10后"占比同比增加54%，平均年龄由2018年的31.8岁降至2019年的27.9岁。**未来，红色旅游目的地如何用多种方式吸引年轻群体的进一步关注成为需要考虑的问题。**

夜间经济表现可圈可点

2019年以来，夜间经济的发展成为文旅产业中的热点话题。8月，国务院办公厅发布的《关于进一步激发文化和旅游消费潜力的意见》以及《关于加快发展流通促进商业消费的意见》两项政策中，都对发展夜间经济做出了部署。**在国庆假日旅游中，夜间灯光秀成为观光旅游的网红打卡地，配合国庆主题营造爱国氛围。**

北京、上海、广州、天津、重庆、武汉、成都等城市纷纷在夜间点亮地标建筑，打出"我爱你中国""祖国万岁"等字样告白祖国；不少景区根据自身特点策划的灯光秀也同样引发了强烈关注。例如，西安推出城墙"我和我的祖国——西安城墙光影展演"、大唐不夜城《我和我的祖国》及大雁塔北广场水舞灯光秀等活动吸引了大量游客。

微评

★ 夜间经济在文旅中扮演中重要角色，对于90后和00后而言，夜间消费习惯已经逐步养成。

夜间旅游休闲黄金四小时（18：00—22：00）已经形成，消费内容从吃喝玩乐到文化艺术，消费升级迹象明显，不同年代的游客夜游花费有所差异，值得注意的是，"80后"在娱乐和购物上消费支出最高，"70后"更追求餐饮品质。

人文旅游地更受欢迎

2019年的国庆假期，各地举办的多样文化活动丰富了旅游市场，为旅游市场增添了不少文化气息。

各地博物馆纷纷延展或开启夜间开放，充分满足游客多层次的文化需求。国家博物馆延长多个展览展期，海南省博物馆每日延时开放至21时，江西省博物馆首次开启"博物馆奇妙夜"，充分说明了广大消费者对于文化消费的热情与需求。

游客至上理念深入人心

10月5日，一则温馨提示迅速在网络走红。原因是10月3日，重庆市公安局、文旅委给重庆市民的错峰出行提醒，短信中明确说明"为市外游客提供游览方便"，让游客感受到了城市温度。"重庆有多宠游客"这个话题引发了广泛关注，阅读人次6.2亿，迅速飙升微博话题榜。游客至上、以人为本的理念已经在政府、行业中得到充分展现。

与此同时，各地文旅部门为保证文旅市场的安全运行做出了大量努力，努力解决游客出行中可能遇到的各种困难。例如，龙岩土楼景区、黄石仙岛湖等景区假期增设移动厕所，有效缓解旅游高峰期的如厕难问题；四川峨眉山景区通过景区监测系统、对景区客流量、车辆运行等要素提前预判及时分流游客，有效防范拥堵等，真正意义上做到"游客至上"。

国庆假日旅游背后的消费趋势

当前，文化消费已经成为国民消费升级的重要标志，与此同时，文旅消

微评

★ 地方文旅经济的突破发展，正在寻找更多创新落点，其中，既有的旅游产业基础为新一轮竞争提供了源源不断的动力。

★ 另外一个值得注意的现象是，随着自驾游兴起，带上宠物一起去旅行，也成了国庆出游新风尚，这同时催热了各地的宠物酒店。

★ 定制化体验旅游必然会成为未来旅游产业的发展趋势，对于旅行社和相关企业来说，首先要对各类消费者进行分众研究。

费也将为经济的持续健康发展提供新的动能。

重点城市表现亮眼，旅游内涵式增长趋势日益显现

从全国数据来看，旅游收入增速高于旅游人次的增速，旅游内涵式增长趋势日益显现。**从各省数据来看，除了杭州、北京这类老牌旅游热门目的地之外，重庆、武汉、成都等中西部城市表现抢眼。**

文旅消费不断刷新纪录，成为提升国民幸福感的重要途径

随着居民生活水平的提高和旅游业的快速发展，人们的精神需求不断提高，旅游成为全民需求。**旅游消费创历史新高，小众目的地深度游成为消费观念升级的鲜明注脚。**

深度体验、理性消费成为关键词

伴随文化产业和旅游产业的深度融合，深度体验游成为关键词之一。与此同时，我国出境游和国内游的用户更为理性，国内游不盲目追求一、二线城市旅游，海外游的目的地也日趋分散，注重体验成为民众旅游中的重要需求之一。**对我国文旅企业来说，未来应更加注重个性化的定制体验旅游、提升文旅产品质量，更好地满足游客的消费需求。**

国庆假期虽然已经结束，旅游业逐渐降温，但文旅行业整体提质升级还在继续。

红色旅游十五年：从星星之火到燎原之势

赵紫来

十月的神州大地，金风送爽，瓜果飘香，我们迎来了中华人民共和国成立70周年华诞。在举国欢腾的热烈气氛中，回望中华人民共和国的历史篇章，中国共产党开辟了中国革命和历史的新纪元，70年的历史证明，红色精神是共产党人党性的集中体现，是推动党的事业向前发展的不懈动力。红色旅游是党的事业、国家战略。十五年蓬勃发展，从星星之火到燎原之势，红色旅游综合效益日益凸显。新时代，在红色旅游中传承红色基因，传承精神谱系，每个人都是主角。

回望历史长河，自然谱系中的红与黑，早已被人类赋予强烈的感情色彩和文化内涵。在中华民族的精神世界里，红色，是中国的传统色。自1840年"鸦片战争"以来，特别是1921年中国共产党成立以来，红色更增添了勇往直前、自强不息的革命性、正义性和时代性色彩。在这期间，神州大地上留下了众多红色文化遗存。

中华人民共和国成立以来，红色更成为国旗、国徽和天安门城楼不容更改的底色。 为了传承红色文化、弘扬红色精神，中央政府开始对革命纪念地、革命遗址进行保护、利用和开发，开展革命传统教育和爱国主义教育活动，作为承载红色文化、传承红色基因的创新方式和手段，红色旅游应运而生并不断发展。

新中国红色旅游的发展概况

红色旅游的"前身"是中华人民共和国成立初期人们到革命地的参观活动,其准确定义是20世纪90年代中后期才提出的。2004年,据官方文件定义,红色旅游,主要是指以中国共产党领导人民在革命和战争时期建树丰功伟绩所形成的纪念地、标志物为载体,以其所承载的革命历史、革命事迹和革命精神为内涵,组织接待旅游者开展缅怀学习、参观游览的主题性旅游活动。

发展历程

中华人民共和国初期的萌芽阶段。红色旅游的兴起可以说是在政府的推动下发展起来的。**中华人民共和国成立后**,国家十分重视革命地和纪念地的教育作用,对革命遗址进行有计划的修缮管理和开发建设,以供人们参观和学习。这一阶段的活动并非严格意义上的"红色旅游",主要是到革命地进行瞻仰学习的接待活动,因此只能算作红色旅游的萌芽阶段。

20世纪80年代中后期的起步阶段。1978年,党的十一届三中全会胜利召开,实行改革开放,中国旅游业得到发展。伴随大众旅游的兴起,不少革命纪念地开始转变观念,对已有红色资源进行市场化开发,参与旅游接待。红色旅游逐渐成为革命老区新的经济增长点,但关于"红色旅游"的定义与表述仍然模糊。

20世纪90年代中后期的快速发展阶段。1995年5月1日开始实施的双休日和1999年开始实施的黄金周的休假制度极大地促进了国内旅游业的发展。党和国家多次组织红色主题的重大纪念活动,如纪念抗战胜利50周年、纪念红军长征胜利60周年等活动,对革命纪念地的宣传规模和投资力度都空前加大，红色景区周边优美的生态环境和淳朴的风土人情受到民众的普遍关注，红色旅游在这一阶段得以快速发展。

21世纪以来的全面发展阶段。2004年，中共中央和国务院印发《2004—2010全国红色旅游发展规划纲要》（以下简称《纲要》），标志着中央开始统筹部署红色旅游发展。《纲要》针对红色旅游产品、接待旅游者数量以及增加收入和创造就业等方面均作出明确规划。此后的十五年中，国家又连续出台了两期规划，**红色旅游在国家的大力提倡、统筹安排下步入蓬勃发展的良性轨道，综合效益不断显现。**

发展格局

我国红色旅游景区分布较为广泛，东部、中部、西部地区都很丰富。这源自中国共产党领导人民进行的长期革命斗争，在全国各地都留下了极其宝贵的红色文化资源。

从中国共产党的诞生地上海，到人民军队的诞生地南昌；从革命摇篮井冈山，到革命圣地延安；从革命转危为安的历史转折地遵义，到全国解放战争指挥中心西柏坡；从红色故都瑞金，到新中国首都北京……长城内外，大江南北，到处都留下了党领导人民英勇斗争的足迹，到处都耸立着革命建设的丰碑。

国务院《2004—2010年全国红色旅游发展规划纲要》以革命历史、革命事迹发展历程为线索，以革命精神为突出点，同时兼顾区域特点，在全国划分了12个重点红色旅游区。

微评

★ 红色旅游的发展具有重要意义，一方面，把红色历史予以继承与传播，培养年轻一代的爱国意识；另一方面，将红色资源转化成为产业，促进当地文化产业的发展。

新时代红色旅游的地方特色

微评

★ 经过近20年的发展历程，我国红色旅游已形成"红色+绿色""红色+民俗""红色+乡村"等多种融合发展模式，成为贫困地区脱贫致富的重要途径，也将持续助力乡村振兴。

党的十八大以来，国家高度重视发展红色旅游。红色旅游已成为人们接受爱国主义教育和革命传统教育的新课堂，凸显其独特的思想魅力和强大教育功能。2019年，举国上下纪念中华人民共和国成立70周年氛围浓厚，国庆阅兵盛况让北京备受关注，红色旅游再度成为大热门。携程大数据显示，9月1—5日期间，"北京"关键词搜索量同比增长150%。除此之外，嘉兴、延安、井冈山、遵义等以红色旅游著称的目的地，关键词搜索量同比增幅超过100%。红色旅游品牌正在发力，发展潜力巨大。

江西井冈山：红色资源辉映自然风光

井冈山市位于江西省的西南部，罗霄山脉的中段，有着彪炳史册的革命历史、光耀千秋的革命精神和绚丽多彩的自然风光。**革命的人文景观与优美的自然景观交相辉映，融为一体，是井冈山红色旅游景区最大的亮点之一。**

作为我国最早的军事革命基地，历经九十余年的红色文化传承，井冈山精神早已深入人心，这里被誉为"中国革命的摇篮"，有着得天独厚的旅游资源——100多处革命旧址和革命遗址中，有21处已经被我国列为重点文物保护单位，这些都为井冈山红色旅游发展提供了坚实的基础，构成了景区的核心主题。

★ 红色文艺演出既能够还原当时的历史和场景，又能够带动当地演艺产业的发展。不过要注意的是，在演出过程中，一定要做好还原史实与创新性转化的平衡。

同时，井冈山依托周边较为优越的自然环境，遵循"山林好、历史红"以生态环境保护为主的开发原则，利用红军革命文化资源遗址吸引游客，再通过山林绿化景观留住游客。而在井冈山各个景区进行着的红色军事文艺演出和红军生活场景还原的演出，则进一步深化了井冈山革命精神在游客心中的印象。

陕西延安：红色血脉联动研学旅行

延安，地理位置优越，自古就有"三秦锁钥，五路襟喉"的美称。延安的红色旅游资源十分丰富，有杨家岭、枣园、王家坪、凤凰山、宝塔山等351个革命旧址，仅市区就有130处168个红色旅游景点，占陕西省红色资源总量的72%。此外，还有近万张历史照片和3万余件文物。

党的十八大以来，延安依托坚实厚重的红色资源全力发展红色旅游，将红色资源与红色精神有机结合，创立研学旅游品牌。以延安干部培训学院为代表的党性教育基地立足红色沃土，充分挖掘延安红色教育资源，逐渐探索形成了专题教学、体验式教学等多种教学模式，引导学员重温延安岁月，体悟延安精神。

2017年，延安市政府按照"红色南泥湾、陕北好江南"的总体定位，充分挖掘南泥湾精神和红色文化内涵，优化提升规划方案，完善旅游服务功能。目前，南泥湾已建成集红色文化游、自然生态游、乡村农业游等功能为一体的三产融合发展聚集区。

湖南韶山：红色基因注入节庆民俗

韶山是伟人毛泽东的故乡，是湖南红色旅游的一张名片，是湖南加快建设全域旅游基地、打造伟人故里红色旅游品牌的范例之一。**近年来，韶山凭借红色旅游文化品牌节庆的成功打造，占得红色旅游发展的先机。**

2015年，韶山通过招商引资，建成韶山非遗博览园，让当地红色文化遗产保护进一步被大众认知并得以落实，韶山红色记忆城景区的景观资源也由此丰富。2018年，韶

微评

★ 延安在红色文化资源地中较为典型，是举世闻名的中国革命圣地，也是我党不忘来路的重要根据地。在发展产业的同时，要做好产业的配套举措，以实现可持续性开发。

山制订了《韶山市建设红色旅游基地三年行动计划（2018—2020年）》，进一步健全红色旅游配套设施，推进韶山红色旅游基地建设。进一步整合旅游文化节庆和红色旅游资源，加强对红色旅游的统筹协调，完善了红色旅游产品体系，传承好红色基因。

我国红色旅游十五年发展启示录

十五年前，党中央、国务院从实现党和国家长治久安的战略高度出发，做出发展红色旅游的重大决策；十五年后，我国红色旅游的发展产生了巨大的社会效益和经济效益，塑造了一个响当当的品牌，发挥了传承红色基因、弘扬红色精神的重要功能。

传承红色文化，永葆红色底色

红色文化是红色旅游的根本，有了传承红色文化的需求，才有红色旅游的兴起。红色旅游具有与生俱来的弘扬革命精神的功能和特性。因此，在发展红色旅游的过程中，应教育和引导民众增强责任感和使命感。要尊重历史，客观准确完整地展现革命历史进程，还原革命历史原貌，不能断章取义，不能以偏概全，努力把"红色"这篇文章做好做透，把"文化"这个灵魂挖深树牢，永葆红色底色，这是发展红色旅游的首要要求。

圈粉年轻群体，丰富研学形式

中国旅游研究院发布的数据显示，2019年上半年，14岁以下游客参与红色旅游接待量按可比口径同比增长17.23%。越来越多的父母选择带孩子感受红色氛围，尤其是"80后"和"90后"父母更愿意携带"10后"小朋友到访红色旅游目的地，这彰显出红色旅游独特的思想魅力和强大的教育功能。

因此，**红色旅游目的地可以适当借助抖音、快手等新媒体平台，向年轻人推广自己，鼓励青年游客参与、制作以及分享，进而促进优秀红色文化产品多渠道传输、多平台展示、多终端推送。讲好红色故事，给予年轻人正**

确引导，进而树立正确的价值观。拓展多种形式的研学旅行，让更多年轻人注重红色文化的修习是必要且关键的。

树立全域意识，提升品牌价值

全域旅游理念一经提出，就迅速上升为国家战略。"创建全域旅游示范区""发展全域旅游，壮大旅游产业"已分别纳入2018年和2019年国务院《政府工作报告》。推动红色旅游从"景区旅游"向"全域旅游"转变，就是要拓展发展空间，提升红色旅游品牌价值，进一步健全和完善红色旅游机制，开创新时代红色旅游发展新局面。

对接国家战略，助力脱贫攻坚

革命老区和老区人民为中国革命胜利和社会主义建设做出了重大牺牲和重要贡献，我们永远不能忘记。**应积极推动红色旅游发展对接乡村振兴战略和脱贫攻坚战略，加强红色旅游开发帮扶和技能培训，助力贫困地区利用特色资源发展红色旅游，从而实现脱贫摘帽。**

当中国特色社会主义进入新时代，红色旅游的发展迎来新的历史契机。我们应当本着实事求是的精神深入挖掘红色文化资源，本着对历史和未来负责的态度持续开拓红色旅游路径，用深沉的红色文化和刚毅的红色精神激励人、鼓舞人，从而汇聚起实现中华民族伟大复兴中国梦的精神动力和不竭源泉！

微评

★ 年青一代是红色旅游的重要受众群体，具有较大的增长潜力，因此，红色旅游地在传播时，要利用好年轻人喜欢的短视频平台与社交平台，塑造起自己的品牌。

草原文旅：快马加鞭促发展，创新融合提品质

范周

【写作背景】近年来，草原旅游成为热门的旅游观光项目，内蒙古自治区成为草原旅游的主要目的地，科尔沁右翼前旗（以下简称"科右前旗"）紧跟时代的步伐致力于"打造新兴草原旅游目的地"，在草原文旅产业实践中深入挖掘草原文化内涵，发展具有独特风情的文化旅游产业，以旅游盘活当地产业，解决居民就业问题，取得了阶段性的成效。高质量发展的经济新常态下，以创新创意促进草原文旅产业提质增效将是未来谋划的关键。

厘清现状，把握草原文旅发展方向

改革开放以来我国旅游业发展迅速，国家统计局数据显示，1978年我国国际旅游人数71.6万人次，旅游外汇收入2.63亿美元。随着经济水平的不断提升，2019年中国入境游客达1.4531亿人次，国内游客60.1亿人次，国内旅游收入达到57251亿元。为不断满足人民日益增长的美好生活需要，我国文旅融合的进程不断加速，旅游成为我国国民经济的重要组成部分。随着中国经济进入新常态，全国基础设施建设也从过去传统的"铁公基"转向"新基建"，以文化创意元素驱动进行市场开发成为旅游市场近年来的重要变化和发展方向。

文化是旅游的灵魂，文旅融合是促进旅游产业转型升级的关键所在。草原文化是中华文化中极具特色、不可缺失的一部分，是一种与草原生态环境相适应的文化；草原文化历史悠久、区域分布广阔、展现着多民族的文化特色，体现着团结统一、开拓进取的时代精神，具有民族性、开放性、世界性的特点。

内蒙古自治区在"十三五"期间不断完善相关配套政策措施，各部门对草原文化发展予以高度重视。2019年7月习近平总书记考察内蒙古时指出，内蒙古地处祖国北疆，自然和生态资源十分丰富，民族文化多姿多彩，发展潜力巨大，战略地位重要。内蒙古作为草原文化的主要发源地，要在国内外市场的浪潮中找准发展方向，砥砺前行。**草原文化旅游要跟紧时代步伐，走出特色之路，必须做好谋划和全面的准备。**自治区各地制定的各级"十四五"规划中都在系统地梳理草原文化的内涵。内蒙古应乘胜追击深入挖掘草原文化，抓住新变化和新趋势，着力打造文旅产业的新增长极。

2020年，突如其来的新冠肺炎疫情对文化旅游行业造成巨大的影响，这也使许多传统的旅游方式在疫情防控下发生了极大的变化。北京为应对疫情二次暴发而采取区域性管控的"北京模式"，与以往的全面管控模式相比实效性更强，也更符合当前疫情防控常态化情况。在此背景下，发展文旅产业也应跳出原有常规的管理模式和发展思路，实现弯道超车。

此外，国务院《关于进一步激发文化和旅游消费潜力的意见》也重点提及科技手段与产业相结合，如2022年要实现4G和5G网络，覆盖率超过90%，发展5G超高清、增强

微评

★ 以文促旅，以旅彰文，成为新时代文化产业和旅游产业发展的必然趋势。我国根据地形、气候、自然环境形成了七大特色文化风俗圈，西北内蒙古草原文化是中国地域文化的重要组成部分。深挖草原文化内涵，打造草原特色文化旅游，对于地方经济发展和城市形象塑造具有重要的促进作用。

微评

★ 新技术为文旅产业的发展提供了新的生产方式、传播手段、表现形式，打破了传统文旅产业的壁垒，"线上+线下"业态的更新为文旅产业提供了多元的玩法，对文旅产业的升级和转型创造更多的空间。

现实、虚拟现实、人工智能、大数据等新技术，在这样的背景下应充分考量文化和旅游消费数据监测体系等新的形势。**草原文化发展也应抓住技术发展的机遇，融合文化特色，大力发展线上文旅和线下文旅的双重复合体验。**

对于乌兰毛都这片美丽广阔的草原，开发的基本元素早已形成，线上模式的基本框架也已构成，需要的是找到适合自己的且与本地发展有强关联的消费形态。比如，2020年的8月8日的那达慕大会便运用了多种智慧手段，全国范围内的人可以通过多渠道了解乌兰毛都。这也说明"酒香也怕巷子深"，再好的资源如果不能转化形成产业就难以延续和发展。

因此，让更多的人尤其是外来人参与进来、融入进来就需要通过线上智慧手段增强体验和理解，抓住技术发展的机遇，大力发展线上文化和旅游体验项目，大力推动文化、旅游与数字创意融合发展，发展沉浸式体验型文旅消费，带动文旅相关消费。

未来，强化对草原文化旅游的结构调整和适度开发，辅以科技手段的高效利用以及人们对文化旅游的消费需求转变将为草原文旅发展带来无限的发展动力。

乘风破浪，在高质量发展道路上稳步前行

历经数十年的发展，草原文化旅游产品开发已经取得阶段性成果，草原文旅在促进区域经济发展、传承民族传统文化等方面的重要作用不断得到彰显，但更应清醒意识到当前很多产品的开发还处于1.0阶段，面对这一阶段的挑战和困境，应处理好发展要素之间的关系，直面草原文旅发展中存在的问题和困境，让草原文旅在高质量发展道路

上乘风破浪、稳步前行。

处理好政府引导和市场主导的关系

文化和旅游正处于高速发展阶段，政府的引导作用尤为重要，草原文旅的发展也要通过规划引导、政策保障、平台搭建，营造良好的环境。此外，在规划和战略的基础上更为重要的是政策的制定，要有效保障工程顺利落地和项目有序实施。这一过程的实施就需要激发市场活力，发挥市场资源配置的作用，利用市场主体的力量推动文旅产业创新发展，实现文化和旅游的持续、健康、高速发展。中传创扶、中传稻禾等扶贫项目的打造，就是在均衡相互间的关系中调动多方资源，努力实现可持续发展。

重庆、西安等一批短视频"网红"城市的兴起以及像稻城、茶卡等众多偏远小城镇的突围式发展，正是在政府和市场的双重努力下实现的。在移动互联网背景下，游客需求和营销方式不断变化，传统的政府和企业运作方式难以适应时下的发展。面对游客日益多样化、个性化、高端化的文旅消费需求，旅游地政府和企业应直面挑战，顺应市场的变化，转变政府职能并大力激发市场主导能力，进行科学化设置，制定符合受众需求的发展策略。在政府的引导和市场主导的双重作用下实现文旅的有机结合，吸引四面八方的游客前来"打卡"。

草原文旅发展也是如此，要探索政府和市场之间的协调与统一，使政府转变职能直接参与草原文旅项目的落地，从监管者转变为服务者和参与者；利用企业优势不断满足个性化和多样化的旅游需求。**在二者的关系转变中，让现有的文旅项目符合时代需求，深入开发草原文旅这片富矿。**

微评

★ 文化品牌形象是一个城市独特的文化资产和标签。依托区域特色文化资源、利用现代信息传播技术，以新的文化IP塑造"网红城市"为城市品牌塑造和形象出圈提供新的发展思路。

处理好文化传承和创新开发的关系

草原优秀传统文化是草原文旅的灵魂，草原文旅也是传统文化传承的重要形式。草原文旅发展是基于文化传承和开发的基础上进行的，是以当地文化资源为依托，通过深入挖掘草原民族文化特色，营造草原独有的文化旅游氛围。因而，在草原文旅发展过程中注重对传统文化传承保护的基础上，也要注重利用创意产业和数字技术进行创新性开发赋予传统文化新的活力与生机，以及在文化创意的助力下，营造出专属于本地区的草原文旅品牌。

如今活跃在我们消费市场上的绝大部分是"80后""90后"和"00后"，而最活跃就是"95后"的"Z世代"。然而，当前许多文旅产品设计并未迎合这类消费群体的文化偏好与需求，也并未能真正深入挖掘其背后的文化故事。由中国传媒大学团队设计的蒙小马表情包上线后获得广泛关注。该套表情包便是将科右前旗蒙古族文化、草原文化与网络流行语进行创意结合，既有地方特色又生动有趣，将地域文化故事通过年轻化方式表达出来。**旅游的开发要讲好故事，有了故事的融入，文化旅游才有生机与活力。**就像庐山被有些游客所喜爱就是因为一部《庐山恋》，日本的圣地巡礼就是对日本动漫中场景的再现，而兴安盟本地也有黑山羊、归流河和洮儿河等传说，都是文化旅游开发的重要传统文化资源。

处理好产业发展和生态保护的关系

草原文旅的发展离不开良好的草原生态，"绿水青山就是金山银山"，草原文旅的发展必须在良好生态保护的前提下进行，深入理解可持续发展的内涵和意义，协调产

微评

★ Z世代又称作网络世代，他们是互联网的原住民。在数字化和信息化时代的影响下，Z世代注重生活品质和消费体验，成为目前新消费、新经济、新文化的主要群体。

★ 习总书记在全国生态环境保护大会中，曾阐述生态文明建设的重要性。文化旅游发展与生态环境的建设应当相辅相成，生态文明建设是旅游发展的先决条件，优质的生态本身就是一种是宝贵的财富，优质良好的生态旅游产品与浓厚的草原文化相结合是产业发展的关键。

业发展与生态保护的关系。**在草原文旅开发过程中要根据当地生态环境和产业发展现状制定适合本地区发展的制度，健全草原生态环境管理制度，实现经济发展、环境保护和人文交流的相互统一。**

草原是重要的地理屏障，也是阻止沙漠蔓延的天然防线。然而，一方面草原生态系统十分脆弱，现在部分地区已经出现由于过度开发而造成旅游资源和文化资源的难以恢复；另一方面，由于目前草原文旅的形式受季节性影响较为明显，旅游季节的相对集中就导致人流量过大，草原生态的压力大，严重制约草原文旅的良性发展。

目前，许多国家都将生态保护和可持续化作为产业发展的首要前提，如澳大利亚、菲律宾、厄瓜多尔等国都制定了全国生态旅游发展战略，澳大利亚早在1994年就出台了《全国生态旅游战略》，成为世界上第一个制定和实施国家生态旅游战略的国家。除此之外，许多国家和地区还采用定量化方法对旅游业经济、环境影响进行分析，引入旅游生态效率概念成为旅游业可持续发展评价的工具，多种手段的有效使用，对我国文化旅游特别是草原文旅的优化提升具有重要的借鉴意义。**因此，在未来草原文旅的发展中更要在积极构建完整生态管理机制前提下适度开发，对标国际提升管理水平和管理能力。**

"换道超车"，探索草原文旅发展新路径

深入解放思想，树立创新意识

草原文旅作为独具特色的旅游项目正处于转型升级、跨越式发展的关键时期，首要任务是进一步解放思想，树立创新意识，谋划适合草原文旅融合发展的新路径。要突破思维上的进步，转变"一年只有三个月"的旅游观念，打造全域全时旅游的新观念。2022年北京和张家口的冬奥会吸引了全球观众的目光，总书记也多次对"冰雪经济"做出指示。应当转变思维方式，盘活冰雪旅游、康养旅游、农牧业体验游等资源，用创新的方法来进行表达。

★ 文旅模式的创新和发展，需要有明确战略意识，充分利用政产学研各方力量，打破思维禁锢。正确审视当地的文化旅游融合发展的现状，梳理和把脉现有文化资源，实现资源配置最大的效益。

★ 仅有文化旅游资源并不等于文旅产业，打通文旅产业各要素之间的通路，整合各类资源，构建文旅产业的全产业链条尤为必要。应将文创产品的设计开发、展览展示、营销传播等环节融入文旅产业发展的产业链当中。

首先，要突破思维禁锢，以差异化的开发理念，跳出传统草原文旅模式，避免同质化，打造以草原休闲度假、马文化体验、冰雪旅游、康养旅游、农牧业体验游等业态为基础的创新旅游产品。**其次，盘活老资源，创造新办法。** 充分利用草原环境优势，以复合模式开发文旅产业，打造草原文旅全产业链，并围绕功能分区构建旅游综合体，进行旅游要素的优化配置和完善提升。**最后，要树立国际化视野。** 美国、澳大利亚、新西兰都是世界草原文旅开发的典范，我国草原文旅虽有一定发展基础，但整体结构和功能还不够完善，管理机制有待创新，在发展过程中应积极借鉴国外发展经验并与中国文化相结合，提升中国草原文旅品牌影响力和知名度。

比如，在文创产品开发方面，就要加大创新深入思考，现有的旅游纪念品还局限于传统形式和样式，文旅产业的全产业链开发不足。尽管当地有优质的大米和牛羊肉，有多样的非物质文化遗产，有精美的民族服饰，那么如何将这些不便于携带和不能携带的特色转化成产品带走，成为需要研究的内容。

推动产业融合，培育新业态

产业融合不是两个或者几个产业的简单叠加，文旅融合也不只是单纯地将文化元素融入旅游产业发展，更不是站在某一产业的立场将另一个产业消融解构。**产业融合的本质是一种方法，一种思维，是理念和内涵上的深度融合。**

来到科右前旗后，听说一句话，"一袋米两头牛，红红火火搞旅游"。这句话非常朴实，但离开兴安盟和科右前旗时，谁能牵走一头牛，扛走两袋米呢？因此当地更需要可以邮寄的、便携式的旅游产品。许多新业态可以给我们新的启发，比如说，荷兰的木鞋并不是可以穿的鞋，日本的许多纸灯也不是家庭一定要用作照明的灯。看到本地的非遗、民族特色产品的展示后，如何将这些产品设计成便携式的、有区域特色的、科技智能的产品，亟须进一步思考。

草原文旅是包容性和融合性极强的产业，在发展中应积极与其他产业相融合打造新业态，为草原文旅赋能。其中马文化产业蕴藏着极大的潜力。马产业和马文化旅游产业20世纪以来由欧美国家主导，中亚地区国家、俄罗斯、蒙古国等国家参与建设，已经成为世界现代服务业的支柱性产业之一，有"无烟工业"的称号。中国和中亚五国、俄罗斯、蒙古国等国家都是马产业和马文化旅游产业的代表性国家，具备良好的发展基础和发展条件，草原文化旅游的发展应紧紧抓住马文化旅游产业的国际化发展趋势，借助区位优势与周边国家形成良性互动，将马文化旅游产业与草原文旅发展相融合，助力二者繁荣共生。

此外，随着以5G为代表的一批数字技术的兴起以及新基建的快速发展，大数据、人工智能等技术将进入草原文旅的发展历程，在解决信息不对称、诚信体系建设、供需错位等方面提供新的解决方案。**由此，推动产业间相互融合，将为草原文旅的发展打开新的大门。**

培育优势产业，打造草原品牌

草原地区不仅仅是我国绿色生态的保障，更是草原人民赖以生存的来源和宝藏。中国是世界上草原资源最丰富的国家之一，生活在草原的人民更是要保护好、开发好、利用好这得天独厚的优势，培育并发展出草原优势产业。

微评

★ 近年来人们对非物质文化遗产内在价值的认识不断深化，非遗作为重要的文化遗产资源，蕴含着一个民族或者地区的思维方式、想象和创造力。非遗的保护与开发是文化旅游的支撑，推动非遗与现代生活方式和文旅旅游休闲相结合对于文化的传承和传播具有重要的意义。

当今，我国已经驶入互联网快车道，利用好数字经济和新媒体优势，打造一系列特色的文化品牌，才更能在未来发挥生生不息的草原力量。由绿色大草原托起的草原品牌，其巨大价值绝不局限于内蒙古、新疆、西藏等地区，而是全国乃至世界市场上的亮丽风景线。

积极引进人才，开拓发展思路

目前，中国人口红利已进入一个新阶段，未来人力资本升级是更为重要的任务。未来一段时间，依靠人才支撑的草原文旅的发展还要在产业结构性调整、数字化变革以及创新创意概念融入等方面作出更大的变革，**因此就需要懂规划、懂设计、懂运营、懂新技术的复合型人才不断加入。**

只要有吸引人才的梧桐树，其他大学的科研机构策划单位都会到这里来。吸引人才、留住人才、善用人才才能实现资源优化配置发挥人力资本价值。未来的城市建设少不了人才，草原文旅的发展更离不开优秀人才深深扎根于此，开拓出与众不同的"草原天路"。

五一黄金周临近，景区如何"十个指头弹钢琴"？

赵航

自疫情暴发以来，旅游业受到了重创。当复工复产开始有序恢复，旅游市场的复苏也迅速被提上日程，但当"两万人扎堆"的场景摆在面前，我们需要反思当下疫情防控与景区恢复开放的问题。在即将到来的五一黄金周，景区如何做到"十个指头弹钢琴"呢？

2020年4月5日一早，黄山风景区管委会官方微博就发布停止接待游客的公告，称景区进山人数已达游客流量上限两万人，并建议游客选择其他旅游线路或改日进山。随即"黄山景区现场拥挤不堪"的话题登上热搜。

黄山风景区的人满为患，只是清明小长假期间国内旅游市场恢复开放的一个缩影，国内诸多著名景点同样迎来大批游客。在景区游客速增的现象背后，需要我们反思当下疫情防控与景区恢复开放如何做到"双赢"。

微评

★ 安徽省文化和旅游厅明确，安徽境内的4A级及以上旅游景区在法定节假日要全部落实预约游览，实现"应约尽约"，在常态化疫情防控中确保安全有序开放。

景区爆满内因何在？

免费模式助推"报复性旅游"

随着旅游业逐渐复苏回暖，为提振疫后旅游市场，诸多省市景区都推出了免费旅游的刺激措施，希望以此促进游客对旅游产业的消费，弥补受疫情冲击带来的影响。如鸡西市域内国家A级旅游景区面向全国游客限时免费开放；南京48家旅游景点限时免费开放等。黄山市则针对安徽全省市民推出为期两周的"江淮大地串门游"活动，且已有31家开放景区积极响应。再加上目前全国高速免收车辆通行费，**一系列政策措施既为旅游业复工营造了良好的氛围，也直接助推了游客出行意愿的高涨。**

民众出行意愿增强

随着众多省份下调突发公共卫生事件应急响应级别，人们的生产生活逐步恢复正常，部分群众开始将出游纳入计划。 尤其在长达两个月的居家生活过后，压抑已久的出行欲望亟待释放，清明小假期恰逢其时。2020年4月3日携程发布的《2020清明小长假复苏报告》显示，在其平台预订4月周边游产品的人数是3月的3倍之多，同时与旅游相配套的各项业务预订量也比三月增长不少。民众出行意愿的增强在为旅游业复苏增添动力的同时，也给热门景区带来了压力。

景区预案工作不足

多地免费游政策的出台，本想以此刺激民众的旅游消费热情，但是种种乱象背后暴露出的是景区预案工作的不足。 对于热门景点来说，"免费旅游＋现场购票"所带来的游客排队"抢票"现象不难预估，但一些景区并未采用网上预约门票的方式以控制人数，而是在游客数达上限时才发布停止接待游客公告，使得景区外部大量散客聚集且无奈临时调整旅游线路，甚至白跑一趟。除此之外，部分景区出现的如入场不测体温、游客拥挤排队、不见引导人员等现象也反映景区在特殊时期的应急预案与管控举措上仍需进一步提升。

疫情防控、旅游安全"两手都要硬"

随着文旅业复工复产的逐步推进，旅游安全再度进入公众的关注视野。**在疫情之下，旅游安全有着双重内涵，不仅要抓好旅游安全，更要重视疫情防控安全。**若景区开放操之过急，随之而来的"人从众"现象会带来双重旅游安全风险。

疫情防控安全

2020年4月8日零时起，武汉解除离汉离鄂通道管控，这标志着我国疫情防控形势取得阶段性重要成果。但国内**疫情形势向好的同时并不代表疫情已经结束，面对纷繁复杂的国际疫情形势，"外防输入，内防反弹"仍是当下的战疫之重。**然而，景区出现的"人挤人"现象表明游客限流未落到实处，也未保证游客之间的安全距离。平常时期，面对这样的景象我们或许会调侃一句"看景还是看人"，但在疫情防控还未完全解除之时，若此时人群中出现一位无症状感染者，后果将不堪设想。

中国工程院院士钟南山通过世界卫生组织向社会提醒：**不管是居家、在公司或者是公共场所，保持一定的距**

微评

★ 游景区要继续贯彻落实"限量、预约、错峰"要求，接待游客量由不得超过最大承载量的30%调至50%。在严格落实各项防控措施的前提下，采取预约、限流等方式，开放旅游景区室内场所。

离非常重要。此外，在网络流传的游客排队登山照片中，部分游客已不配戴口罩，大众防范意识的降低也为"内防反弹"带来巨大压力，给景区的疫情防控安全埋下了巨大隐患。

旅游安全

旅游安全是旅游业的生命线。景区若出现旅游安全事故，不仅影响正常游览活动，更会给景区名誉及经济层面带来不小损失。中国旅游研究院发布的《2019年旅游市场基本情况》显示，2019年国内旅游人数高达60.06亿人次。在旅游经济继续保持较快增长的背景下，游客数量的攀升一直让各大热门景区既喜又忧，旅游安全事故的教训如今仍需重申。

景区游客流量控制能力和现场管理、预警机制是避免此类事件发生的关键所在，全国各景区及管理部门要对游客爆满的现象引起高度重视，勿再度让管理方的预防准备不足、现场管理不力、应对处置不当成为旅游安全事件的主因。

善用"十个指头弹钢琴"

毛泽东同志在《党委会的工作方法》中提到，要产生好的音乐，十个指头的动作要有节奏，要互相配合。学会"弹钢琴"就要十个指头动作相互配合，不能只关注一部分问题而忽视了其他方面，凡是有问题的地方都要点一下。"十个指头弹钢琴"既是手段，能够推进疫情期间景区开放的有序化；又是目标，可以奏出疫情防控和旅游业复苏的和谐音符。

微评

★ 疫情期间，全国多家景区联合高德地图，推出"云导游"服务，游客可通过景区随身听在线获取语音讲解，通过个人手机、耳机收听，来场安全、无接触的文化之旅。

景区管理要学会"十指弹琴"

景区游客爆满现象发生后，伴随着优化交通调配、强化疫情防控和客流疏导等应急措施的启动，景区游览秩序迅速得到改观。由此可见，景区本有能力做好旅游业有序恢复工作，只不过变被动为主动。"十个指头弹钢琴"要求景区管理部门要善于谋划、面面俱到。

应急预案的准备和管理工作的有序是景区面对突发状况时能够"临危不惧"的法宝。在疫情尚未完全结束的特殊时期，只要景区敞开大门迎客，景区管理各项工作就必须落到实处，确保游客能够进得去、走得畅、退得顺。

除此之外，**免费政策下的游客爆满预防措施也是景区应重点思考的问题**。早在2015年4月1日开始实行的《景区最大承载量核定导则》就已明确要求，未来各地景区要逐步推广门票预约预售，且要求景区通过公共媒体、景区渠道和平台等及时公布景区旅游者流量。对于5A级景区来说，门票预约与实时流量预警机制能有效避免景区爆满和游客跑冤枉路的现象发生。

文旅部门的统筹兼顾

习近平总书记强调，"统筹兼顾、综合平衡，突出重点、带动全局"。各地文旅部门在制定文旅优惠政策时也应如此。协调各方，处理好局部与全局的关系，解决好重点与非重点的关系，不断完善顶层设计，监督引导景区有序开放和旅游安全检查工作。**不谋全局者，不足谋一域。**地方开展的"一刀切"式免费游是否考虑了各个等级的旅游景区全部免费带来的游客流向不均问题，是否对不同景区的政策应对方案有过听取与指导？**文旅部门政策制定的周密性与计划性要重点考量。**

游客的理性与守规

在景区与政府承担相应责任的同时，游客的行为对挤爆景区同样起着推波助澜的作用。"黄山现象"背后，是众多游客凌晨便出发排队的结果。游览欲望面前，游客仍要冷静对待，提高自我防护意识，避开人流与高聚集性景区是最佳的出游选择。此外，景区部分游客插队、翻栏杆、不戴口罩等行为使景区管理压力增加。在任何时候，践行文明旅游与遵守景区管理制度是每一名游客的分内之事。

微评

★ 各地要坚持把疫情防控摆在首位，统筹做好旅游安全等各项工作。要按照"谁组织，谁管理，谁负责"的原则，进一步压实旅游企业主体责任，指导旅游企业制定应急预案，明确疫情防控和安全突发事件应急措施和处置流程。

疫情下的"黄金周"又将如何

假日经济是带动地方消费升级的重要力量。**随着国内疫情的向好和各地鼓励消费措施的实行，景区又将迎来新的旅游高峰，对诸多景点而言又将面临景区管理工作的大考；文旅部门也要提早谋划，分区分点做好多预案的应对准备。**

2020年4月13日，文化和旅游部、国家卫生健康委联合印发《关于做好旅游景区疫情防控和安全有序开放工作的通知》，再度为严格规范疫情下的旅游景区管理，确保景区安全有序开放作出要求。在之后的黄金周里，新要求能否被有效落实，各地能否做到"十个指头弹钢琴"还需持续关注。

结语

★ 用好"新基建"等项目稳定旅游就业，引导旅游企业理性投资，加大研发创新力度。抓好疫情防控与市场监管，营造安全品质的消费环境。

相关部门发布旅游优惠政策本初心向好，渴望文旅业尽快走出阵痛期；游客在居家隔离近两个月后有旅游的想法也完全合情合理，但景区爆满现象却成了大问题。**问题的根结在于计划、行动没有"一盘棋"思维，政策与措施的相互配套、相互耦合是"十个指头弹钢琴"的重要方法论。政府、景区与个人要共同形成景区安全有序开放的"合力"，只有这样才能真正实现防疫旅游两不误。**

　　"千钧将一羽，轻重在平衡"。复工复产的节奏之下，各行各业既要重发展，又要重防控，既要重举措创新，又要重协调联动。"黄山现象"不仅倒逼景区进行变革与思考，更是为全国各景区恢复开放及疫情防控敲了一记"警钟"。文旅部门及景区管理处要引以为戒，将限流、分流等错峰工作落到实处，莫让"爆满现象"再次牵动国人的心。

在路上or宅家里，这个五一你出游了吗?

万晨阳　王硕祎

2020年，在我国疫情防控进入常态化新阶段后，我们迎来了十年来最长的"五一"假期，人民群众居家防疫期间被抑制的文化和旅游消费欲望得到了释放。在这个格外特殊的"五一黄金周"，各地各级政府积极出台政策措施，在巩固好疫情防控成果的基础上助推文旅行业复苏。

首日收入近百亿元，文旅市场终"入春"

突如其来的新冠肺炎疫情让旅游产业进入"大萧条"时期，出游人数出现断崖式下降，全国的旅行社和线上旅游应用出现大范围的"退订潮"。携程公布数据显示，仅在春节期间因疫情产生的退票业务就达到数百万单，相较日常增长近10倍。出于安全考虑以及各地景区纷纷关闭的实际情况，绝大多数游客取消了出行计划。

但是，消费者仍然抱有较强的出游热情和消费需求，旅游市场消费潜力仍旧巨大。根据2020年4月28日中国社会科学院旅游研究中心发布的《新冠肺炎疫情下的旅游需求趋势调研报告》，72.4%的人群在2020年仍有旅游计划，周边游最受消费者青睐，而后是省内游和省外游，境外游相对靠后。消费者普遍认为国内比国外更安全，且短期内不会考虑出境游。4月29日，北京市宣布第二天起公共卫生应急级别由一级降至二级，国内低风险地区进京、返京人员，不再要求居家隔离观察14天。根据去哪儿网数据显示，在该政策发布的半小时内，北京出发的机票较上一时段暴涨15倍，度假、酒店等其他旅游产品的搜索量也上涨3倍之多。

随着我国整体疫情防控形势的持续向好，各地在做好安全保障工作的基础上推出一系列积极的政策，鼓励消费者走出家门。在春暖花开的"五一"假期，各地旅游企业相继复工、景区纷纷开门营业。

但由于疫情带来的影响，群众的文旅消费信心仍处于重塑之中。**"五一"期间，省内近郊游、城市周边游、乡村生态游、短线自驾游成为旅游热点。**上海、江苏、浙江等地旅行社企业加大产品开发力度，深入挖掘当地历史文化和旅游资源，推出"本地人游本地"等旅游产品。

文化和旅游部统计数据显示，2020年5月1—5日，全国累计接待国内游客1.15亿人次，累计实现国内旅游收入475.6亿元，仅占2019年"五一"同期收入的40%。**一方面，我国文化和旅游产业展现出较强的发展韧性与较大的复苏潜力。另一方面，仍有较大一部分消费处于"冻结"状态。在下一阶段疫情防控常态化的基础上，文旅市场距离真正"回暖"还有很长一段距离。**

提升管理水平，实现文旅市场安全有序复苏

总书记在2020年4月29日召开的中央政治局常委会上指出，"五一"期间要做好交通工具场站消毒通风等工作，加强景区疫情防控。2020年的"五一"是我国进入常态化

微评

★ 清华、北大联合对995家中小企业调研结果显示：受疫情影响，29.58%的企业2020年营业收入下降幅度超过50%，58.05%的企业下降20%以上；85.01%的企业维持不了3个月。

疫情防控阶段后的第一个旅游长假，如何让文旅消费安全、安心、安逸成为各级政府的重要工作。虽然居民出游意愿比较强烈，但景区多采取限流措施。"五一"期间，全国近70%的旅游景区已重新开放，同时严格落实旅游景区游客流量不超过最大承载量30%的要求。具体而言，各地主要通过错峰开放、限量开放、预约开放、有序开放等措施，确保景区安全平稳运行。**一是通过预约制度加强景区对客流量的总体把控，二是制定灵活的流量管控措施，三是优化景区疏导分流工作，四是提升安全防护水平。**

其中，**智慧旅游已经成为疫情防控常态化时期保障文旅市场平稳安全有序复苏的重要服务和治理手段。**各地充分利用数字技术和平台的服务优势，加强旅游业智能化、精准化、精细化管理，不断提升旅游业治理能力和水平。例如，云南省昆明市"七彩云南·古滇名城旅游度假区"运用大数据和云技术，超过载客量系统即自动停止售票。广西通过"广西文化和旅游厅"公众号、"广西游直通车"微信小程序实时发布景区流量和出行提示，并为游客办理网上预约购票。通过景区信息监控平台，实时查看全区各主要旅游景区的游客动态，当游客量达到最大承载量的20%时实行第一次预警，达到26%时第二次预警，达到30%时，停止售票和游客入园（区）。

"五一"假期既是对各地做好疫情常态化防控工作的一次考验，也是文旅市场主体优化服务水平、提高服务质量的重要契机。从文化旅游企业来看，各地旅游景区、旅行社、在线旅游企业及产业链上下游企业大力强化安全服务意识，做好安全检查与质量评估，优化反馈机制，整合旅游线路资源，实现了旅游产品的更新和升级。交通运输行业主体要加强安全教育培训，优化防护水平，降低由于

微评

★ 随着疫情防控逐步好转，消费者旅游需求逐步释放，商家前期积累的私域运营效能也将加速放大，积极拥抱数字化的商家将最先尝到甜头。

人员集中带来的风险。餐饮、住宿等行业经营主体既要加强对常规安全流程的检查，也要针对疫情加强应急演练，提高应急处置能力。

多措并举，推动文旅市场高质量稳步回升

强化安全发展意识，使人民群众文旅消费安心、放心

2020年的"五一"小长假是处于"寒冬"时期旅游行业的一次"回血"机会。旅游业抓住此次机会实现安全复苏，并通过应急体系的建立努力实现高质量回升。**首先，要为游客的健康出行做好保障。**随着疫情的逐步好转，各地景区应在做好疫情防控工作的基础上有序复工，如做好体温检测工作，在易出现人员密集的景区入口、核心景点、餐厅等场所做好疏散工作等。

其次，要扩大旅游产品供给。一些景区的场所比较狭小或封闭，存在疫情传播的较大风险。如何灵活制订方案，扩大旅游产品的有效供给，已经成为安全迎客前的首要问题。相关数据显示，假期选择郊游、野餐的人群较往年有明显增加，因此一些景区规划面积大、建设用地宽裕、旅游景观独特、生态环境优良、位于旅游城镇郊区或地处旅游环线上的传统景区，可以增加户外文化活动，开辟室外娱乐场所，在保证游客安全的前提下丰富文旅产品形式。

最后，要提升接待能力，做好应急预案。景区的接待能力一直是考察服务质量的关键，疫情期间，良好、灵活的接待能力成为考察景区能否复工的核心要素。此次假期，各地景区通过采取提前预约购票等措施合理控制接待人数，但许多景区仍存在明显的人员聚集现象，在疏散游

微评

★ 中国旅游研究院院长戴斌表示："数字化正与资本、知识、创新等要素一起，激活传统文化和旅游资源，叠加催化产业新动能。"

客、车辆接驳、餐饮住宿等方面都暴露出明显缺点，应急预案还不够完善，在实施过程中存在漏洞。下一阶段，应不断提升景区服务和接待能力，抓紧完善应急预案以保证游客健康出行。

借势促进消费有关政策，逐步释放文旅消费活力

在疫情防控逐渐转好时，各省区市已经通过向市民发放文旅消费券、推出文旅消费节等多种措施提振文旅消费市场。此前，南京市已率先宣布向市民和困难群体发放总额度达3.18亿元的消费券，主要包括餐饮消费券、图书消费券、乡村旅游消费券、困难群众消费券等7大类，对疫情过后消费者重拾消费信心起到很大作用，有效助力当地企业度过"寒冬"。五一期间，多地也采取了类似措施促进文旅产业复苏。如烟台发放了3000万元"全民欢购"惠民消费券，并在5月1日启动第四届烟台文化和旅游惠民消费季，通过政策叠加效应让更多市民游客享受实惠，有效推动了烟台文化旅游及相关产业的恢复。**在扩内需、促消费这场"持久战"中，未来需要在科学研判的基础上多渠道、多举措持续刺激消费市场，更好发挥政策资金效用。**

丰富线上文化旅游供给，激活文旅消费活力

疫情防控期间，线上消费成为文旅消费的重要形式，文旅企业也为民众提供了丰富多样的文化大餐。依托新技术新平台的线上消费正展现出强劲的发展动能，激活消费市场、提振消费信心的效果已经逐步显现。在线下文旅市场逐步恢复的同时，线上产品及消费模式的打造仍不可忽视，需整合数字文旅资源和产品，主动利用数字技术开发全新的线上文旅产品。要进一步挖掘并释放数字技术在供

微评

★ 旅游景区要建立完善预约制度，通过即时通信工具、手机客户端、景区官网、电话预约等多种渠道，推行分时段游览预约，引导游客间隔入园、错峰旅游。严格限制现场领票、购票游客数量。

给和消费等环节的服务潜力，巩固并助力新业态新模式保持逆势上扬的良好发展态势。

首先，加快各地、各景区数字平台建设，利用数字媒介大力推广景区特色旅游产品，同时将各地景区进行资源与传播渠道整合，加大推广力度。其次，利用VR、AR等技术打造一批吸引力足、观赏性高的优质文旅产品。如利用新型数字科技创新舞台演绎的模式及效果，利用新技术激活"老"资源，让博物馆、科技馆、图书馆等现有资源焕发全新光芒。此外，线上文旅消费的发展也存在很大潜力，足不出户就能欣赏各地美景、看遍天下展览已经为许多消费者描绘了全新的未来消费愿景。**因此，在对线下文旅产品升级的同时也要关注线上产品的精耕细作，抓住疫情期间暴露出来的固有缺陷，充分对接消费者偏好，有针对性地开发线上文旅消费场景。利用数字化技术多管齐下，推动文旅产业高质量健康发展。**

海南频繁出镜亮相，自贸区建设下的影视旅游之路如何走？

董辛欣

微评

★ 近年来，影视作品的热映或带火了一批新兴的旅游景区，或令一些洗尽铅华的历史景点焕发时代的新光彩……影视旅游成为一种趋势和潮流，通过电影、电视剧、综艺节目等影视作品的上映，以此聚集而来的"粉丝"蜂拥至影片的拍摄地或者片中经典桥段的发生地，除了延续影视情缘，还带动了影视旅游目的地的又一场狂欢。

随着海南自由贸易港总体建设方案的公布，海南省对自由贸易落地实践的探索也按下了加速键。就影视产业而言，凭借着得天独厚的自然风光，海南向来有着"天然影棚"的美誉，再加上旅游这一传统产业支柱，海南在探索"影视+旅游"的市场化方面闯出了一条颇具特色的道路。

天然影棚影视旅游胜地

影视旅游，又称电影引发的旅游（Film-induced Tourism），是指与影视拍摄相关的各种事物为吸引物的旅游活动。就起源而言，1963年在美国好莱坞落成的环球影城被视为影视旅游的开端。作为一种新型的旅游资源模式，影视旅游具有更为浓厚的文化色彩，并以其无可比拟的体验感与参与感成为当下休闲产业中的一种重要业态。影视旅游可以延展影视作品的话题热度与影响力，进一步孵化与增值剧集的IP，同时在景点门票、实景演出、衍生品开发与销售、酒店餐饮等多维赛道上实现影视文娱与旅游产业的叠加效应。

阳光沙滩、椰林海岸，作为我国的岛屿省份，海南省凭借天然的地理优势吸引了众多影视剧组的青睐。五指山区与椰林寨的壮美风光将观众带回激情的革命岁月，而三亚酒店群吸引着许多年轻游客体验休闲与浪漫。近年来海南影视产业也逐渐跳脱电影的限制，在网络电影、综艺节目等领域持续发力，来到海南取景的知名节目有《极限挑战》《奔跑吧兄弟》等。疫情当前，受到交通等诸多不确定性因素的影响，海南更成为许多热播剧集或综艺节目的理想取景地。在《妻子的浪漫旅行》《青春环游记》等节目中，好客的黎族同胞与嘉宾们一同游戏，南岛风光与民族风情给观众留下了深刻的印象。

在一波波影视剧集的带动下，海南代表性景点的曝光率持续加大。正如《海角七号》《隐秘的角落》等影视作品的热映使我国台湾地区的恒春古城、广东省的湛江老街知名度迅速提高一样，海南省风光民俗与人文景观的知名度也在持续增加，既包括海口的骑楼老街、文昌的宋氏祖居、兴隆的咖啡文化以及苗族、黎族等少数民族的文化，也有尖峰岭国家森林公园、陵水清水湾、亚龙湾森林公园鸟巢度假村以及五星级酒店群等出行胜地。这些颇具地域色彩的代表元素都吸引着影视剧观众转化为潜在游客与消费者，去亲身感受和体验海南省独特的影视旅游文化。

政策助力打造海南影视IP

如果说天然的自然地理风光给大众带来了丰富的审美

微评

★ 海南省作为中国旅游大省，旅游消费指数与日俱增，影视旅游正在以一种特殊的文化和经济形态呈现出来，不同于以往以食、住、游、行、购、娱为主要内容的旅游产业，"文化旅游+影视"产业集自然与人文为一体，以创建休闲娱乐方式与深度观赏体验为消费内容，通过影视传播扩大影响力，激发人们的旅游动机。

微评

★ 海口观澜湖华谊冯小刚电影公社，是全球第一个以著名导演命名，集实景旅游、实体商业、影视拍摄三位于一体的大型电影主题景区，该主题公园呈献出了20世纪百年间中国城市街区的光景变迁。

★ 人才是发展的核心基础，是推动海南不断发展的关键。"十四五"开局之年，海南推出百万人才计划，全面开放落户限制，为引进人才、培育人才打开了通道。相信在不久的将来，海南将有望成为众多人才发展的集聚地。

体验，近年来海南省在影视制作产业、展演节庆、主题公园等赛道的多维发力则带来了"影视+旅游+文化创意产业"的全面提升，强化了海南省时尚、前沿的度假与娱乐休闲天堂的印象。

区别于环球影城、迪士尼、乐高等主题公园品牌，2014年正式开园的**海口观澜湖华谊冯小刚电影公社**是国内影视市场孵化的特色影视主题公园之一，《芳华》等影片皆拍摄于此。游客还可以在园内观看冯小刚导演的贺岁片集锦，并在形式多样的互动环节中，体验本土影视作品与题材的独特魅力。

除影视主题公园之外，2018年，借助海南省建省办经济特区30周年的契机，海南国际电影节正式创办，成为国家与地方合办的大型文化节庆活动。已经举办的两届电影节吸引了众多国内外知名影星与制作人到场，所颁发的最高奖项金椰奖包含剧情长片、纪录长片及剧情短片三个类别，并在主竞赛环节设置独立奖项目，旨在鼓励全球优秀电影创意人才。

而除了评奖环节，电影节还包含影展、竞赛、论坛多个板块，力图实现"**全年展映、全岛放映、全民观影、全产业链**"的创办目标。在这种大型节庆活动的带动之下，当地影视剧集制作热情得到了激发，也进一步带动了岛内影视产业软硬件的发展。例如，三亚逐渐推进的"1+X"红树林影城升级建设工程，扩建影厅的总面积达1.1万余平方米；颇具岛屿特色的"沙滩电影院"也正在实现常态化、全天候的展映，为游客营造"观影+观景"的沉浸式体验。

影视产业蓬勃发展的同时，海南省也在思考如何留住影视人才，增进人才交流，省内外影视人才教育储备工作

的重要性逐渐凸显。海南电影学院设戏剧与影视、表演与艺术、动画、电影音乐四个学院，力图打造海南影视产业高质量长远发展的人才蓄水池。

为进一步优化政策环境，国家层面战略决策的推进也给海南影视文旅行业带来诸多红利。从2010年全面发展海南国际旅游岛到自由贸易区配套政策的逐步完善，海南正在积极探索"旅游+"的诸多发展模式，可以考虑在电影审批环节、跨境融资、税收优惠与知识产权保护等方面进行积极探索，在诸多赛道发力的基础上，进一步提升其影视文旅产业运作的国际化水平与影响力。

同时，海南全省正积极出台促进影视与旅游行业发展的文件，力图加强政策引导与资源整合。如海南省已出台《关于鼓励和支持海南省影院影厅建设改造的扶持政策》，市级层面也分别颁布《海口市促进影视产业发展若干规定》《三亚市文化产业发展专项资金管理暂行办法》等政策，在影视拍摄费用补贴、贷款优惠等方面作出了明确规定，如海口市对于本市举办的大型影展、影视论坛、影视赛事等活动，给予场地租金、布展费、宣传费等补助；对于本市落户的影视企业，最高一次性奖励400万元，以期加大影视制作公司的吸引力度并扶持本地影视企业快速成长。

差异策略促进产业升级

不可否认，海南省在影视文旅的探索道路上已取得显著成绩，也存在一些阶段性不足。面对资本与人才密集型的影视产业，海南省整体经济发展水平仍有一定制约。在电影产业园区配套方面，尽管海口电影公社、儋州影视基

微评

★ 在庆祝海南建省办经济特区30周年大会上，习近平主席曾指出要把海南建设成为国际旅游岛。一系列的新政策与新举措无疑将为海南国际旅游岛的建设注入全新的活力。

地等已初具规模，却暂未形成像浙江横店、上海影视乐园一样的全产业链模式。道具种类的运输成本与丰富程度，群众演员数量与专业素养等对于剧组引入数量产生了限制，更多元的相关配套服务需要进一步增强。同时，影视旅游也容易遇到观众注意力与话题热度衰退，游览黏性下降以及自然环境破坏、规划建设与接待能力不足等情况。

在这种背景下，海南应采取差异化的影视文旅产业发展路径，并积极吸收与借鉴有利经验。同样是电影热门取景地的新西兰，因拍摄、制作《阿凡达》《指环王》系列影片而声名鹊起。这离不开岛上特殊的喀斯特地貌与海洋风光的自然条件，也是当地政府大力的资金、政策支持而吸引的国际顶尖影视人才积聚的结果。

同时，区别于国内经济发达地区如无锡、横店等影视基地与展演活动，山西平遥、青海西宁等地的电影评选（青年展演为主）与节庆活动也具有良好的借鉴意义，已发展为该地独特的经济与文化名片。例如，获得西宁**FIRST**影展入围作品《南游记记》，恰好就是一部讲述海南女孩儿拍摄原创电影作品的纪录片，并以其独特的叙事与剪辑风格，在第13届影展上崭露头角。

由此，海南省可适当强化其地理特色与文化优势，采取差异化与本土化的竞争策略，努力挖掘民族与区域特色，并整合既有的创意产业、酒店住宿、零售旅游、休闲娱乐等行业优势，强化现有影视IP的传播，着力打通区域与行业的壁垒。例如，针对不同受众与游客群体做好市场细分与规划，针对年长的游客，开发完善红色经典旅游线路（红色娘子军纪念园，重温经典片断）与保健疗养服务；对于年轻观众则着重开发注重户外拓展、私人定制的婚庆套餐等服务。

微评

★ FIRST青年电影展（FIRST International Film Film Festival），是国内一个专注发掘、推广青年电影人及其作品的电影节形态服务平台，举办城市在青海省西宁市。作为电影艺术与行业的交流平台，FIRST通过筛选、鼓励每年度呈现的优质电影作品，复归电影精神，凿刻当代电影史的记忆。

　　总体而言，借助国家推进海南国际旅游岛建设到全面建设自由贸易岛的政策优势与良好基础，作为"一带一路"海上丝绸之路桥头堡的海南省正在改变文化产业"小、散、弱"的现状，实现包括影视文旅在内的文化产业的跨越式发展。

纵览影视热点，探索行业底层逻辑

影视行业在经历寒冬之后进入调整阵痛期，影视作品对质量的要求不断提升。2019年正值中华人民共和国成立70周年，主旋律献礼影视剧占据电视荧屏绝对优势，不少影视剧获得收视和口碑的双丰收。以5G新技术带来的视频化浪潮正在引爆视频产业，"视频+"正成为产业创新的底层逻辑。

"史上最强"国庆档：从主旋律电影到"新主流电影"的一次探索

邢拓　谭腾飞

在"新中国成立70周年"特殊历史节点的影响下，《我和我的祖国》《中国机长》《攀登者》三部主旋律献礼片引发全民观影热潮，"史上最强"国庆档呼之欲出。复盘2019年国庆档电影市场，三部献礼片如何在打造"新主流电影"和拥抱商业化市场中找到引发全民情感共振的突破口？主旋律电影迎来新蓝海，未来又该如何创作？

从2019年国庆档电影市场说起

相较于贺岁档和暑期档，每年的国庆档虽然时间较为短暂，但因位处下半年，其票房收入在很大程度上影响着背后出品发行公司的全年业绩，乃至于当年的全年电影市场表现。2019年国庆适逢中华人民共和国成立70周年，国庆档表现又如何呢？

整体来看，2019年国庆档上映影片的数量虽不及往年，但票房成绩却实现了显著增长。在中华人民共和国成立70周年这一伟大历史节点上，举国欢庆的热烈氛围让大众的"档期性消费欲望"得到了集中释放，电影消

费也随之水涨船高，这不仅创造了"最佳战绩"，更一扫
2019年上半年中国电影市场持续衰退的疲软无力。

较高的排片率无疑将让国庆档余温继续蔓延，国庆节
假期结束后，《我和我的祖国》《中国机长》等影片票房
的上涨趋势仍然十分明显。但这之中仍然存在着微妙的变
化，《中国机长》在连续四天票房收入屈居次席的情况下
逆风翻盘，勇夺国庆档后三日单日票房收入冠军。可以看
出，一方面，"自来水"正在引导着新的市场走势，另一
方面或也说明随着国庆假期的结束，观众择影观影的热情
正在逐渐回归理性。

从以往国庆档的情况来看，喜剧、动作、科幻片往往
更容易获得市场的青睐，如2015年的《夏洛特烦恼》《人
在囧途之港囧》，2017年的《羞羞的铁拳》。一般而言，
国庆档期的"合家欢"属性更为明显，而2019年《我和我
的祖国》《中国机长》《攀登者》三部主旋律影片在档期
内压倒性的胜利，既归功于国庆档特殊的"献礼"属性，
又不能忽视主旋律电影本身的市场潜力与艺术魅力。

从传统主旋律电影到"新主流电影"

主旋律电影，指的是服务于国家意识形态的电影，它
传达的是这个时代占据主流或者主导地位的文化价值观。
每个国家都有属于自己的主旋律电影，在本文中主旋律电
影特指"中国式主旋律电影"。

自20世纪末至21世纪初，出现了《大阅兵》《开国大
典》《大决战》系列、《红河谷》等一系列不同题材风格
的主旋律影片，市场反响热烈。但是，在相当长的时间
里，主旋律电影都将政治思想的表达作为首要任务，而忽

微评

★ 在票房取得新
高的同时，《我和
我的祖国》《中国
机长》《攀登者》
等主旋律大片收获
好评如潮，激发了
观众的爱国热情，
奏响了爱国主义主
旋律。

★ "自来水"这
个概念来自于《战
狼2》，因为电影
的爱国情怀爆棚，
很多网友自发为电影
做起了宣传，口口
相传之下成就了电
影的高票房奇迹。

视了商业市场的诉求，该类影片中"高大全"的人物形象、说教式的情节内容、庄重严肃的艺术风格往往难以讨得市场喜欢。

21世纪的头十年，随着中国电影产业化改革的逐步深入，电影银幕、观影人次迎来爆发期，喜剧、动作、青春偶像题材的影片成了商业市场的宠儿。《非诚勿扰》系列、《小时代》系列、《人再囧途之泰囧》等影片名列票房榜榜首，主旋律电影的票房成绩逊色不少。

穷则变，变则通，通则久。**为了顺应时代发展和市场革新的需求，主旋律电影也在不断更新升级。**2009年"建国三部曲"之一的《建国大业》上映，将主旋律电影推向了新的创作阶段。"建国三部曲"实现了技术层面视听语言的升级，又创造了中国主旋律电影从制作出品、宣发到上映的最大阵势。近百位全明星阵容的出演，不仅是华语电影史上的罕见现象，还成为主旋律电影主动迎合商业化市场的重要转折点。

从2009年到2019年，主旋律电影与商业电影的分界线逐渐被打破，"主旋律电影商业化"和"商业电影主流化"的趋势越发明显。《智取威虎山》《十月围城》等商业电影开始宣扬爱国、革命、正能量的理念，《湄公河行动》《红海行动》《战狼2》等彰显大国形象和国家意志的主旋律电影开始赢得满堂喝彩。主旋律电影成了一片被赋予更多可能和想象空间的新蓝海，**业界甚至出现了"新主流电影"的说法，代指那些在类型叙事、人物塑造、主流价值观诠释上能够获得大众认可并获得热度和高票房的主旋律电影。**

就2019年国庆档上映的三部主旋律电影而言，它们在口碑和票房上可圈可点的表现，除了受到"中华人民共和

微评

★ 其实中国文化本身就极具包容性，但中国主旋律电影在如何巧妙融合文化内涵与商业属性上，还有很大的提升空间。

国成立70周年"这一特殊历史事件的影响外，影片本身也呈现出许多传统主旋律电影不具备的新特征。

第一，话题营销成功出圈，助力影片市场下沉。《我和我的祖国》借助片名与主旋律歌曲同名的优势，在映前逐步展开关于主题曲和预告片预热的营销计划。《我和我的祖国》共由7个短片故事组成，片方每周释放一组故事的预告片，不断维持着影片的高热度。同时，借助中华人民共和国成立70周年的事件节点，推出多支《我和我的祖国》主题曲的翻唱版本，传播成功覆盖了整个中文互联网。有网友笑称，"几乎大街小巷的每个人都会哼唱一句，'我和我的祖国，一刻也不能分割'"。

第二，实现了固定命题下人物命运趋势与时代议题走向的融合。在以往的命题式献礼片中，编剧往往聚焦于真实历史事件的大人物或者核心人物，注重呈现史诗风格的全景式历史事件。《我和我的祖国》则打破了主旋律电影一贯的传统，以**"历史瞬间，全民记忆，迎头相撞"**为创作理念，将诸多历史事件中每一个个体的**"小我"**作为主人公，**以小见大，通过每一个"小我"去感受时代发展的脉搏。**其中，既有开国大典前夜为天安门广场自动升旗装置彻夜奔波的工程师林治远，有普普通通的上海弄堂居民，也有为一张奥运开幕式门票闹出不小风波的北京的哥。《中国机长》《攀登者》则将镜头罕见地聚焦于飞行员、登山员群体，展示了不同工作岗位上的中国人恪尽职守、勤勉尽责的精神风貌。

除此之外，**2019年国庆档的主旋律电影还首次在豆瓣亮出了评分，以往"又红又专"的主旋律电影以更勇敢的姿态迎接市场与观众的检验。**评分与观众的口碑也直接反映到影片的排片规模与上座率等指标上。三部影片开映首

微评

★ 《我和我的祖国》里的小人物都不太完美。小工程师恐高，科学家木讷，升旗手紧张，出租车司机油滑，总之没有一个"高大全""光伟正"的形象。但他们都做对了人生中的一些关键选择，没给自己留遗憾。

日，排片规模相差无几，成"三足鼎立"之势。之后，《我和我的祖国》凭借良好口碑、强大阵势以及题材的优势在票房、排片率上"一骑绝尘"，《攀登者》因口碑下滑迅速掉队，在剧情还原度上备受称赞的《中国机长》则上演了一出逆袭好戏，上映第六天日票房反超《我和我的祖国》，两片最终在体量上难分伯仲，双双成就"史上最强"国庆档。

值得关注的是，《中国机长》《攀登者》两部电影为中国香港地区导演刘伟强、李仁港执导。主旋律电影交由香港地区导演一手执导，这并非首例。"行动三部曲"（《湄公河行动》《红海行动》《紧急救援》）、《建军大业》《智取威虎山》等影片皆由香港地区知名导演执导拍摄。香港导演独特的商业片思维，能让主旋律电影的故事张力和戏剧奇观得到最大保证，**香港影人的北上，既打开了港式商业电影的内地市场，又成功助推内地主旋律电影的商业化、大众化发展，形成了中国电影"香港导演+内地监制"的独特模式。**

未来主旋律电影该如何创作？

《我和我的祖国》《中国机长》等影片在票房和口碑上的双面开花，证明了该类影片从传统主旋律电影到"新主流电影"类型的转变。未来，在主旋律电影的创作上，应该更多关注以下三点。

一是题材选取多元化。近年来，观众对于主旋律影片的刻板认知逐渐发生改变，很大程度上得归功于《战狼2》《红海行动》等"新主流电影"在商业市场上的胜利。此类影片也告诉我们，**主旋律电影不一定局限于战争、革命历史题材，所有能展示中华文化、书写中国故事、描写中国人生活的主题都可以纳入创作的范畴。**未来，主旋律电影应进入常态化的创作阶段，在国庆档、春节档之外的小档期也能涌现出更多主旋律影片的身影。

二是讲述方式多样化。历史是不容篡改的，主旋律电影的创作本便遵循着尊重客观史实的原则，但创作者可以自由选择切入的视角，选择讲述的方法。从历史的小切口入手，做到以小见大、旁逸斜出，或许是将来主旋律影片创作的一大趋势。

三是电影制作类型化。类型化是中国电影发展的必由之路，主旋律电影要完成向商业化、主流化、大众化的转变，必然要协调好主旋律电影自身"命题式"主旨思想和类型片叙事的独特需求之间存在的矛盾。**探索主旋律电影在类型定位、类型叙事、工业体制、工业美学等方面的"中国模式"，在主流思想价值观表达和类型片创作上寻求平衡点，使得叙事完整流畅而情绪表达又恰到好处，才能实现主旋律影片的可持续发展。**

在全民爱国情绪的助推下，2019年国庆档创下多项票房纪录，主旋律影片在成为真正的全民向类型化电影上又进了一步。值得关注的是，撇开民族情绪的滤镜，国庆档的三部影片在内容创作上都存在着或多或少的问题。《我和我的祖国》七个故事的口碑褒贬不一；《中国机长》剧情注水，部分逻辑混乱牵强；《攀登者》的爱情戏份遭到观众一致批评。在命题作文的固有框架内，**如何将崭新的立意、合理的内容和打动人心的人物故事填充进去，创作出一部有血有肉、有声有色的电影作品，仍然值得从业人员深入探索。**

微评

★ 在国外，类型电影很早就已经形成，但因为中国特殊的市场与特殊的产业环境，到现在还没有非常明确的类型电影分类。不过，要想真正走向国际，还是要找到与国际成熟类型电影的融合点。

正剧回归与审美重张——评2019国庆献礼电视剧

赵紫来

　　站在新时代的历史阶梯上回望，我们心怀钦敬并由衷礼赞中华人民共和国成立70年来当代社会所发生的翻天覆地的变化、所取得的举世瞩目的成就。在这段波澜壮阔的历史画卷中，中国电视剧的艺术叙事和社会转型发展的历史叙事同声相应，同气相求。在丰富的实践和创新发展中，国产电视剧创作日趋多元。本文关注的国庆献礼剧聚焦于中国革命历史的英雄人物和中国改革进程中的先进模范，坚持现实主义精神和浪漫主义情怀相结合，以昂扬进取、奋发有为的积极姿态，让崇高再次成为新时代的审美主旋律，宣告了时代正剧的回归。

　　文艺是时代前进的号角，最能代表一个时代的风貌，最能引领一个时代的风气。作为覆盖面广、受众群多、影响力大的大众艺术和文化产品——电视剧，以其生动直观的视听语言记录了当代中国经济、政治、社会、文化、科技等方面的辉煌成就和巨大变迁。**在众多电视剧中，现实题材作品又以高产量和高品质而备受百姓关注，不少现实主义题材电视剧佳作更是取得了市场、口碑双丰收的良好效益。**

　　2019年，国产电视剧中涌现出一批以庆祝中华人民共和国成立70周年为主题的优质献礼剧。这些作品类型多样、风格鲜明，**聚焦于中国革命历史**

的峥嵘岁月和中国改革进程的模范先锋，通过艺术的视角从不同角度浓墨重彩地展现出70年来的探索实践和思想激荡。**英雄归复，当崇高再次成为新时代的审美主旋律，时代正剧再度兴盛的号角已然吹响。**

国家广播电视总局电视剧司下发通知，于2019年8月起开展重点电视剧"百日展播"活动，向中华人民共和国成立70周年献礼。

2019国庆献礼剧的艺术呈现

题材广泛，类型多样化

纵观2019年国庆的86部献礼剧，我们不难发现，这些剧目类型多样，涉及的创作题材非常广泛，既有《重庆谈判》《伟大的转折》等革命战争题材、《陆战之王》《蓝军出击》等现代军旅题材，也有《廖俊波》《谷文昌》等时代人物剧、《铸匠》《老酒馆》等年代剧，更不乏《你好，检察官》《了不起的儿科医生》等各行各业的职场剧。

互联网影视企业入局，制作主体多元化

根据目前已公开的出品信息，互联网公司深度参与制作的2019年国庆献礼剧数量达18部，占总数的五分之一以上，其中腾讯影业参与制作的高达8部，优酷有4部，完美世界影视3部，爱奇艺1部，涵盖不同的题材和类型。**由此可见，互联网影视公司入局国庆献礼剧生产，通过搭建不同制作机构之间的合作关系，在先前不曾涉足的电视剧制作领域取得突破进展。传统影视机构、公司与互联网影视企业融合已是大势所趋。**

微评

★ 艺术创作源于生活又高于生活，经典的作品可看性较强，整部剧犹如一坛香醇的美酒，气味悠远回味绵长，让人流连忘返。

微评

★ 近年来，重大革命历史题材的创作在真实表现历史的同时，也呈现出新的多元化的表达方式。

与时俱进，受众年轻化

"红色"主基调下，可以看到，我国献礼剧的创作迎来全新突破。**在保证以重大革命历史题材为代表的同时，献礼剧的题材呈现出多元化、年轻化的表达方式。**尤其是一些展现时代风貌的创业剧，均将视野聚焦于改革开放后几十年的社会发展，反映大时代中的个体际遇，以小见大，让剧集表达的故事更具代入感，引发观众共鸣的同时，更折射出大时代鲜明的时代风貌。

2019国庆献礼剧的审美特征

歌颂英雄，礼赞峥嵘岁月

献礼剧是对中国革命、建设、发展历程的深情回望。这些剧作从不同角度展现中华人民共和国成立70年来不同年代、不同领域、不同人群丰富多彩、豪情满怀的奋斗岁月。

重大革命历史题材电视剧《特赦1959》首次聚焦国民党战犯改造的历史事件，讲述国民党将领杜聿明、王耀武、黄维等人在北京功德林监狱改造中，由坚持反动立场到内心真正接受共产党的心路历程。**该剧秉持历史与艺术统一的创作态度，以独特的视角、创新的题材，实现了对重大历史内容和时代思想的深入探索，多维表现了中国共产党人坚定的信心和强大的精神感召力。**

电视剧《外交风云》首次聚焦新中国外交舞台，全方位回顾了日内瓦会议、万隆会议、周总理访问非洲、中国恢复联合国合法席位、中英香港问题谈判等一系列波澜壮阔的外交历史，再现了国际格局的风云激荡和新中国打破

★ 文章合为时而著，歌诗合为事而作。任何时期文艺作品的创作都会反映出时代发展的印迹，诉说着对社会的关切。

外交围困、取得一场场外交胜利的艰难曲折，颂扬了老一辈革命家高超的外交韬略、灵活的外交技巧、独特的人格魅力，凸显出理想的激情和信仰的力量。

英雄，是中华民族的脊梁。献礼剧中的革命历史题材剧、年代剧都在审视历史，歌颂英雄，回答"红色政权从何而来、新中国靠什么建立起来的"这样的历史命题，用人物的命运与浮沉探求中国共产党为什么能、新中国为什么行的历史答案。

塑造典型，展现价值取向

献礼剧是对改革开放和中国特色社会主义新时代的热情讴歌。献礼剧将创作的目光聚焦改革开放和中国特色社会主义新时代，标注出世界视野、家国责任、文化使命、科技探索、先锋关照等一系列社会发展的重要节点，着力展现普通人在时代浪潮中投身社会理想并实现自我价值的传奇经历。通过对一个个典型人物的塑造，从不同角度深刻反映时代巨变，折射出千千万奋斗者的光辉形象。

《奋进的旋律》以"中国制造"和"中国创造"为叙事轴心，描述了党的十八大以来，中国能源发展过程中的科学成就，以及后工业时代，制造业的转型与发展，全面揭示了中国从富起来到强起来的奋斗历程。《陆战之王》以现实主义的艺术手法大胆深入军改后强军建设领域，以新兵张能量和老兵牛努力的成长故事为主线，塑造了极其典型的新时代坦克兵形象，散发出新时代中国军人的独有魅力，阐释了强军之路的现实逻辑和历史进程，极大地提升了军旅题材电视剧的政治站位和思想高度。

电视剧《激荡》无论是剧中音乐还是配色都显示出浓浓的年代感，讲述了自20世纪90年代陆氏三兄妹在上海弄堂里共同成长，在上海经济飞速发展以及资本市场从无到有风云变幻的二十多年间所经历的人生故事。《在远方》则将视角切换到新时代下的创业背景，展现了男主角在快递与互联网的创业浪潮中百折不挠，最终点燃梦想的跌宕历程，生动勾勒出中国人追求理想、不断奋斗的昂扬姿态。

正剧回归，重张审美传统

献礼剧是对自强不息、壮美崇高的中华审美传统的真情召唤。献礼剧作为时代正剧的优秀代表重新回归民众精神生活的中心场域，崇高再次成为新时代的审美主旋律，壮美、高尚的审美传统再度兴盛，与优美、静雅和通俗等审美趣味一起构成新时代中国的文化新景观。

2019年9月19日，陈宝国、秦海璐等主演的年代剧《老酒馆》正式收官。该剧从"小人物"着手表现"大时代"，讲述了一个闯关东的小人物历经磨难，通过开酒馆结交抗日志士，与殖民者斗争周旋的护国救民传奇，热情颂扬了中华民族的仁义礼智信，彰显了中华儿女"富贵不能淫，贫贱不能移，威武不能屈"的高尚气节。

电视剧《最好的时代》则讲述了三位年轻人齐心协力研发高速铁路新技术、推动中国高速铁路迈进划时代台阶的同时，也讲述了青春报国的过程中收获美好爱情的情感故事。

从新时期之初的纪实美学，到之后东西方文化八面来风的形式美学，再到新时代攀登思想精深、艺术精湛、制作精良的有信仰、有情怀、有担当的讲品质、讲格调、讲责任的意境美学即人民美学高峰——这便是新中国电视剧艺术坚守不懈的美学追求。

2019国庆献礼剧的创作启示

2019国庆献礼剧的创作生产，着实为当代社会的精神铸造和文化自信提供了及时的文化滋养。这些电视剧再一

微评

★ 《老酒馆》致力于以"小人物"表现"大时代"，是时代下的缩影。该剧凭借优秀的题材和演员的表演，受到人们的广泛欢迎。

次描绘了新中国历史与时代的精神图谱，吹响了新时代中国电视正剧回归的嘹亮号角——时代在呼唤、人民在期待，电视剧就应该坚持用崇高引领风尚，向着人类最先进的思想注目，向着人类精神世界的深处探寻。

党的十八大以来，正是在习近平新时代中国特色社会主义思想特别是习近平总书记关于文艺工作的重要思想指引下，我国电视剧以昂扬的斗志奋力攀登高峰，迸发新的活力，展现出勃勃生机。

当前，我国作为电视剧第一生产大国、第一播出大国的地位日益巩固，电视剧作为观众文化娱乐第一需求的地位不可动摇，**电视剧依然是视听媒体最看重的核心竞争资源，是文化领域最具活力的中坚产业。**

反映新时代是人民群众的热切期许，是新时代电视剧创作的使命所在。电视剧创作既可以运用宏阔视野，进行展现社会变迁和人物群体命运的史诗叙事，也可以站在百姓视角映照当下，进行反映普通人追梦中国、追求幸福生活的平民叙事，讲好新时代的中国故事，努力为新征程留下真实鲜活、振奋人心的时代影像志和历史备忘录。

微评

★ 近年来，我国文艺创作精品频出，体现出文艺工作者坚持以人民为中心，深入生活，潜心创作，弘扬民族精神和时代精神，从"高原"迈向"高峰"的努力和成就。

中外合拍片如何做到文化"合拍"？

邢拓

【写作背景】2019年国庆档，在献礼片云集并纷纷获得好评的同时，一部中外合拍片引起了人们的注意。由东方梦工厂与美国梦工场合拍的原创动画电影《雪人奇缘》曾被寄予"中美合拍片里程碑"的厚望，作为一部动画电影，《雪人奇缘》在国内票房的失利，仅仅是档期的原因吗？近年来引起话题与争议的中外合拍片，该如何真正实现文化"合拍"？

《雪人奇缘》：大档期内陪跑的种子选手

微评

★ 动画电影作为中外合拍片的首选项目，其主要原因在于相较语言、价值观差异，动画电影更容易破解不同文化间存在的障碍。

《雪人奇缘》在整个国庆档期的票房表现就如同它的片名一样，处于"凉凉"的状态。猫眼数据显示，《雪人奇缘》首日开画票房1884万元，首日即巅峰，上映15天后勉强破亿。作为中美合拍片，《雪人奇缘》在北美地区的命运显然要好得多。该片在北美地区4000多家影院上线后，迅速登顶北美周末票房冠军。《雪人奇缘》的口碑也很"扛打"。该片豆瓣评分7.5分，猫眼评分9.3分，国外著名影评网站IMDB评分9.1，烂番茄评分获得80%好评。**口碑上的认证、东方梦工厂和美国梦工场的双保险、东方故事和好莱坞工业水准等元素加持依然挽回不了票房，《雪人奇缘》沦为了国庆档期陪跑的种子选手。**

显然，在《中国机长》《我和我的祖国》等献礼片的鏖战下，国庆档电影市场已近饱和，而《雪人奇缘》又不符合中国观众的胃口，难以点燃观众的观影情绪。尽管该片呈现出千岛湖、乐山大佛、黄山等中国元素，但"雪人大毛"的动画形象显然缺乏广泛的接受度，原创的题材内容和人物形象本身便具有一定的市场风险性。

实际上，作为一部中外合拍片，《雪人奇缘》在叙事逻辑、审美取向、工业制作等各个维度上的表现都有可取之处，但由于各种原因，该片在不断复苏的国内动画市场上失了阵势，离"中外合拍片的里程碑之作"尚有点距离。

中外合拍片模式的由来

一直以来，电影市场上不乏中外合拍片的身影。在《雪人奇缘》之前，《白蛇·缘起》便是取得了口碑和票房双收益的合拍片，《功夫瑜伽》（2017）、《功夫熊猫3》（2015）都是中外合拍片的翘楚。再往前追溯，《末代皇帝》（1987）、《卧虎藏龙》（2000）等影片皆是中外合拍片的经典之作。

为何市场会热衷于中外合拍？**一方面，与中国电影市场的政策环境有关。**在票房分账上，进口分账片的制作方分账比例过低，而进口片又存在电影配额数量的限制。合拍片在分账比例和电影配额上与国产片享有同样的待遇：

微评

★ 伴随着中外合拍片热度的不断攀升，如何拍出更好的、能获得全球市场认可的影片，并兼顾更大的市场，成为业界关注的重要话题。

分账比例较高，不受配额限制。这一政策优势使得近年来中外双方不断加强电影领域的交流和合作。

另一方面，中国电影市场发展还不成熟，国外模式和经验对我国电影产业能产生一定的助力。以国外先进的技术、发达的工业制作体系为支撑，加以享誉全球的制作团队和主创阵容，合拍电影能真正地打开国际市场，助力中国电影更好地走出去。**从某种程度上说，合拍片正成为国产电影出征海外的一个"跳板"，成为中国电影和中华文化对外输出的重要渠道。**

中外合拍片真的"合拍"了吗？

借助合拍片实现文化出海，是机遇，也有风险。细数近十年来《功夫之王》《金陵十三钗》《长城》等具有代表性的合拍片，它们真的达到"合拍"效果了吗？

东方视觉奇观流于表层。张艺谋执导的中美合拍魔幻电影《长城》便是东方视觉奇观的"代表作"，金碧辉煌的宫殿、万箭齐发的大场景、人海战术的运用炉火纯青，但影片只将一堆华丽丽的文化元素进行堆砌，故事内容和人物角色遭到了观众的一致批评。

不同文化元素的生硬拼凑。为了照顾到海内外受众和市场，合拍片往往会采用"套层模式"，在同一影片中实现不同文化元素的组合和拼凑。小至人物，中西方角色双语的设定，常常让人产生违和之感；大至场景、时空，实现中西不同语境和空间的对接。《功夫之王》中的美国少年便以孙悟空的如意金箍棒为指引，进行古今时空穿越。它只是对中西方电影叙事模式进行生硬拼凑，没有达到统一的效果。

文化价值观表达的差异。从本质上说，中外合拍片的

微评

★ 文化差异是存在于中外合拍片中的关键因素，仅靠简单元素糅合的合拍片越来越难以获得观众的认可，调动观众的情绪。

不合拍，源于合拍双方在文化价值观上的差异，其中又以中美双方最为典型。《长城》被媒体称为一个"好莱坞打怪兽"式的三流故事，可知其迎合北美市场的明显意图；《金陵十三钗》中"十三钗"牺牲自我保护女学生的设定，根植于中国传统的集体主义价值观，这跟西方崇尚的自由、个人主义思想又有着本质的区别，该片在北美市场遇冷便与其在文化价值表达上的处理息息相关。

中外合拍片的"合拍"逻辑

中外合拍片想要顺利实现"合拍"，必须尊重双方在文化背景、产业体系、运作机制上的差异，在差异间寻求最大公约数。同时，**需要明确市场定位，针对主打中方市场、西方市场、国际主流市场的影片采取不同的创作和宣发策略**。因地制宜、因类制宜才能避免"两边吃力不讨好"的现象。

具体而言，创作团队构成是合拍片成功的基础。一般来说，具有中外文化背景的导演、制片以及编剧等更能从源头上把握合拍片的创作文本。《卧虎藏龙》《饮食男女》等享誉国内外的影片，是由具有华人血液又浸淫西方艺术规律的李安拍出来的；《雪花秘扇》的导演王颖则是在好莱坞工作多年的香港人，对于海外华人的生活熟稔于心。

故事内容是核心。电影发行人讲武生曾坦言，一部电影有三个要点：好的故事吸引人，好的细节尊重人，好的情怀打动人。故事性往往是内容为王时代影视作品的通行证，选择合理的叙事模式，在剧本创作、制作环节苦下功夫，才能得到市场的认可。

文化价值观是根本。中外合拍片，尤其是兼顾双方市

微评

★ 中外合拍片为中国故事的表达和传播提供了有利条件，为中国电影更好地做"形象宣传"。中外合拍片一个重要的点就是有一个让全球观众都能看懂的故事。

场的中美合拍片，不得不面对文化差异、文化折扣的问题。欧美文化为低语境文化，主要借助语言符号进行交际，较为直白简约；而中国为典型的高语境文化的代表，主要借助非语言符号进行交际，强调含蓄与留白。**中国和以美国为代表的西方国家在语境、文化上的根本差异，往往会出现文化误读、过度解读以及文化冲突的现象。鉴于此，在合拍的过程中，要注意到文化价值观的转换与重新组合。**

在此可以引入文化间性理论来解释。文化间性理论指的是一种文化遇到其他文化时相互作用、相互影响，它在承认、尊重差异的基础上，开展文化对话与沟通。文化间性理论认为，跨文化交流的关键是要"选取一个介于两种文化之间的立足点"。**在承认文化差异的前提下，两种文化进行充分的对话与交流，尝试探索并构建新的话语表达方式，以此来降低"文化折扣"，实现"文化增值"。**对于合拍片而言，可以围绕合拍片的类型、题材、主题、故事等要素进行探索，选择最符合双方市场和观众审美取向的表达形式和内容，讲述平等、正义、和平、成长与爱等蕴含人类普遍真理的共同议题，才能最广泛地引发观众的共情。

业界相关人士认为，技术层面上动画片容易解决人物语言的问题，能让人物做出说当地语言的口型。以《白蛇·缘起》《功夫熊猫3》为代表的合拍动画片，或将成为合拍片的一大创作方向。

目前，我国已经与英国、加拿大、法国、韩国等13个国家分别签署了电影合拍协议，在资金支持、税收减免、人才交流等方面给予不少支持。未来，合拍片的合作保障机制将更为清晰明朗，商业模式将更为成熟完善。

微评

★ 回顾近几年的合拍作品，中外合拍片越来越"合拍"。相信未来在电影从业者的努力下能够更好地创作出具有全球影响力的中外合拍电影。

网飞布局动画，打响流媒体新战役

曹峰

【写作背景】2019年10月8日，网飞（Netflix）首部冲击奥斯卡最佳动画长片的《克劳斯：圣诞节的秘密》发布预告片，并宣布将于11月8日北美上映，11月15日网飞首播。10月9日，网飞又宣布将由汤浅政明监督制作原创动画《日本沉没》。2019年上半年，《爱，死亡和机器人》在全球走红，为网飞动画打响了2019年的第一枪，该动画在豆瓣上拿到了9.2分的高分。另外，根据第三方机构数据，2019年网飞在动画垂直细分领域投入11亿美元，占全年原创内容投资预算的11%。网飞这一系列动作背后有着怎样的考量呢？

作为依靠DVD租赁起家的网飞，依托新的内容消费模式创造性地成为目前全球最大的视频流媒体服务商。**网飞的成长历程中，其深入骨髓的订阅制，无疑是其迅速壮大的核心模式。**正是从影片租赁业务沿袭下来的订阅制，在流媒体时代成为完美的模式。

2012年，网飞通过DVD和流媒体订阅的剥离，变相提高了订阅单价，导致用户的不满，瞬间损失上百万用户。同时，因流媒体渠道竞争激烈，新影视作品的版权价格走高，成本越来越大，优势资源逐渐被竞争对手所获得。而Satrz电视网与网飞的分道扬镳更是雪上加霜，大量优质内容被迫下架。所

微评

★ 在这个新的商业模式转型过程中，网飞把握住了其中最为重要的优势，即用户观看习惯的实时大数据。与传统公司电视测算收视率的小的样本调查相比，其准确性和反馈速度不可同日而语。

★ 对于一个以用户数增长为主要营收渠道的流媒体公司来说，少儿群体有非常特殊的优势。

★ 与日本动画过去常见的边做边播不同，网飞给制作方预留出充足时间和资金，一次性完成一季内容。充足的资源和创作自由盘活了资金困局，同时加强了双方合作。

有的这些都让网飞遭受到严峻的威胁。

面对这种局面，网飞迫切需要转变思路。而拯救网飞的正是其原创剧《纸牌屋》。**一次性放出全季内容，加上以大数据制作内容的营销方式，让网飞完成了逆袭。由此，网飞在原创之路上"一发不可收拾"。**

"动画之路"的艰难前行

艰难迈出原创动画的第一步。2012年之前，网飞还无意涉足原创内容。彼时，网飞上的动画板块主要是日本的一些经典动漫以及跟部分好莱坞公司合作的授权动画。2012年，失去Starz版权的网飞不再能播出索尼和迪士尼的新作品——其中包括大量动画。之后，网飞迅速与梦工厂达成协议，共同创作300小时原创节目或者1000集以上原创剧目。**由此，网飞开始走向自己的动画原创之路。**2013年12月双方第一部合作动画，也是网飞第一部主打合家欢的原创动画《极速蜗牛》在其平台上线。2014年继续推出两部由梦工厂制作的原创动画剧集《屋里的蔬菜宝宝》和《朱利安国王万岁》。前三部动画作品迅速抓住了以儿童为主的一大批家庭户，极大地缓解了网飞面临的尴尬境况。

牵手海外工作室，逐步站稳脚跟。2015年进入日本市场成为网飞动画板块的又一个里程碑，并为网飞的动画布局注入了强大的力量。一方面，网飞凭借第一次为观众提供《死亡笔记》《钢之炼金术师》等经典作品的HD版本，在日本获得了一定的知名度；另一方面，逐步垄断网络乃至线下收看渠道，如获得当季热门作品的独播权，或是签约长达两年的网络点播窗口期。在获得了知名度的基础上，网飞开始了与日本动画制作公司的合作，推出了《希德尼娅的骑士》《亚人》《怪兽惑星》《恶魔人》等优秀动画作品。**与海外工作室合作，不但可以为全球各地的观众制作本土原创动画，而且也可以为本土原创动画提供世界市场。**

重视用户精准推送，占领全球动画市场。 "经典IP+优秀动画工作室"成为网飞制作海外原创动画项目的主要模式。2019年3月15日上线的韩国动画《悠猴冲锋救援》（*Yoo-hoo to the Rescue*）便是其海外原创项目之一，这部作品由韩国Aurora World和意大利Mondo TV共同制作。另外，2019年上半年刷屏的科幻题材动画《爱，死亡和机器人》则是网飞的一次重要实践。动画针对同一个主题，设定了18集短片，精心挑选18个全球各地制作团队自由创作。**这种制作模式，一方面可以为网飞在全球动画布局筛选工作室，另一方面也能利用风格差异测试全球用户偏好，为下一部作品推出打下基础。**

网飞为何执意角逐动画领域？

梳理网飞的动画之路，一组数据值得我们注意。从2013年至今，网飞共上线95部原创动画，还有70部等待上线。95部原创动画中，儿童动画69部，日本番剧17部，美式动画9部。自制加速、类型多元、投资加大，是网飞进行动画原创的关键词。我们不禁要问，网飞为何如此关注动画领域？

在动画发展的一百多年的时间里，大众对动画的观看需求越来越旺盛，进一步实现了从儿童向成人的全龄覆盖，动画所产生的经济价值不可估量。前几年，随着互联网的快速发展，以动画产业为代表的数字创意经济已经成为文化产业发展的关键推动因素，互联网人口红利的释放促使动画产业进入快速增长期。以美日为代表的动画强国，动画产业产值不断增长。美国的动漫市场早就实现了高度集中的产业化，打造了一条完善的产业链条。经过多年的发展，美国的动画企业已经积累了大量的优质IP。这些全球广受欢迎的动画IP在动画产业链上众多公司的运作下，变现能力非常之高。迪士尼、漫威、DC等公司塑造出了无数强生命力与商业价值的动漫人物。面对如此巨大的市场，网飞必然不会甘居人后。

微评

★ 对于重视用户精准"投喂"的网飞来说，为各地观众量身定制原创节目自在其考量之中。来自竞争对手的压力也迫使网飞近年来一直在出海寻求合作。

　　竞争对手的步步紧逼也是网飞持续布局动画的推动力。迪士尼经过多年运作，打造了自己的流媒体矩阵：ESPN+、Hulu和Disney+。无论在动画的数量上还是质量上，迪士尼都有雄厚的基础，这是网飞在流媒体领域最大的竞争对手。Hulu将联合漫威共同打造动画版漫威宇宙的经典角色，已经确定的有《杀手猴》（*Hit-Monkey*）、《虎女&眩目》（*Tigra& Dazzler*）和《天降神兵》（*Howard the Duck*）。Apple TV也已经宣布了《狼行者》（*Wolfwalkers*）和基于查尔斯·舒尔茨的《花生》人物的一系列动画项目。亚马逊旗下的Prime Video也在动画内容上默默耕耘。因此，网飞必须竭力开发优质原创动画作品，并在维持现有用户的基础上不断吸引新用户。

结语

　　可以预见，网飞在动画方面的竞争会越发激烈。好莱坞各大集团进军流媒体，意味着网飞未来依靠版权创收的比例将逐渐降低，自制动画的重要性日益提升。**众所周知，网飞的收入依赖"用户数×会员费"的单一模式**。若要在竞争中取胜，必须拓宽营收渠道，不断发掘用户与动画角色互动的新方式，而迪士尼的成功经验恰表明动画衍生品是一条可行的路径。因此，适时介入动画衍生品领域将是网飞的未来选择之一。

★ 衍生品是动漫IP开发的一项重要内容，网飞当前也正在此领域做出初步尝试以拓宽营收渠道。

《海贼王》：经典IP何以火爆20年？

常天恺

2019年10月18日，日本动画电影《海贼王：狂热行动》在我国上映。在《海贼王》动画播出20周年之际，这部影片的上映无疑点燃了无数粉丝的热情。仅仅上映两天，票房就已经破亿元，很多城市的粉丝更是为此举办了大量包场观影活动。《海贼王》如何成功地打造了这一经典IP？IP电影未来发展路在何方？

那些年，我们一起追过的《海贼王》

《海贼王》伴随了一代人的成长，对于无数海迷来说是青春的回忆。这部作品由日本漫画家尾田荣一郎创作。1997年在漫画杂志《周刊少年jump》上连载。1999年由漫画改编的动画在富士电视台首播。**20年来热潮不减，已成为世界知名动漫IP。**

《海贼王》讲述了一位少年勇敢寻梦的故事，伴随少年成长的也有梦想与友谊。拥有一切的海贼王哥尔·D.罗

微评

★ 《海贼王》能经久不衰与精彩的内容分不开，它有一个完整的世界观，呈现的不仅是一个个故事，还是一个丰富多彩的世界。

杰在临刑前的一句话让人们趋之若鹜奔向大海。生长在东海小村庄的路飞从小受到精神指引，怀揣着成为海贼王的梦想踏向大海，并且决定成为一名出色的海盗。一路上他匡扶正义，遇到了各种稀奇古怪的事，同时也结识了索隆等一众生死之交。他们携手展开了充满传奇色彩的大冒险。

故事至今还没完结，真正的"One Piece"到底在哪里？被海军们隐去的100年空白历史到底经历了什么？结局又会有怎样的华彩乐章？

《海贼王》凭什么成就了经典IP

微评

★ 《海贼王》在某种意义上实现了大家无忧无虑探险的梦想，很多人能够在故事里找到自己想成为的样子。而且很多人是看着它长大的，情怀的影响力不容小觑。

情感的共鸣

一部动画带给观众的不仅仅是华丽的特效和欢乐的体验，更重要的是价值观的传递和情感的共鸣。《海贼王》的主题紧紧围绕着"青春、梦想、友谊"展开，而这些主题引发了观众情感上的共鸣。青春是宝贵的，青春就是要充满热血和激情，不断探索，勇于挑战。《海贼王》所传递的理念正是对每一个人青春向上的写照。它告诉观众要永远年轻、永不放弃。同时，梦想与友谊的主题贯穿始终，给观众带来了太多的感动。草帽海贼团每个人都有各自不同的梦想，梦想虽然形状不同，但一定会到达同一个地方，因为每一颗心都不曾分开过。友谊始终是萦绕在人们心间最大的羁绊，《海贼王》也正是凭借这一主题诉说着感动，引发着共鸣。

精良的制作

《海贼王》的成功离不开作者辛勤的创作和团队精良的动画制作。作者尾田荣一郎自幼十分喜欢画画，他的理想是成为一名漫画家。在经过了艰难思考后决定退学专注于画漫画。正是凌晨两点睡，五点醒的执着和努力成就了他的梦想，《海贼王》多次问鼎日本漫画年销量榜，创下了全球销量纪录。

在制作方面，《海贼王：狂热行动》由日本东映制作动画公司出品制作，《海贼王》这一动画片以及之前的剧场版电影都这家公司制作发行。**东映动画不仅是日本动画的起点，更是日本动漫制作的核心公司。**画面制作精良，满足了人们的视觉观感。画面中的内容从服饰到建筑将日本本土文化表现得淋漓尽致。

此外，在漫画转向动画的过程中，配音和制作也不容忽视。《海贼王》动画片声优们的配音，也在一定程度上吸引着观众的注意力。这些幕后人员用他们的努力推动了动画的成功。

丰富的剧情

首先，在人物形象塑造上想象力十足。《海贼王》充分考虑到不同人物的性格和特征。每一个人物都是典型，都有属于自己的独特个性。无论是带着红色桃心眼镜的催眠师赞高还是叼着烟斗、身披"正义"二字海军服的海军中将斯摩格，或是跳芭蕾舞、随时换脸的冯克·雷，都给观众留下了深刻的印象。不同的人物性格和形象设计展示了作者丰富的想象力。

其次，在情节的把握上非常具有逻辑性。念珠式的剧情结构环环相扣，建立了庞大的叙事系统。情节由一个个小故事组成，看似独立的事件都能串联在一起并与主线相呼应。这样的设计既表现了主角光环，也兼顾了次要人物。独立的故事或补充剧情，或情感宣泄，在矛盾冲突

微评

★ 优秀的动画作品能够赋予角色符合人物经历和故事情节的性格特征，通过对人物性格的塑造感染观众。

中推进情节的发展。片中多处精心设计铺垫，情节跌宕起伏、耐人寻味。草帽海贼团中每一个团员背后都有一段刻骨铭心的记忆。剧情以回忆的方式展开，为观众讲述了背后的故事。

最后，在环境设计方面独具匠心。剧中很多环境的取景都源于现实，甚至在很多建筑画面中都能找到中国建筑的原型。作者采用实景参考的方式，拉近了人们和动画的距离。比如，在"德雷斯罗萨篇"，斗牛场造型的设计采用了现实中西班牙的斗牛场建筑；水之都以威尼斯为蓝本设计；九蛇岛的建筑选材于我国的恒山悬空寺，海军本部的设计则采用了日本本土的标志性建筑。如此精巧的设计，让观众感觉仿佛置身其中，增强了熟悉感。

IP电影未来发展之路

微评

★ "市场"赋予了"IP电影"深刻内涵，"IP电影"拥有一批忠实"粉丝"，这批"粉丝"贡献的票房不仅保证了电影制作成本的回收，甚至能为电影创作方带来巨大收益。

《海贼王：狂热行动》刷新了《海贼王》剧场版在国内票房的纪录。**从漫画到动画，从动画再到动画电影，《海贼王》这一IP的开发贯穿始终。**这次的上映不仅是对动画发展20年的致敬，更从电影的全产业链过程中展现了IP电影的开发，为经典IP的开发路径提供了借鉴。

整合营销，打造成熟的传播体系

在"酒香也怕巷子深"的时代，如何借助平台实现有效宣传是构建影片传播体系的重要内容。**IP电影的开发需要打造成熟的营销模式，通过多渠道的宣传方式和氛围的营造提高营销的有效性。**《海贼王：狂热行动》这部影片面对巨大的中国市场，早在上映前就进行了精心的设计。

在宣传方式上，《海贼王：狂热行动》通过事件营销

的发酵和多样化的方式获得了较好的效益。影片的营销包括预告片、特辑、海报、定档等多个宣传活动。随着宣传热度不断上升，不少国内明星也纷纷加入宣传当中。

在营造氛围方面，此次《海贼王：狂热行动》在宣传推广上可谓独具匠心。**以情怀为核心卖点，用高品质获得粉丝们的认可。**为了更好地满足海迷们的期待，让普通观众对《海贼王》有更好的认知，影片还专门制作了面向中国的宣传海报，巧妙地融入中国传统文化中的皮影、陶瓷、刺绣、水墨画等元素。中国风海报的闪亮登场让观众们增强了共鸣，提升了宣传的关注度。

深度开发，构建全产业链生态格局

IP电影的开发需要构建全产业链生态格局，不仅要从电影产业的制作、宣发、上映、后产品开发这一产业链上精心打造，而且要构建"**电影+衍生品+实景娱乐**"完整IP的生态圈。《海贼王》从最初的设计到之后的开发都有着成熟的产业链条。纵观全球IP电影的开发，成熟IP的打造，无论是迪士尼的布局还是诸如《哈利波特》《指环王》这类的影片开发，都不局限于影片本身，而是有一套成熟的生态格局。**在影视作品方面，成熟的IP开发能够给人们留下了深刻持久的记忆。**包括迪士尼在内的各种电影、动画不仅是很多人童年的陪伴，更以其塑造的鲜明形象给我们留下了深刻的印象。提起迪士尼，我们就会想到米老鼠、唐老鸭、白雪公主、小熊维尼这些经典的卡通形象。成熟的IP开发不仅要形成深刻的品牌记忆，同时要从不同的艺术门类进行衍生开发。**在衍生产品方面，成熟的IP开发拥有庞大的衍生产品体系。**《海贼王》发行了大量的衍生产品，包括各种手办以及各商品间的联名。《海贼王》还联名招商银

微评

★ 优质IP是内容产业的原点，能够撬动整个市场。IP不仅是内容本身，还应与地产、旅游、快消等行业进行连接，让产业链生态更加丰富。

行发行了《海贼王》系列信用卡，受到了很多粉丝的追捧。同时，很多游戏以及线下cosplay的举办都延续了对《海贼王》这一IP的挖掘。各种主题公园和实景娱乐的开发，延伸了产业链条，单从IP开发获得版权费就为作者带来了巨大的收益。

IP的打造是一个长期的过程。《海贼王》成功的背后有其深刻的内在逻辑。纵观《海贼王：狂热行动》影片产业链的全部流程可以发现，对于一个成熟的IP需要整个产业体系的构建。这也为之后IP电影的开发提供了新的路径选择。

"天空之镜"被吐槽，网红景区如何变"网红"为"长虹"？

巩仪

"天空之镜"景点因虚假宣传被"吐槽"，吸引了不少媒体与网友的注意。从2020年5月22日正式投用，到6月8日被完全拆除，这个寿命仅18天的"网红景点"成为近年来低质网红景区快速迭代大潮中的一个典型缩影。

2020年，网红景区"天空之镜"因负面评价登上微博热搜，微博话题阅读量直冲3亿人次，讨论量也高达1.5万次。 网友们讨论的焦点集中于湖南郴州临武县的滴水源景区，网友反映所谓的"天空之境"不过是一面摆在地上十几平方米的镜子，其上布满了脚印，步道两侧仅有几条布作为围挡，极其简陋，与景区宣传照片天差地别。

事发后，滴水源景区发布道歉信，表示景区照片存在过度宣传的问题，导致宣传图与游客现场照有较大差别，后期会加强管理、全面整改。5月26日，"天空之镜"景区所在的临武县文旅广体局负责人也针对此事致歉。6月8日，有记者报道"天空之镜"项目已被完全拆除。

微评

★ 在"天空之镜"项目正式开放前，景区对外宣称是斥巨资打造的、国内首创的景点，宣传照片非常漂亮。

近年来，"网红经济"甚嚣尘上，网红景点遍地开花，吸引不少游客纷纷前往打卡。然而在网红大潮中，却存在不少景区鱼目混珠的现象。"天空之镜"一如不少网红景区的缩影般昙花一现，却为文旅从业者带来了深刻的警醒与思考。

互联网网生时代的网红景区

从2016年开始，中国"网红经济"经历了文字网红、图片网红、全媒体网红三个阶段的积累之后全面爆发。随着互联网技术的进一步发展，网红经济的主体逐渐以网络红人为中心向外拓展。近年来，短视频平台、微信公众号等自媒体平台的迅速发展加速了网红景区的诞生，经过美化的视频与图片为不少景区狂揽客源，一系列网红打卡地声名鹊起。"天空之镜""玻璃栈桥""摩天轮""高空秋千"等一系列网红景区不绝于耳，此外不少餐厅、咖啡厅、小吃摊，甚至超市、校园也变成了网红打卡地。

网红经济的消费者以年轻群体为主，并逐渐向全年龄段扩展开来。这一批以"Z世代"为代表的"网生族"从小浸润在互联网大潮中，对网络具有与生俱来的亲密感。他们不再满足于传统的游览项目，追求新、奇、美、趣成为他们的标签。而社交平台的兴起给了他们更广阔的联系世界的渠道，一个色香味俱全的美食视频、一段具有地方特色的民俗表演、一张新颖美丽的照片都可能成为他们前往某一景区的原始动力。

而不少网红景区正是抓住年轻消费群体的猎奇心理，利用全媒体平台进行虚假宣传或过度宣传，重视线上宣传大于线下管理，吸引一批又一批不知实情的游客前来游

微评

★ 旅游产业，归根结底服务于"人"。普通个体的感受与体验，是关键之关键、核心之核心，否则，摊子铺得再大、调子起得再高，也只是虚假繁荣，要被现实无情戳破。

览。直到到达景点之后，游客才认清网红景区的真实面貌，大呼上当，但最终大部分人不了了之。

网红景区为何频频翻车？

景区虚假营销，透支地方信誉

网红时代，靠一张图、一个视频翻红的景区不在少数，永兴坊的"摔碗酒"、重庆的轻轨穿楼都以这种方式走红。然而，其中也不乏所谓"照骗党"，此次"天空之镜"事件矛头直指景区虚假宣传问题。2015年4月24日，新《广告法》明确指出，广告不得含有虚假或者引人误解的内容，不得欺骗、误导消费者。而一些所谓的网红景区却频繁利用宣传手段进行虚假宣传，直接损害了消费者权益。这暴露出旅游景区运营思维上的短视问题，只求红一时，不求红一世。殊不知，追求短期流量终究也会被流量反噬。随着监管体制的进一步完善，诸如此类的做法将无处遁形。与此同时，景区运营是长线运营，将景区当作一次性消费品，"翻车"就成了必然。此外，行商贵在一个"诚"字，虚假营销不仅影响景区未来的发展，更会对景区所在地的美誉度造成影响，影响地方整体的客流与口碑，对地区发展都会造成不可估量的损失。

同质化问题凸显，缺乏文化特色

一个成功商业模式的探索打造需要付出巨大的人力、物力、财力资本，更需要时间去慢慢打磨改进。然而不同网红景区同质化问题凸显，负责人为减小成本复制抄袭已有景区的内容与形式，造成"李逵""李鬼"难分的情形。以"天空之镜"为例，在被吐槽上微博热搜后，不少网友发现所谓的"天空之镜"在国内很多地方都有开设，就连网友对其"照骗"的吐槽也如出一辙。

从供给侧来看，景区的同质化主要体现在表达方式欠佳或文化深度不够等问题上。部分景区在运营上存在短视思维，没有作出符合长远发展的规划，丢失了自身的文化特色。即使是拥有浓厚历史底蕴的老景区，如南京夫子庙、上海田子坊、长沙太平街等，如果失去了自身文化的加持，最终也不过是一时的新鲜。从**需求端来看，同质化问题的形成与消费者也密切相关。**当下"打卡"模式成风，大量游客一味追求"出片"，在滤镜的加持下不加辨别地蜂拥至所谓网红景点，使其市场逐渐打开，让赚快钱的模式有机可乘。此外，**模式照搬缺乏创新力，并在一定程度上侵害了最初设计者的知识产权，会对业界生态产生破坏，不利于行业的可持续发展。**

配套服务滞后，景区管理不当

当前，文旅融合在不断加深。游客的需求不再满足于"上车睡觉，下车拍照"的传统旅游团模式，自驾游、定制游等形式成为主流，消费者对景区的要求全方位提高，更加重视旅途中的体验与收获，这就对景区的日常管理与项目设置都提出了新的要求。然而，诸如"天空之镜"等项目仅仅将重点集中于线上营销，却忽略了对景区的日常管理和对游客体验的维护。一方面，此类拍照打卡的项目对天气、人流等要素都有较高要求，这种靠天吃饭的模式不确定性较强，如果没有辅助措施极容易造成消费者体验感缺失。此外，部分网红打卡地安全防护措施不到位，景区安全事故频发折射出景区自身监管仍不到位。

网红景区如何变"网红"为"长虹"？

政府：完善健全监督体系，打通消费者反馈渠道

政府在旅游行业的整体调控中不可或缺。一方面，在中央层面，政府需进一步健全景区监督举报制度，落实政

微评

★ 旅游产业的供给侧结构性改革势在必行。要量体裁衣、因地制宜，上马新的旅游项目时，必须科学论证、小心谨慎，适合发展旅游产业便搞，不适合的千万别盲目造景区、铺摊子，进行不必要的试错，造成不可逆的损失。

策实施的"最后一公里"。我国现行的《旅游投诉处理办法》自2010年7月1日起施行，当前文旅部设有12301全国旅游投诉热线与旅游网络投诉举报平台，对旅游行业的规范和监督起到了重要作用。未来政府将进一步健全完善景区评级与投诉举报制度，加强旅游投诉宣传，为游客出行保驾护航。

另一方面，景区是展示地方形象的重要窗口，口碑是一个地区发展的重要资产。在央视《魅力中国城》节目中，浙江余姚、青海黄南等不少地方政府积极介入本地旅游宣传，提升地区与景区美誉度，为当地带来了巨大的经济效益和社会效益。近几年来，大火的直播带货因不少地方领导加入宣传本地特产，也吸引了大量网友的关注，为地区的未来发展打下基础。**因此，地方政府相关部门应更加注重景区的实地调研，扶持高质量景区和旅游目的地的形成与发展，形成集聚效应。**积极介入景区规划与整顿之中，打造地区文化地标，变"网红打卡"为全域旅游，带动整体区域经济发展。

景区：以"诚"为本，提升服务质量

在景区层面，要以"诚"立身，以品质为最高追求。随着国内文旅产业近年来的迅猛发展，以来自一线、二线城市的消费者为主的游客，旅游重心从节俭至上走向性价比至上和体验至上。在此条件下，网红景区作为旅游行业中快消品的兴起，满足了人们对新、奇、美、趣的需求，有其存在的合理性。但景区要实现可持续发展，推动自身由旅游快消品走向成熟，一方面是以自身文化与特色为依托，充分发挥独创性，打造"人无我有，人有我精"的精品。在此基础上，再通过全媒体进行大力宣传，以景区真实面貌吸引消费者的目光。另一方面，要健全景区日常管理机制，进行"衣食住用行厕"全方位的优化升级，杜绝安全防控等管理不到位的现象，让消费者游有所值。

在坚持内容至上的同时，景区还要注重体验与全平台运营。由于突然爆火，网红景点相较传统景点更容易陷入"人从众"的尴尬境地，这就要求景区在人流量与游客体验之间做出取舍。当前疫情防控常态化情形也要求避免人员大量聚集。将两者综合考虑，必要的限流与完善的预约机制则为此问题提供了一个解决思路，不仅能有效地提高游客的游览体验，也有利于疫情防控整体部署。重庆洪崖洞景区在抖音爆红之后，便在重庆市文化和旅游发展委员会的指导下，布局了20多个电子终端，并采取了人脸识别技术精确游客画像，实施阈值限流，为国内网红景区提供了良好范例。

消费者：擦亮双眼，拒绝盲从

在需求端，消费者是景区最终的选择者与投票者，游客"用脚投票"是网红景区之所以"红"的原因。消费者存在冲动型、想象型等多种心理类型。网红景区的出现以其包装靓丽的营销内容，顺应了部分消费者心理，为消费者打造完美幻想，从而吸引游客前往。许多游客一方面存在求新、求美的消费心理，另一方面希望提高在社交平台中的个人形象，为塑造自身个性而纷纷前往网红景区。另外，网红景区的突然火爆本身就容易让消费者个体受群体的引导，而趋向于与大多数人相一致的选择，表现出从众倾向。但当个体盲目相信大众选择，过于依赖宣传效果而忽视了商品本身的因素、消费服务因素以及外部环境等影响，景区的真实情况就更难以达到游客心理预期，"翻车"也就在所难免。

因此，消费者要避免被网红景区的"照骗"而骗，**一方面**需要在选择旅游目的地时擦亮双眼，从多平台搜集相关信息与反馈，更加理性地进行心理评估，拒绝盲从。**另一方面**，如果游览时发现景区存在欺骗消费者行为，应及时拨打12301旅游投诉热线向有关部门进行投诉举报，有条件的可以在线上旅游平台与私人社交平台进行反馈，让更多人了解真相，避免上当受骗。所谓"网红打卡"，打的不仅是美景，是体验，更是文化。单纯追求所谓的网红拍照打卡，不如着眼于眼前方寸。只要用心生活，一草一木皆是风景。

微评

★ 央视评旅游乱象：景区悬空栈道人满为患，网红打卡地过度包装，一个劲打广告拉人头赚快钱，但在修建、维护景区基础设施时，抠抠搜搜、能省则省，对消费者的旅游体验甚至生命安全不屑一顾，造成投诉率居高不下，甚至投诉也无人管的问题。

《隐秘的角落》出圈背后，新短剧时代真的来了吗？

孙巍

2020年6月，《隐秘的角落》犹如一匹黑马在众多电视剧中突出重围，凭借悬疑剧情、精细制作、实力剪辑以及可反复推敲的镜头语言和扣人心弦的配乐，成功出圈，上线仅仅一周左右，豆瓣评分高达8.9。除此之外，《传闻中的陈芊芊》《我是余欢水》等引发观众热议的优秀网络短剧层出不穷。新短剧时代是否真的来了？

2014年，因《灵魂摆渡》《匆匆那年》等高分网剧横空出世，被称为"网络自制剧元年"。历经"快餐式"的1.0时代、重塑网台格局的2.0时代，如今的网剧已大步迈进精品化、电影级别制作的3.0时代，网剧经历了一个从量变到质变的过程。

在风起云涌发展了6年后，网络自制剧领域掀起了"短剧潮"。 根据云和数据，2020年以来精品短剧实现突围进入头部市场，《我是余欢水》《龙岭迷窟》《唐人街探案》等短剧均在2020年H1上新连续剧霸屏榜单内，以短小精悍的姿态，给了剧集行业一股强势的冲击。

从长剧到短剧，行业生态发生了哪些变革？

从国家广播电视总局公布的数据来看，2010年至2014年，获得《国产电视剧发行许可证》的剧目平均集数均未超过38集。而2015年以后获批剧目平均集数都超过40集，2018年获准发行的剧集平均集数为42集，较2011年增长了10集。

自2015年起，电视剧似乎越拍越长，剧集集数过多的问题，引起了监管部门的重视。

究其原因，注水剧泛滥的背后原因仍是影视资本的逐利。首先，网络平台崛起，增强了制作方的市场优势。制作方不再受限于电视台播放，而网络平台为了争夺大IP、大流量，剧集单价水涨船高，制作方为多盈利便开始给剧集注水；**其次，**受广告主影响，制作方不能不在剧中植入软广告增加剧集时长；**最后，**"天价片酬"问题表现出影视行业创作市场的浮躁心态，也体现出影视创作中制作成本比例不均，使得制作方不能不以延长剧集数增长收益，平衡高额的制作费。

但是，今时不同往日，如今影视圈处于风口浪尖，不良风气正被肃清，继"限古令""限酬令"后，剧集注水问题不可避免地成为下一个要被整改的问题。更重要的是，行业已经到了不得不反躬自问的时刻，行业自我倒逼比硬性的政策规定更事半功倍。

此外，在政策、市场以及内部生产等多重因素影响下，**"注水剧"减少、行业生态迎来大变革，短剧成为剧集制作生产的重要趋势。**

一是行业内部困境倒逼产业变革升级。长视频网站都面临巨额亏损困境，大量运营成本都花在了对优质内容的

微评

★ 一方面是视频网站需要拉动更多用户付费，将新剧不断拉长；另一方面是影视业生产成本大幅下降，只好借着影视IP或是明星流量为剧集"赋值"。

★ 为了使影视行业持续健康发展，提高人们日常生活精神消费的品质，应对剧集注水问题进行整改，让制作方能集中精力在内容制作上，给观众带来有价值的经典作品。

竞价采买上。行业发展陷入困境，加之疫情影响，让本就处于寒冬的影视行业更是雪上加霜。剧集注水现象严重，原创力不足，头部剧集成功率越来越低。2020上半年头部大剧疲软，未出现50集作品，精品短剧实现突围，12集作品《我是余欢水》《唐人街探案》首次进入头部剧集市场，市场呼唤精品剧集、口碑剧集。

二是媒介技术演进带来观众文娱消费习惯的变迁。碎片化时间影响下，受众越来越多地将自己的注意力投入各类小屏中，利用碎片时间和场景进行追剧。新的技术风向触发新的内容风向，短剧无疑是更匹配当下审美观看、传播需求的内容载体之一，这从近期一系列短剧在互联网端的集中涌现可见一斑。

此外，年轻"后浪"用户们的审美导向、需求导向也不断发生变化。年轻用户对单集信息量大、快节奏、多线索叙事、电影化镜头、实力派演出的优质内容更有兴趣。观众不再买低质量、节奏慢、注水长剧的账，甚至对长剧产生抵触情绪。

三是政策引导影视剧创作提质增效。在国家广播电视总局《关于进一步加强电视剧网络剧创作生产管理有关工作的通知》（以下简称《通知》）中，主管部门首次针对影视剧创作明确表示，电视剧、网络剧拍摄制作提倡不超过40集，鼓励30集以内的短剧创作。该《通知》自2020年2月6日起施行，2月20日各省级广电局予以公开。在监管部门的明确鼓励下，国内影视剧业态将向国际影视剧集的片长和规模靠拢，有利于行业生产效率的提升，也有利于减少"注水剧"，提升剧集质量。

而如今的短剧新动向，则代表了行业新一轮整合升级迎来的必然结果：技术驱动、政策鼓励、行业响应、观众

微评

★ 流媒体平台的自制剧集除了在剧集长度和剧作内容上做出了变革，为优化观众观剧体验，还创新开发了许多实时弹幕互动方式，扩充了内容维度。

欢迎。剧集"由长入短",不仅是影视界与观众所达成的共识,也具有充分的潜质为中国剧集市场发展迎来全新增长点。

微评

★ 网络剧产业当下所经历的萌芽,与此前电影、电视产业发展初期有着许多相似。随着"季播+周播"模式不断成熟、网剧单集投资继续提升,网络剧的"黄金时代"有望迎来开端。

新短剧时代是否真的到来?

爱奇艺创始人、CEO龚宇曾表示,**"超级网剧将会是未来主流,倡导缩短集数、增加单集时长、提高单集制作成本、用合适的演员、回归好故事本质"**。当前,快节奏、精细化、新鲜感的短剧在获得关注之后,也应当反思,短剧的火爆是受众们的一时新鲜,还是已经探寻到了持续发展的模式,新短剧时代是否真的到来?

相较于长篇电视剧,短剧仍有以下制约:**一是播放周期短,用户黏性降低。**2020年网剧市场短剧以30集以下为主,而这种短剧集的弊端就是话题时长短、维持热度较难,长尾效应难以实现。

二是精品短剧门槛较高。短剧在故事的铺陈上一般会更加凝练、快节奏,在主题的选择上趋向于高概念与深刻化,甚至不少"迷你剧"无论是视听风格还是叙事语言都追求与电影比肩。例如,《叹息桥》中新颖的构图、光影、运镜与《罗生门》的表达手法相交织,让剧集体现出了精致的电影质感。只是这样的创作方向虽然容易呈现精品,但门槛也相对较高,与大众流行难以兼得,"劝退"了一些只追求娱乐的观众。

三是盈利模式仍处于试水阶段。为拉长用户黏性、提升品牌效应,以《隐秘的角落》为例,爱奇艺正尝试通过超前点播和剧场品牌化营销实现营收。迷雾剧场计划宣布4天后,爱奇艺就推出了星钻VIP会员,星钻VIP会员最重要的一项权益就是可免费观看爱奇艺超前点播剧集和星钻影院电影内容。**在排播上，迷雾剧场的剧集在开播第三天，星钻会员或购买超前点播的黄金会员即可直通结局。**但是用户付费、超前点播仍处于试水阶段，用户付费习惯的培养仍需持续产出质量过硬的内容做支撑。就连《隐秘的角落》总制片人何俊逸都在采访中表示，不确定这部短剧能否赚钱。

打造精品悬疑短剧，通过广告效益与用户超前点播付费盈利，对行业而言这是良性的商业模式。能集齐明星阵容打造悬疑短剧，再将短剧与超前点播模式相结合，这是内容TOC化的趋势，也是行业正本清源的过程，但是实现这个商业模式的持续化、稳定化发展仍然需要过硬内容做支撑。

结语

从2012年至2014年的"段子剧"，到2015年至2017年的内容升级，再到2018年至2019年新形式的竖屏剧、互动剧出现，2020年迎来了网络短剧发展的元年，网络短剧的爆发，将大大改变网络剧的内容生态，"新短剧"崛起已经成为网剧发展的重要趋势。虽然更高的单集成本、缩短的生命周期让短剧面临一定的风险和不确定性，然而正如行业人士所表达的那样，越是如此越需要深入探索。**当短剧已经开启了属于它的时代，靠优质内容迈好每一步才能走得更远、更稳。**

微评

★ 2020年，爱奇艺推出了主打悬疑类型剧的迷雾剧场，以对标美剧的精品化内容和全新的剧场运营模式，提升用户观剧体验，这也是爱奇艺对2018年推出的"奇悬疑剧场"的全新升级，在市场上取得了口碑和播放量的双丰收。

进阶中的"二十"与"三十"，女性群像正在竞发

张婧驰

在"她经济"的风向下，影视产业出现了众多女性向剧集，其中"大女主剧"经历了创作热潮后又走向平淡；"双女主剧"还处于创作初期；"女性群像戏"在2020年迎来了创作小爆发，《二十不惑》《三十而已》都属于该类型。本文详细分析了女性向剧集的发展、女性群像戏的进阶，并结合综艺节目《乘风破浪的姐姐》，对女性群像类剧集和综艺的发展近况进行了分析与展望。

进阶中的"二十"与"三十"，解码女性群像戏的创作法宝

《二十不惑》《三十而已》两部女性群像戏火爆荧屏，剧情所涉及的社会问题在社交平台不断发酵，引发多方关注。

这两部剧集以年龄为界，《二十不惑》讲述了二十岁青春明媚的梁爽、姜小果、段家宝和罗艳在即将大学毕业进入社会时所遇到的快乐与烦恼；《三十而已》则讲述了三十岁又美又"飒"的顾佳、王漫妮和钟晓芹在面对"三十而立"这个年龄阶段时所经历的酸甜苦辣。

《二十不惑》和《三十而已》以女性群像戏的方式成就了剧集市场Q3

的开篇爆款，早前的热门剧作《粉红女郎》《欢乐颂》《致命女人》也都属于女性群像戏。此类剧集究竟有何魅力，为何成就了佳作？

从大女主、双女主到女性群像戏，女性向剧集的多样表达

自"她经济"崛起后，影视内容的创作越发将重心偏向了女性向。电影方面出产了不少"小妞电影"，剧集方面则出现了众多女性向剧集。随着创作的不断精进，其表达方式也越发多样与成熟，出现了"大女主""双女主"以及女性群像戏这三类常见表达方式。

"大女主剧集"并非为迎合"她经济"而生，20世纪80年代的作品《武则天》，21世纪初的《大长今》都属于此类作品，只是当时并未形成产业化。

2010年以后，《后宫·甄嬛传》《花千骨》这些"大女主"作品相继成为当年的热门剧集，加之"她经济"的凸显，"大女主剧集"正式进入产业化时代，一时间"大IP＋大女主＋大流量"成为剧集创作的成功法则。

《芈月传》《那年花开月正圆》《如懿传》《楚乔传》《知否知否应是绿肥红瘦》《蜀山战纪》《青云志》《扶摇》《芸汐传》《小女花不弃》《延禧攻略》《皓镧传》《北京女子图鉴》《上海女子图鉴》《都挺好》等"大女主剧集"相继出产，"大女主"这一类型剧一时风光无限。

但随着创作的推进，其弊端也逐渐暴露。"大女主剧集"本意为女性励志剧，讲述女主从青葱年少、不谙世事到成熟稳重、独当一面并且事业爱情双丰收的成长故事。然而在故事创作中，很多"大女主剧集"陷入了"玛丽

微评

★ 从2015年开始，剧集市场上涌现出了大量以女性为主角的作品，随着资本的涌入，"大女主剧"在之后的两年呈井喷式发展，很多知名女演员都加入了这次风潮。

苏"的窠臼，虽以女性为主角，男性为配角，但女性的成功之路通常会有多个男性为其铺路，一步步将其送至美好结局，这样的创作自然是违背了初衷——讲述独立女性的奋斗历程。加之"大女主"以古装剧或现代剧的形式持续霸屏，观众也出现了审美疲劳，"大女主剧集"便开始进入疲软期。

相对于"双男主剧集"创作的风生水起，"双女主剧集"则稍显落寞。但在影史上，"双女主剧集"也曾出产过《还珠格格》《上错花轿嫁对郎》《金枝欲孽》等长盛不衰的经典佳作。

近年来备受关注的"双女主"作品当数《七月与安生》，这部作品捧出了金马奖的"双黄蛋"影后，但剧版作品的口碑与收视都稍欠火候。不过近来却有一部未播先火的双女主剧集——《流金岁月》，其中两位女主角的戏广受好评，登上热搜。

相较"大女主"的独挑大梁与"双女主"的平分秋色，女性群像戏则显得热闹非凡。此类剧中常有三个或是更多的女性角色，她们性格迥异，或青春靓丽，或成熟稳重，或知书达理，或鬼马精灵，碰撞在一起，产生了奇妙的化学反应。

女性群像戏易出爆款，但不好操作。多个圆形人物得在人物流光作用下发生变化；主角们的人设还得经受住观众严苛的审视；故事还得有条有理，不能混乱。这些苛刻的要求自然将不少探索者拒在了门外。

从二十到三十，国产女性群像戏的进阶

在目前出产的女性群像戏中，创作方通常以年龄为

微评

★ 如何处理好人物关系，通过人物活动展现故事矛盾、串联剧情、实现转折，尤其是在群像戏中，还要突出每个人的特点，对于编剧和导演是至关重要的。

界，树立不同类型的女性角色，以多位女性视角展开，辅以社会热门话题，较为多面地展现女性的生存状况，剖析现代女性的心路历程，使观众感同身受，以获得较高的情感共鸣。

要创作女性群像戏，各个角色之间必然要有较为紧密的关系。她们通常是闺蜜，如《三十而已》《青春斗》《付岩洞的复仇者们》《好想好想谈恋爱》；或是邻居、室友，如《粉红女郎》《欢乐颂》《二十不惑》；也有以同一栋房屋不同年代的主人这样巧妙连接的，如美剧《致命女人》。

2003年由陈好、刘若英、张延和薛佳凝主演的《粉红女郎》问世，这部作品的身上有许多标签，如早期国产青春剧、早期国产漫改剧，而其"国内第一部女性群像戏"的身份却是近期才被重视。

《粉红女郎》这部剧塑造了什么男人都想嫁的"结婚狂"、要爱情不要婚姻的"万人迷"、要工作不要爱情的"男人婆"、年少单纯的"天真妹"这四个经典女性形象，讲述了以这四人为代表的"70后""80后"女性在二十来岁时的不同生活状态。2004年，由蒋雯丽、那英、罗海琼和梁静主演的《好想好想谈恋爱》问世，这部剧以女性群像戏的方式剖析了21世纪初30岁女性的婚恋观。

如今的"二十"与"三十"在创作上更有进阶，在创作总体风格上脱离了偶像剧的气质，走向了现实主义的道路。《二十不惑》以即将大学毕业的四位女生为主角，讲述她们即将进入社会之际的生活，在故事推进中融入了许多现实话题。

《三十而已》可以称得上是2020年最火的剧之一，豆瓣评分高达7.8分。这部剧能取得如此佳绩的首要原因便是主角"人设"出彩，顾佳这一人物更是刷新了国产剧中对"全职太太"的定义，刚柔并济，对孩子柔情似水，面对欺负自己孩子的家长则果断出手，面对公司危机雷厉风行，面对"太太圈"游刃有余。

该剧也涉及了诸多社会痛点，如钟晓芹与陈屿的"丧偶式婚姻"，以王漫妮为代表的"沪漂"生活现状，以及背弃婚姻道德的许幻山。

《三十而已》对30多岁女性的情感生活也进行了深入剖析，讲述了钟晓芹与钟晓阳"姐弟恋"的故事，王漫妮身陷"海王"梁正贤的温柔旋涡，以及顾佳与许幻山看似幸福却暗藏危机的婚姻。这就使观众对剧中主角的状态越发感同身受，能够引发情感共鸣。

整体来说，国产剧对女性群像戏的探索仍处于初级阶段，而美剧的女性群像戏已经成熟。《致命女人》以同一栋房屋不同年代主人之间的关系巧妙地串联起20世纪60年代的家庭主妇、80年代的社交名媛和2018年的女律师的生活故事。

这部剧节奏明快、剪辑出彩，每一位主人公都有自己独特的魅力以及双面性的转变；故事中所讲述的不同年代的婚姻危机对现实生活仍有启示意义；社会的热点与痛点都包纳其中，极具看点；其"爽剧"的结局也让大多数观众满意，颇有口碑。

女性群像持续产出，姐姐们的春天已经到来

从已公布的2020年电视台片单与视频平台的片单中，我们不难发现2020年实则是女性群像戏的爆发之年，不仅有《二十不惑》《三十而已》这样的口碑佳作，在数量上也有大幅提升，已有十余部女性群像戏播出，如《老闺蜜》《亲爱的自己》《谁说我结不了婚》《正青春》等。

虽然女性群像戏具有较高的操作难度，但我们不能忽视观众对于女性群像戏的期待，如自制"脑洞剧"《淑女的品格》，一经发布便登上热搜第一。

之前海清曾公开表达希望中年女演员能有优秀作品出演的心声。无疑女性群像戏正能满足这样的心愿，既不让中年女演员们沦为配角，又能大方展示成熟女性的魅力。

微评

★ 国产女性群像戏还需向精品学习，将重心更多地放在更加深刻的内含挖掘上，而非仅仅展现千篇一律的情感问题，通过剧情表现出女性在生活、职场、社会等等方面面对的问题，以达到启示现实的效果。

因为市场对女性群像戏既存在空白又存在需求，所以女性群像戏必然会进入持续爆发阶段。不止如此，在综艺方面，女性群像类的节目也在持续出产，并且获得极高的关注。

芒果TV推出的《乘风破浪的姐姐》正是一档**女性群像综艺节目，这是一档时下热门的女团选秀类节目，节目组大胆创新，邀请参赛的选手们并非青春少女，而是年龄均在30岁以上的"姐姐们"**。

《乘风破浪的姐姐》既顺应潮流又有所突破；姐姐们自带流量，加之观众对女性群像综艺的期待，该节目不出意外地"爆"了，未播先火，播出后更是话题十足，时常占据多个热搜。

2020年7月9日爱奇艺悦享会在上海成功举办，在其公布的节目名单中也有一档"姐姐类综艺"——《不愧是姐姐》，该节目也是通过团队battle最终成就最强"姐姐团"。

其实在早前的《我们来了》《花样姐姐》等综艺节目中也有大量的女性群像，但如今的"姐姐"类综艺用强节奏的竞技类综艺取代了之前的"慢综艺"，**这不仅让女性群像的表达更加纯粹与集中，还通过舞台越发集中地展现了女性群像的魅力，成就了光芒万丈的姐姐们。**

无论是小爆发的女性群像戏还是正在迸发的姐姐类综艺，都在告知我们一大信号：**女性群像宇宙正在迅速搭建，姐姐们的春天已经来了。**期待更多精彩的女性群像戏以及女性群像类综艺的到来！

微评

★ 《乘风波浪的姐姐》现在已经拍到了第二季，两季的热度都不减。节目为观众展示出了"30+"女性的不同面，以及女性追求自我价值的过程。

洞察新兴业态，感悟产业变革升级

新一轮科技革命和产业变革的兴起使5G、移动互联网、大数据、人工智能等领域不断取得新突破。颠覆性技术的出现和发展正在引领产业变革，不断催生新产业。随着文化与其他领域融合日益密切，文化新业态正成为引领文化产业发展的新增长点，呈现出蓬勃发展的态势。

喜马拉雅、蜻蜓FM、荔枝……移动音频只是一个配角？

林一民

【写作背景】近年来，作为后起之秀的短视频成为移动场景下的大热门，以抖音、快手为代表的短视频App成为大众业余时间休闲娱乐的重要入口。相比之下，具有诸多共性的移动音频行业虽然肇始更早，却一直未能迎来爆发。蜻蜓FM创始人张强所说的"过去，音频可能就是一个配角，但它即将站上舞台中央"，究竟是一句口号，还是一个可实现的预判？

移动音频平台三分天下

移动音频是移动互联网技术下出现的一种以智能手机、平板电脑、车载音响、可穿戴设备等移动终端为载体，通过在线或下载等方式提供语音收听、音频传播业务的互联网业态。

2011年9月，蜻蜓FM上线，标志着移动音频行业正式走上移动互联网的舞台。随着智能手机等移动终端的普及，移动音频市场也快速扩大。2013年，喜马拉雅、荔枝FM、懒人听书等应用相继问世。其后一个时期，在网络直播、短视频、知识付费等多重互联网风口浪潮的推动下，移动音频的边界也不断获得突破。**目前，移动音频逐渐形成了包括移动电台、有声**

阅读和语音直播三大模块的市场构成。经过多年发展，喜马拉雅、蜻蜓FM、荔枝头部效应明显，基本形成了各自的核心发展方向，在移动音频行业三分天下，市场格局日渐清晰。

喜马拉雅广泛吸纳自媒体"大V"、行业精英、"草根"创作人，形成了"UGC+PUGC+PGC"的融合型内容创作模式，既提供平台、鼓励和支持用户自主创作，也基于自身的行业优势推出专业化的音频内容。以2016年6月上线的付费音频课程《好好说话》为起点，喜马拉雅正式进军知识付费领域，成为音频内容付费的先行者。

蜻蜓FM通过多战略协同并举，打造优质内容生态。2018年年底，蜻蜓FM推出包括文化名家、财经、儿童成长、原创自制、超级广播剧等在内的九大内容矩阵，进一步补充和丰富平台内容。

荔枝则坚持走UGC道路，凸显文艺气质，主打语音直播的荔枝社交属性也更加明显。2018年1月，"荔枝FM"采用全新logo，正式更名为"荔枝"，完成平台的重新定位。

"去FM化"的荔枝，突出自身用户原创内容的差异化优势，通过转型精准定位受众，UGC模式也让荔枝率先在移动音频行业实现了规模化盈利。

移动音频与短视频的无硝烟战争

移动音频和短视频二者虽然分属音频、视频两个赛道，表面上不构成直接竞争，但是在注意力越发成为稀缺品的时代，看似平静的水面之下其实是一场无硝烟的战争。《2019中国在线音频市场研究报告》显示，2018年全年国内移动音频市场用户规模达到4.25亿，移动音频相较

微评

★ 在人工智能发展热潮涌动下，喜马拉雅FM利用人工智能进行转型创新发展。2015年，喜马拉雅FM推出了基于物联网和人工智能的"喜马拉雅Inside"开放平台，各品牌可直接通过SDK接口调取该平台的音频内容。

★ 随着短视频行业的快速兴起，移动音频与短视频也面临竞争，音频行业"失声"背后，是"无声"的抗争。

于移动视频行业增速较快，连续12个月稳步增长，全年涨幅达到50.3%。据CNNIC数据，截至2019年6月，我国网民规模已经达到8.54亿，互联网普及率达61.2%。其中，我国手机网民规模达8.47亿，网民使用手机上网的比例达99.1%。智能手机和移动互联网的发展为移动互联网业态奠定了坚实的基础。可以预见，接下来一个时期，移动音频的市场用户规模仍将有较大的增长。

但就目前而言，移动音频的行业体量远不及短视频，这与二者的固有特性有直接关联。

一是符号与图像的博弈。现象学指出，人通过符号和图像来接收日常信息。人们对影像和图片的观赏是在场的，而对于符号的接收则是不在场。移动音频和短视频二者都具有碎片化、休闲性、个性化的特征，满足人们碎片化时间获取内容及信息的需求。不同的是，视频内容以其高度直观的图像展示径直攫取受众的注意力，而无论是移动电台、有声阅读还是语音直播，人们对其内容和信息的接收本质上都要回归到文字符号的层面，需要通过人们思维转换加以理解，这直接增加了大众的注意力成本。**读图时代，图像式阅读已然成为主导的文化景观，光影声色多位展示的短视频对于移动音频的冲击不可谓不强劲。**

二是碎片化语境下娱乐性与知识性的对垒。短视频行业虽然也有知识付费的打法，但是娱乐性无疑是主流。而基于移动音频的天然特性，具有人文性、知识性的内容注定是突围的门道。伴随着消费者知识付费、内容付费习惯的养成，移动音频这一赛道也进一步赢得资本青睐，推动着移动音频行业繁荣发展。但是如上所言，音频内容本质上是一种文化符号，在碎片化语境下对符号的接收本来就具有一定的难度，尤其是要获取成体系、有结构的知识内容就更不轻松。**因此，在碎片化语境下，如何有效调和碎片化节奏和知识结构体系的矛盾是摆在移动音频行业面前的一个重要挑战。**

移动音频如何打响前路？

即便是炙手可热的短视频行业，经过前两年的高速发展，当前也已经面临瓶颈期，**而移动音频还远没有触及天花板，行业仍是一片蓝海**。把握优势、升级内容、开拓场景、营造归属感是移动音频打响前路的关键。

第一，借力知识付费经济，扩展知识型音频内容。知识付费产品是内容创造者将书籍、理论知识、信息资讯等知识与自身的认知积累融合，并对其进行系统化和结构化梳理后转化而成的标准化的付费产品。

自2016年知识付费元年至今，知识付费经过较长一段时间的快速腾飞之后，用户已经更趋理性。这意味着，更加专业化和实用性的音频内容才能成为知识付费模式下平台突围的要招。与此同时，要提升内容水平，就需要有更高专业素养的主播来创造和传播，这也成为各大平台发展战略当中的重点。2018年11月，蜻蜓FM发布了主播生态战略，投入10亿元人民币扶持资金，全力扶植和孵化平台自己的优质主播，以增强平台内容"造血能力"；荔枝也大力培养、扶持、孵化平台内容生产者，以保障平台内容的"源头活水"。

第二，开拓移动音频消费场景，探索更多可能。当越来越多的新技术从概念层面步入应用层面，移动音频也更加智能化、个性化。人工智能以及可穿戴设备、智能家居、车联网等的发展，为移动音频打开了更丰富的入口，用户体验进一步升级。智能音箱的面世，为移动音频提供了直接对口的载体。当前，不少移动音频平台也已经在这一方面发力，喜马拉雅更是涉及智能音箱设备的生产，基于自身的用户沉淀，迎合市场需求。随着可移动、智能化

微评

★ 移动音频要不断探索转型，从内容优势、场景模式等方面发力，实现"弯道超车"。

★ 在移动互联网下，诞生了更丰富、更强大的音频媒体。近年来我国互联网音频市场规模总体呈逐年增长态势。市场收入来源主要为音频娱乐、内容付费和广告营销，累计占总市场规模比重达95%。除此之外，我国移动音频活跃人数总体也呈现逐年增长的态势。

的各类终端的迭代升级，移动音频可应用场景越加丰富，把握多元场景下的共生机遇仍将是移动音频行业逆势成长的重点。

第三，坚守人文陪伴和平台特色，营造归属感。移动音频能够解放双手和双眼，具有高度的伴随性，这是音频内容不可替代的特有属性。无论是传统收音机、车载广播，还是互联网时代的移动音频，这种属性一直都在。

从过去打开收音机，拉长天线，旋转调频按钮，在一阵"滋滋啦啦"的声响过后，听到电台主播分享听众的喜悦或忧愁，到现在拿出手机，打开移动音频应用来听书或是听语音直播，其内核都是相通的。当前，在代际更迭和新消费人群涌入的契机下，移动音频平台要进一步吸引和沉淀用户，应当坚守人文陪伴和平台特色，生产和提供有温度的内容，营造平台的归属感，为人们在快节奏社会中筑造一方有温度的有声空间。

中国虚拟主播：万事俱备，只欠东风？

刘小炜

【写作背景】随着文化消费趋于个性化，二次元、ACG等小众圈在满足人们多样化精神需求的同时，也正在寻求自身的发展。虚拟主播这种科技含量较高、与现代娱乐方式高度贴合的新生事物应运而生，并且从受众群体、盈利模式、人才储备和实现技术来看，我国已经初步具备了发展虚拟主播的硬件要素。虚拟主播是下一个产业风口吗？对于这一行业，还有哪些配套要素需要完善？

虚拟主播到底指什么？

伴随着5G技术的成熟、大数据算法的进步，人工智能的普及度将越来越高，势必会引起一系列的社会更迭，其中当然也包括某些职业被取代的问题。《中国青年报》与旷视科技的一项调查显示，在"哪些职业会被人工智能取代"问题上，35.2%的受访者选择了"主播"，排名第五位。

"主播"一词的首次使用，是在1952年美国CBS哥伦比亚广播公司的一档电视新闻节目中。也就是说，传统意义上的"主播"是指出现在电视屏幕中的新闻主持人们。早在20年前，1.0版本的人工智能已经对新闻主播下手。但由于技术成熟度不足，成本损耗过大等问题，这把虚拟新闻主播的"火"很快便熄灭。

经过十几年时间，智能穿戴设备（WSD）、虚拟形象生成（PTA）、智能语音识别等与虚拟主播有着密切关系的技术迅速更迭，虚拟主播的星星之火有了重燃的趋势与可能。同时，人工智能的出现与网络直播等新业态的涌现又赋予了"虚拟主播"一层现代意义：除了主流文化中电视屏幕里的虚拟新闻主播，以虚拟形象代替真人的网络主播也纳入了"虚拟主播"的范畴。

微评

★ 虚拟主播是互联网思维下依托数字技术构建的人物形象，随着技术应用的日趋成熟，受到越来越多的青睐。

不同于近年来主流媒体上线的虚拟新闻主播"康晓辉""新小萌"和"小小撒"的补充作用，这些活跃于互联网平台的虚拟网络主播作为一种新兴业态，在二次元、ACG等小众文化圈迅速成为潮流。

2016年，世界上第一位虚拟网络主播"绊爱（Kizunaai）"在YouTube上开创了以二次元虚拟形象代替真人形象，并用真人配音的投稿形式。经过一段时间的运营，绊爱收获了国内外大量粉丝，成为现象级头部爆款。也正是因为她，让虚拟网络主播这个小众产业吸引了大量关注，甚至提及"虚拟主播"，人们自然而然地联想到二次元领域的虚拟网络主播，而非电视中的虚拟新闻主播。**所以，现在所热议且本篇重点讨论的"虚拟主播"，实际上指的是狭义上的亚文化圈内虚拟网络主播。**

中国虚拟主播：万事俱备，只欠东风？

需要厘清的是，虚拟主播与日本的初音未来、我国的洛天依等虚拟偶像是两个不同的概念。虚拟偶像一般是由声库和虚拟形象组成的工具类产品，使用者只需输入曲谱便可以使其歌唱，虚拟偶像本身没有个性可言。而虚拟主播则是由真人配音及虚拟形象组成，是具有人设和个性的虚实结合人物，主要采用动作捕捉及3D建模技术。

国外的虚拟主播一般叫"Virtual YouTuber（VTuber）"，而国内的虚拟主播则普遍称为"Virtual UP（VUP）"，这是由于我国大多数虚拟主播都在哔哩哔哩弹幕网（简称"B站"）活动的缘故，目前有"神乐mea"、CCTV新科动漫频道"新科娘"较为知名。受到绊爱等VTuber强劲发展势头的影响，中国以敏锐的嗅觉也把VUP安排上了日程：B站的流量倾斜与扶持，央视动漫频道参与开发……那么，中国的虚拟主播有没有发展成"爆款"的可能性呢？

虚拟主播有粉丝群吗？

从粉丝视角出发，虚拟主播的出现无疑创新了一种二次元迈进现实的"2.5次元"表现形式。**虚拟主播既具备带有"萌"属性的虚拟形象，又具备真人真声、人物个性的现实特性，可以给予粉丝真实陪伴感和充分幻想空间。**这对于喜爱动漫、游戏等二次元文化的粉丝而言，不失为一种全新体验。

从平台角度出发，2019年5月，哔哩哔哩弹幕网董事长陈睿在财报解读中特别提到："虚拟主播的增长非常强劲，该季度有超过来自全世界的6000虚拟主播在B站开播，观看的观众人数接近6000万。"得益于B站所具有的在国内二次元领域的强大影响力，新生的虚拟主播内容在B站用户中获得强烈的反响，参与数、互动数和付费率数据体现出极强的粉丝效应。可以说，**B站拥有的庞大二次元用户数量给虚拟主播内容打下了强大的粉丝基础。**

微评

★ 虚拟主播运用人工智能的表现形式，介于虚拟和现实之间，给粉丝们带来无限的想象空间。

虚拟主播能挣钱吗？

以绊爱为例，根据Youtuber视频统计平台Social blade的分析，她的视频广告年收入最高可达190万元人民币。除视频广告收入外，绊爱还可以借助大荧幕、全息投影等数字化输出设备出席各种活动、参演动画短片、开办线下演唱会、进行产品代言以及各种IP周边的售卖，这些商业活动才是其实现营收的主要途径。

当然，作为虚拟主播鼻祖，绊爱的商业化水平绝对在虚拟主播行业的前列。**反观国内二次元的商业变现渠道，短视频平台收入分成模式、直播打赏以及线下商业活动三种模式已经较为成熟，而产品代言、周边IP开发等形式亟待探索。总而言之，未来国内VUP虚拟主播的变现通道已经打通，实现盈利不是难事。**

微评

★ 近年来，虚拟主播、虚拟偶像的兴起带来了新商机，成为赚钱的新风口。

虚拟主播的业务能力如何？

和主打音乐方向的虚拟偶像不同，虚拟主播的业务能力要求更加严格，声音好听、唱歌美妙仅仅是虚拟主播们的必备技能之一。我们知道，虚拟主播背后的配音演员通常被称为"中之人"。每位虚拟主播会根据已有人设，以及"中之人"的兴趣特长制定相关的视频内容。

日本的虚拟主播内容呈现出非常多元化的分支。除了一般的唱歌跳舞、侃天说地之外，虚拟主播们还产出游戏体验，动画分享等ACG内容，甚至参与录制天气预报，出演虚拟电视剧等。国内的虚拟主播也有新尝试：在B站虚拟次元计划中，团队甚至尝试了相声表演这种在虚拟主播中罕见的内容形式，并以此收获了一批粉丝。

基本上，真人主播能够产出的内容虚拟主播基本上都

能涵盖，这是普通二次元动漫角色与虚拟偶像无法做到的。在我国在线直播行业规模增长趋于稳定，各大直播平台积极求变求生的背景下，真人主播和虚拟主播兼容的选择不失为一种探索。

普通人可以成为虚拟主播吗？

目前来看，国内外的虚拟主播可以根据账号归属分为两种企划形式：企业势虚拟主播类似于娱乐经纪公司旗下的艺人，归属于统一集体，由公司负责策划、运营和背书，如战斗吧歌姬、彩虹社等；个人势虚拟主播则完全依靠个人支撑运营，不与企业或公司签约，如B站的"神乐mea"。两种企划形式各有利弊，企业势的团队运营更加专业但容易受到出镜限制，个人势运营自由度高但会遇到商业化程度低，公关困难等问题。

对于想要成为虚拟主播的用户而言，塑造二次元虚拟形象技术门槛降低以及硬件设备的简单可得，使每个人都可以创造属于自己的虚拟主播。

虚拟主播——下一个产业风口？

如果说虚拟新闻主播是人工智能时代传统媒体行业对接高科技、高效率所做出的尝试，是从现实走近虚拟的表现，那么虚拟网络主播则是亚文化圈在直播、短视频等内容产业探索新型表达的产物，是从二次元虚拟迈向三次元现实的体现。

随着文化消费趋于个性化，二次元、ACG等小众圈层在满足人们多样化的精神需求的同时，也在寻求自身的发展。虚拟主播这种科技含量较高、与现代娱乐方式高度贴合的新生事物应运而生，并且从受众群体、盈利模式、人才储备和实现技术来看，中国已经初步具备了虚拟主播内容发展成产业的硬件要素。

但是，虚拟主播在中国的发展也有其限制因素。一方面，与动漫国民接受度超高的日本相比，中国"宅"与"萌"文化似乎还没有渗透到国人的消费习惯之中；另一方面，虚拟主播的实现虽然技术可行，但昂贵的动作捕捉

★ 要客观辩证地看待虚拟主播的发展，在借鉴日本发展经验的同时更要立足于本国环境和消费习惯。

设备令前期投入风险较高，普通的2D虚拟主播能够满足日常直播和视频的需求，但与成熟的商业模式运作又有较大距离。

不可否认，虚拟主播的确是小众文化在现代文化娱乐环境下产生的新亮点，但是否能成为未来改变二次元内容产业的新黑马，还需时间检验。

"实体书的衰落"——创意书籍设计带来另一种活力

洪欣言

【写作背景】互联网革命的到来，不仅催生了新的产业，还对传统行业构成了挑战。其中，电子书对传统出版行业带来冲击、实体书走向衰弱等相关消息是我们平时听得最多的。电子书的推广对书籍的设计有了更高的审美和艺术要求，实体书籍需要更加注重装帧形式的美学发展，才能满足现代人的审美需求。

实体书真的走向衰落了吗？

互联网的兴起、智能手机的普及，让数字阅读的方式走进了千家万户，电子书与纸质书的"战争"也随之而起，"实体书走向衰落""电子书将要取代实体书"等论调，也得到了许多网民们的认可。

《2018年度中国数字阅读白皮书》中显示，截至2018年，中国数字阅读用户总量达4.32亿人，人均数字阅读量为

微评

★ 其实电子书和实体书的关系，一直以来也都是出版界讨论的话题。在传统出版商的印象里，电子书的发展壮大会分流实体书的销量，还容易滋生盗版，对实体书市场的收入造成削减影响。

12.4本，人均单次阅读时长71.3分钟，中国数字阅读整体市场规模已经达到了254.5亿元，同比增长19.6%，数字阅读发展势头迅猛。但说"实体书走向衰落"却实在为时过早：从《阅读产业发展报告（2017）》的报告结果来看，**纸质书市场整体规模约为1800亿元，相比之下，数字阅读市场规模约为110亿元，其中，电子书规模约为20亿元，数字阅读和纸质书市场体量还有差距。**

第十六次全国国民阅读调查结果显示，我国成年国民的图书阅读率为59.0%，人均纸质图书阅读量为4.67本，与上一次阅读调查结果（4.66本）基本持平，而人均电子书阅读量为3.32本，虽然较之前的3.12本有所增加，仍低于人均纸质图书阅读量。

看到这些数据，我们可以明白，**走向衰弱的是"实体书店的零售"而不是实体书本身**，就目前来说，实体书的阅读、销售等情况只能说增速放缓，还谈不上"衰弱"。在铺天盖地的"电子书打倒实体书"的声音中，实体书依然"坚挺"，为什么会出现这样的现象？

微评

★ 电子书和实体书是相辅相成的，二者的读者重复度并不高。目前已经有一批习惯阅读电子书的人群，而习惯阅读实体书的读者也并不少。

实体书与电子书满足的是两种需求

实体书与电子书满足的是不同需求：在挤公交、搭地铁时，人们可能喜欢利用小巧且轻便的手机进行碎片化阅读；周末闲暇时，人们可能享受的是纸质书捧在手中的质感，享受翻阅纸质书带给我们的触觉、听觉、视觉上的感受；在查阅资料、阅读期刊时，人们可能会选择实体书与电子书相结合的方式来提升效率……选择什么样的方式并没有对与错。

也就是说，实体书与电子书并非对立关系，它们本质上都是传播内容的媒介，只是一个利用的是实物，另一个则以数字化工具为载体。最终影响消费者选择一本书的原因，只会是书中的内容。但书的封面装帧、纸张质感等是无法在电子书的阅读中感受到的，这不得不说是电子书阅读的一种缺憾。

要有创意内容，更要有创意设计

"书籍装帧设计是通过读者眼观、手触、味觉、心会，在领略书籍精华神韵的同时，得到连续畅快的精神享受。"这是书籍设计大师吕敬人的话语，实体书正是通过人们的"五感"，即听觉、触觉、味觉、视觉、嗅觉来吸引读者的。

对书籍进行创意设计并非近年才有的，而专门为儿童设计的读物则拥有最多让图书"有趣"起来的元素。藏在童话绘本里会随着河流行驶的船只，会从时钟里弹出来的布谷鸟，翻开"隐蔽的门"就突然出现吓人一跳的女巫，在科学读物中伴随着火焰喷射起飞的火箭，能被"打开"的地球……这类儿童读物通过巧妙的设计，通过"拉、翻、折、开"等方式，让原本静止的画面通过孩子们的手"动"起来，翻开书就像翻开一个新的世界。这种图书不仅让孩子们乐此不疲，连成年人都会忍不住"上手"摸索一番。

这类"会动"的书，近期最令人惊艳的莫过于《哈利波特：霍格沃茨3D魔法立体书》了，还有在如今的成年人的童年回忆中留下不可磨灭的记忆的《冒险小虎队》。读者仿佛成为了第四位"小虎队"成员，利用随书附赠的"解密卡"跟随整个团队一起探险、解谜，充满童趣。也有互动性不那么复杂，但依然有趣的儿童读物，如《好饿的毛毛虫》。这类文字偏少，适合更低龄孩子的绘本，选用厚纸，伴随着故事的进程，在合适的地方留下毛毛虫大小的孔洞，有大有小，孩子们总会忍不住用手穿过这些孔洞，体验做毛毛虫的感觉。对于儿童教育的重视，让如今的绘本创意层出不穷，优秀的例子不胜枚举。事实上，随着人们越来越认识到"设计"的重要性，同时也为了激发读者的消费欲望，针对成年读者设计的创意图书也开始涌入，创意设计元素正从儿童读物向全图书出版行业流动。

日本设计师佐藤卓为自己的书《鲸鱼在喷水》所做的装帧设计就十分有意思：封面为深蓝色，中间的线条就如同鲸鱼喷出的水柱；腰封上共有5只企鹅，但在封面能看到的只有一只，且只有这一只与其他四只不一样，并不拿着书，而是举着手仿佛在和读者打招呼。为什么呢？——这样的设计成为佐藤卓与读者之间的沟通，成为作者与读者之间的"小秘密"。这样的小秘密被发现的时候，"让人忍不住分享，而使人与人之间产生联系"。

类似的设计并非如儿童创意读物那样具有高互动性，但实现了读者与书籍的"对话"，是一种更低调，也更适合成年人的小创意。

结语

也许读者们会因为方便而使用电子书进行阅读，但"五感"能感知到的是实体书，不同而优秀、有创意的图书设计也可能吸引读者对反复购买同一书名的书。如贡布里希的《艺术的故事》就有多个版本，有的仅配有简单的图片，有的则选用高级纸张印刷，将文中所提到的作品照片做成配图，给读者更好的阅读体验；又如，日本在对江户川乱步的经典推理小说进行再版时，选择与著名的漫画家进行合作，用风格独特的插画作品吸引新老读者，给读者带来不一样的感受与想象……

电子书对纸质书确实带来影响，但传统的图书出版行业并非很多人以为的那么孱弱。富有创意的图书设计，将会给传统的实体书行业增添更多活力。

微评

★ 胡愈之说："一本好书，应当是一件完整的艺术品。一本好书，一定是思想内容、文字插图、标点行格、排版样式、封面装帧都是配合得很匀称、很恰当的，书的内容和形式要能求得一致，表达出一本书的独特风格，这样才真正算得一本好书。"

乐高：玩出来的商业帝国

常天恺

乐高，英文名LEGO。商标LEGO的原意取自丹麦语"LEgGOdt"，意为"play well"（玩得快乐）。秉承着这一发展理念，乐高逐步成为优质玩具的代名词，用小小积木搭建起庞大的玩具帝国。乐高早期生产积木产品，发明者克里斯蒂安森先生用一手精湛的木匠手艺研制出惟妙惟肖的木制玩具，获得了不同年龄段用户的青睐。随着业务的不断拓展，乐高进军教育、电影、游戏等领域，在跨界发展方面做出不懈的努力，以其知名的品牌享誉世界。

乐高对中国市场持续发力

面对日趋饱和的欧美市场，乐高早就开始在中国市场全面发力。2016年11月，在中国嘉兴占地16.5万平方米的乐高工厂正式揭牌，成为亚洲最重要的乐高生产工厂。文化背景差异较大的亚洲市场，乐高同样收获了相当一批用户，乐高集团2019年2月发布的2018年财报显示，2018年乐高全球零售额同比增长3%，收入364亿丹麦克朗，同比增长4%，其中净利润为81亿丹麦克朗，同比增长3.5%。值得注意的是，**中国地区的销售额自2015年开始呈**

两位数增幅增长，而乐高在中国玩具市场所占份额已经超过30%。"一入乐高深似海，从此钱包是路人"就是乐高迷最真切的内心独白。尽管昂贵的价格对乐高在亚洲市场的扩展速度有所影响，但其前进的步伐却从未因此停歇。

微评

★ 2004年，中国教育部开始在部分城市启动教育改革，在语数外等基本学科之外增设拓展性课程，至于拓展什么，由学校自己决定。一些学校选择了跆拳道、艺术类课程，也有的选了乐高。借助这条规定，乐高教育在中国的经销商把教具送进了上万家之前从未踏足的校园。

★ 乐高由于其可变性，可以随意组成各式各样的东西、场景，甚至是一些奇思妙想，很多突破天际的"脑洞"都可以被乐高还原。这种灵活性和多样性也预示着其在融合发展道路上的多种可能。

从做玩具到搞教育

在大多数人没有意识到儿童玩具的重要性的时候，20世纪30年代克里斯蒂安森先生便敏锐捕捉到这一空白领域的商机，致力于玩具产品开发。他始终认为玩具是孩子最重要的伙伴，无论何时，孩子都不能没有玩具。到了80年代初，乐高集团开始延伸生产线至教育方面，一个独立的教育产品部门专门负责发展此类产品供应给学校、幼儿园及早教机构。乐高在生产玩具的基础上巧妙融入教育的理念，使乐高由玩具生产扩展到儿童教育领域，在全球"寓教于乐"中发挥着重要的力量。乐高集团与高校和研究机构研发的乐高课程涉及科学、技术、设计、艺术、数学等多个学科领域。随着2017年国务院发布《新一代人工智能发展规划》，人工智能以及编程课程成了教育热门，而乐高开发的机器人编程教具正好顺应了这一发展趋势，迅速抢占了教育市场。

积木是根基："脱离根基的创新是灾难"

乐高对其品牌经营的成功离不开观念上的创新，以其卓越的跨界能力，实现了从传统制造业向新兴文化创意产业的转型升级。为此，乐高在坚持差异化产品战略、与教育结合的产品属性这些核心竞争力的基础上抢先布局新兴市场，围绕玩具产品衍生拓展了新业务，逐步形成了乐高出版物、乐高创意、乐高设计、乐高人物故事、乐高游戏、乐高主题公园等业态。全面打通了"玩、教、娱"三大产业链，实现了联合发展。乐高不仅成功塑造了特色品牌，而且增加了集团的收益，为公司的持久发展奠定了基础。乐高在进行商业版图的拓展时能非常清醒地认识到，**单一的玩具业态无法满足长久发展，但脱离根基的创新将是灾难，而积木永远是乐高发展的根基。**

跨界融合的嬗变发展

互联网的发展使各领域间的联系日益密切，同时也使各领域间的界限变得更加模糊。跨界融合成为发展新思路。**乐高集团充分抓住时代机遇，实现同各领域的联名和融合，通过内外双IP化的方法为产品提供内容。**

　　首先，乐高与影视产业发展紧密结合，众多知名影片通过联名授权的方式为乐高的发展带来了机遇。一方面，乐高充分借助自有品牌IP向其他领域拓展。近年来，系列"乐高大电影"的打造就是其跨界发展的成功举措。"乐高大电影"借助孩子的世界讲述成人的故事，受到了人们的广泛好评，实现了乐高从玩具生产向电影领域的跨越。另一方面，乐高选择借助外部的IP实现强强联合，将火热的IP转化为自己的产品。在1999年和2001年乐高分别获得了《星球大战》《哈利·波特》的品牌授权后，生产制造了这两部电影的系列衍生品，使玩具涵盖科幻系列、经典建筑系列、经典人物系列等，满足了不同爱好、不同年龄孩子们的需求。乐高还在2015年获得《冰雪奇缘》的授权后积极探索推出《冰雪奇缘》相关玩具，使乐高的受众更加广泛。

微评

★ 数字化转型中的变革需要对市场和用户需求有不同的理解，也需要乐高将自身能力与合作伙伴重新组合。

其次，乐高还和汽车品牌进行了联名，共同致力于打造娱乐产品。乐高积极寻求同宝马、迈凯伦等汽车品牌的合作，打造汽车文化玩具形态，吸引了无数的汽车爱好者。乐高的汽车模型不仅为汽车新品的宣传做好了铺垫，同时也为乐高自身品牌发展奠定了基础，让乐高的文化价值进一步凸显。与此同时，乐高还将积木玩具和电子游戏融为一体，为自己的跨界发展拓展领域。2015年，乐高联手华纳兄弟推出互动游戏《乐高：次元》，在角色中推出了侏罗纪世界、蝙蝠侠、霍比特人、漫威超级英雄等经典人物形象，由角色扮演到沉浸体验，拉近了受众与产品之间的距离，实现了传统拼搭和数字化互动两种游戏形式的完美融合。

全方位营销布局

乐高在宣传上十分注重自身的品牌推广，培育了庞大的零售商体系。在2019年"双11"前，乐高就已经开始了宣传准备工作，通过各种渠道营销自己的产品，获得了较好的收益效果。

在消费者需求方面，乐高始终致力于创造消费者个性化需求，通过设计内部创新、引入外部创意接近消费者内心。乐高坚持消费者为中心的导向，在成本控制、产品销售方面精准对接需求，把顾客满意度发挥到最大。同时，乐高积极引导消费者参与设计，将消费者的创意进行转化。半成品产品属性的设计不仅调动了消费者参与设计的积极性，而且降低了标准化输出产品的成本，实现了设计的创新发展，形成了独特的乐高模式。

微评

★ 负责乐高数字消费者参与的副总裁彼得·金曾说："我们很容易变得傲慢，如果只是让每个人都知道这个品牌，我们就只是在继续做我们正在做的事情，我们做得很好，但问题是，消费者想要什么，我们该如何满足他们，我们该如何交付产品？"

乐高主题公园入驻上海，能否实现再度发展？

乐高于20世纪90年代进入中国市场，最初主要布局在一二线城市的高端商场。随着我国经济的不断发展，乐高对中国市场的开发不断深入，在中国的认可度不断提升。中国国际进口博览会的举办为乐高持续深耕中国市场提供了良好的契机。在2018年9月份，乐高集团继迪士尼旗舰店之后，在上海人民广场开设了中国区第二家品牌旗舰店。在中国，乐高越来越受到青少年及其家长的广泛接纳和欢迎。

乐高集团的CEO认为，当前中国进入消费升级的新阶段，民众也对各种产品的品牌和品质有了更高追求，此时是乐高在中国发展的最好的时间点。因此，乐高主题公园的建设也想搭乘这趟快车，实现对中国市场的拓展。

乐高集团经过两年的细致考察，最终选取上海市金山区作为主题公园的选址。上海是我国的金融中心，有着巨大的发展潜力。乐高在上海的布局正是看中了这一点。乐高在主题公园的打造上将挖掘更多的中国本土文化元素，实现在地性转化和发展。

乐高主题公园在上海的落地也存在诸多隐患和未知的挑战。上海所在的长三角地区是我国主题公园的主要集中区。迪士尼、欢乐谷、华侨城等多个头部主题公园会对乐高主题公园的发展造成一定程度上的影响。行业竞争的加剧使乐高的发展面临同质化的局面。如果不能打造出具有自身独特性的项目，就无法实现对人群的吸引。在主题公园快速发展的今天，乐高主题公园能否在广阔的中国市场分得一杯羹至今还无法确定。

乐高品牌的发展经历了一个长期的过程，不断创新是

微评

★ 与此同时，商业环境的变化也促使乐高面对机遇，需要思考如何通过新技术为消费者创造新的价值；让客户体验得以完善和"升级"。

其永葆品牌核心竞争力的成功秘诀。任何一个成功的品牌都离不开跨界的思维、对时事的审视和把握，乐高集团也是如此。如何制定特色化发展战略，保持主题公园的主题性和创新性是上海乐高主题公园未来所应当思考的内容。

大变革时代：主持人面临的危机与出路

赵航

微评

2019年10月26日，中央广播电视总台2019年的《主持人大赛》在央视一套播出，这档有着30多年历史的老节目，时隔八年之后重回舞台，热议依旧。节目在播出后也凭借其评委阵容、选手水平及赛制设置等广受好评。融媒体时代的到来影响着传媒行业的各个方面，主持人作为广电媒体的最前端，在激烈的竞争环境中正经历着前所未有的挑战。

主持人大赛的变迁

CCTV电视节目主持人大赛自创办以来，已有31年的历史。随着时代的不断变革、传媒行业的快速发展，历届大赛在赛制设置、选拔标准方面都有不同的定位。1988年举办第一届电视节目主持人大赛，之后分别于1995年、2000年、2003年、2007年、2011年举行了第二届至第六届。每届大赛都在创新赛制，不断定位选拔要求，在社会上引起强烈反响的同时也为国家广电系统输送了一大批优秀的主持人。鞠萍、

★ 作为央视传统品牌节目，《主持人大赛》一直随着时代的变迁不断迭代。作为中央广播电视总台全面启动高质量发展改版以来的首档大赛类节目，2019年的《主持人大赛》除了规格高、影响大，更重要的是其在业内的风向标意义——立足融媒体时代，我们到底需要什么样的主持人？

撒贝宁等观众熟知的主持人都是从这里走向千家万户的。

从分门别类到综合考察，从挖掘个性到国际传播，历届央视主持人大赛的宗旨定位及标准的变化，**反映了主持人和其他职业一样，只有不断改革和创新、体现时代特征、满足受众需求才能在社会变革的浪潮中不被淘汰。**

首先，对主持人的要求与时俱进。第一届主持人大赛定位尚不明晰，但当时已认识到优秀主持人对于媒体的重要性；自第二届开始每届都有不同的宗旨，从"发掘个性化电视主持人"到"推出主持新人，提升传播品位"再到"提升国际传播能力、扩大国家台吸引力、构建高端交流平台、推出主持人新秀"，主持人大赛一直在与时俱进。

其次，参与人数逐年上涨，选手来源渐渐多元。第七届的参赛选手中，除了专业主持人之外，还有不少其他行业的选手，如刚刚在《奇葩说》里收获些许名气的律师许吉如、毕业于布朗大学的"理工男"李礼等。

最后，观众参与度也在变化。主持人大赛一直重视观众与评委的结合。在第三届主持人大赛复赛中设置家庭评委，打分所占比例为30%。第六届主持人大赛设立了现场观众方阵，场外观众也可发送短信与比赛互动。观众参与度也在不断提升。2019年开办的第七届大赛与以往不同的地方在于采用了基于人工智能的全新互动技术，为网络"千人评审团"带来了"现场参评"的可能，提升了大赛观众参与的广泛性、普遍性和代表性。

万众瞩目背后的困境

从参赛选手的专业背景来看，历年来主持人大赛的参赛选手大都来源于播音主持专业的毕业生或在校生。同

微评

★ 从播音员到主持人不仅仅是称谓的变化，更是职业要求的不断提高。字正腔圆似乎已经不是对主持人的评判标准，知识的储备、灵活的思维、跨界的能力等多样化标准的提出，让主持人行业的机遇与挑战共存。

时，他们也是各地方广电系统主持人的重要来源。在专业化建设和职业发展的背后，主持人行业有着来自多方面的竞争压力。

僧多粥少：人才培养参差不齐

播音主持专业最早出现于1920—1930年，经过长期的发展已形成较为完善的专业教学体系。近年来，我国二百多所高等院校都开设了播音主持专业，发展迅猛。其中具有代表性的高校有中国传媒大学、浙江传媒学院、中央戏剧学院、上海戏剧学院、南京艺术学院等。舞台的魅力吸引着众多学子，成为众多艺考学子报考的热门专业之一。

传统的播音主持专业培养主要侧重于发声练习、口语表达等方面，但随着融媒体时代的来临，竞争日趋激烈，不少院校出现了技能教育与传媒发展不适应的情况。融媒体时代下对主持人的综合素质要求很高，传统的"花瓶时代""念稿时代"已经一去不复返。

同时，每年毕业于播音主持专业的学生高达上万人，但就业率两极分化现象严重。中国传媒大学、浙江传媒学院等热门院校的就业率较为乐观。中国传媒大学官方发布的《中国传媒大学2018届毕业生就业质量报告》显示，播音主持艺术学院2018届本科毕业生就业率达95%以上，学院2018届硕、博毕业生就业率高达100%。

尽管他们中的大部分人进入广电一线岗位，但不是每一个学校的播音学子都有这样的幸运。放眼全国，播音主持专业的就业率并不高，在教育部发布的全国范围内就业率偏低的本科专业名单中，播音主持艺术、公共事业管理、音乐表演、广播电视编导等15个专业位列其中。**关键原因在于传统广电系统内的人员设置已趋于饱和，供需不平衡导致了这个专业的就业率较低。**

竞争加大："去主持人化"趋势与跨界人才涌入

主持人不仅需要面对专业人才之间的竞争，还面临跨界人才对生存空间的挤压。在过去的节目当中，主持人肩负着把控节目的引领性职责，而近几

微评

★ 对于主持人职业的定位和意义是亟须破解的问题，节目与观众间关系的微妙变化、主持人在节目中的作用于角色的转变等，都是"去主持人化"的重要原因。

年来随着真人秀节目的迅猛发展、市场竞争的日趋激烈，无论是电视综艺还是网络综艺，节目形态都发生了较大的改变，主持人与节目密不可分的定律需重新思考。

"去主持人化"趋势逐渐明显。2013年湖南卫视播出的真人秀《爸爸去哪儿》就是一个重要的分水岭。节目中李锐虽化身"村长"，但依然承担着主持人引导节目流程的功能。而后来的《奔跑吧》《极限挑战》《花儿与少年》《中餐厅》等节目中，主持人的角色则直接被取消。

与此同时，专业节目主持人还要面临跨界人才的竞争压力。例如，在电视节目中，《国家宝藏》主持人张国立、《演员请就位》主持人沙溢等都是演员，对观众来讲既熟悉又新鲜；再如，《欢乐喜剧人》主持人郭德纲是相声演员，有着更独特的主持风格；在众多网络节目中，《仅三天可见》主持人姜思达、《十三邀》主持人许知远等都是跨界主持，且反响不俗。

在节目类型、模式、受众欣赏习惯都发生改变的今天，主持人如果继续以大型晚会舞台上的工作要求塑造自己，将会面临越发狭窄的发展空间。

★ 对于AI技术近几年的快速进步，很多较为机械的行业的从业人员已经火烧眉毛，但是主持人们万万没有想到，自己十年磨一剑的专业，虚拟主持人居然在几天内便轻松掌握并登上大雅之堂，这不禁让人感叹科技的强大和可怕之处。

新兴业态冲击：虚拟主持人不断上岗

除了人与人之间的竞争外，现在要面对的还有人与科技的竞争。近几年AI在主持人行业中的应用已不是新鲜事，早在2001年英国报业联会媒体公司在网络上就推出了世界上首位虚拟主持人安娜诺娃。2018年3月1日，广播界的AI虚拟主持人在《南方财经报道》正式上岗，这位"主持人"是由科大讯飞与南方财经全媒体集团跨界合作的创新成果，通过先进的语音合成技术模仿真实主持人的声音为观众播报财经新闻。

而2018年11月7日，全球第一个全仿真智能合成主持人正式上岗新华社，只要输入一段新闻文本，他就会用和真人一样的声音进行播报，甚至连唇形、面部表情都完美吻合，与真人主播并无二致。**新华社称，首批入职的两位AI主播，上岗三个月就已生产3400余条新闻报道，累计时长达10000多分钟，其间还参与了第五届世界互联网大会、首届中国国际进口博览会、2019春运、春节等若干重要报道。**

2019年11月26日，新华智云正式发布"媒体大脑3.0融媒中心智能化解决方案"，**媒体大脑3.0首次采用版权区块链技术，为原创内容生产者保驾护航，同时也是首次采用AI智能审核技术，确保发布内容安全。已投入使用的30余款媒体机器人，为策、采、编、发、审、存、传全流程赋能。这些虚拟主持人系统相比主持人来说拥有大量的知识信息储备与极速采编发能力，且不知疲惫、口播零失误。**但在互动化、人性化与受众观感方面仍存在劣势。相关技术公司也表示未来将会通过用户大数据提供个性化、互动化的产品，满足不同用户群体的偏好，这在提升用户体验的同时，也为主持人及媒体从业者带来了不小的竞争压力。

未来我们需要什么样的主持人

播音教育：日益重视人文素养的培养

中国传媒大学丁龙江老师表示："央视主持人大赛为播音教育树立了一个新的标杆。"比赛赛制的设置以及对主持人选拔的标准也为播音主持学科建设指引了方向。**首先在招生入学方面：重视生源人文素养的积累。**近年来艺术类院校招生虽火爆，但是学生文化素养有待提高。中国传媒大学加大力度推进艺考改革，自2019年起，凡参加中国传媒大学艺术类本科专业招生考试的学生，无论报考何种专业，均须在初试环节参加由学校统一组织的文化素养基础测试，学校也在艺考改革基础上邀请一流专家学者编写文史哲通识读本丛书。

其次在专业培养方面：从内容转述者向内容生产者转变。主持人大赛3分钟自我展示与90秒的即兴考核，将选手的基本功积累、临场反应、即兴发挥能力展示得淋漓尽致。这要求主持人培养不仅要注重传统的语音、发声、呼吸、情感等主持专业能力的训练，更要培养学生在面临紧急任务时快速抓取信息的能力，做到表达有主题、有内容、有深度、有升华。

时代所需：复合型主持人

主持人绝不仅仅是"主持人"，主持人的复合职能定位一直在随时代而变。进入21世纪后，各大电视台创建了新闻、经济、影视、体育等多个专业频道，这对节目主持人提出了新的要求。第四届主持人大赛便强调主持人要"专而精"，成为某个领域的专家。到2011年时，中央电视台正在筹建海外分台，第六届大赛便着重选拔具有国际传播能力的主持人。2018年3月，为推动媒体融合发展需要，中央广播电视总台组建成立。复合型主持人的出现，为媒体融合环境下的主流文化传播注入新力量。**中央广播电视总台央视综合频道总监张国飞称："过硬导向把控能力、新闻直播互动能力、多媒体应用能力以及人格化传播能力是复合型主持人新的标准。"**

微评

★ 为适应新时代的发展需求，具备过硬导向把控能力、新闻直播互动能力、多媒体应用能力以及人格化传播能力的复合型人才才是未来主持人发展的新标准。

融媒体时代：互动共赢

传统媒体与新媒体、新技术，绝不是敌对关系，两者进行互动与合作可以达到更高层次的共赢。**首先，加强与新技术的互动。**2019年央视网络春晚中，撒贝宁迎来了一位全新的搭档"小小撒"，这是全球第一次真正意义上由主持人和自己的虚拟"孪生"主持人共同主持国家级文化活动。晚会过程中，"小小撒"的临场反应与言语表达都颇具亮点，两人的互动妙趣横生，赢得观众的阵阵掌声。人机共生是面对未来科技发展的最好态度。**其次，依托新媒体加强与观众的互动。**无论是《主播说联播》还是"康辉的vlog"，都是依托新媒体平台拉近主持人与观众的距离。**在受众新闻获取习惯发生变化的背景下，主持人与传统媒体更应高度重视用户体验与信息服务，加强与受众的互动性。**

结语：主持人不会消失

主持人这个职业会消失吗？答案是不会。再有个人风格的明星、信息处理能力再强的机器，目前来看适用范围仍然有限。**白岩松在第三届中国主持传播论坛上提到"内容竞争的时代正式到来，主持是技术，人是内容"。**媒体融合背景下，主持人只有转变职能定位、重塑个人形象、提高自身的文化底蕴与综合素质、发挥自身力量推动媒体融合才能不被时代洪流所淘汰。

付费自习室火爆，你愿意为学习氛围买单吗?

微评

李渊

★ 早在20世纪八九十年代的韩国，自习室已然兴起，时至今日，韩国的自习室行业不仅模式成熟，而且进入了新的发展阶段。对于国内刚刚兴起的自习室，韩国的自习室是个不错的学习对象。

国庆长假期间，不少城市的年轻人选择将付费自习室作为假日"打卡地"。在许多城市，付费自习室出现了"一座难求"的现象。**付费自习室成为当代年轻人新型的学习场所。**付费自习室的灵感，来源于一部经典韩剧——《请回答1988》，剧中的主人公德善常常整夜在自习室里学习。付费自习室在日韩等国已经建立了相对成熟的运营模式，并形成了稳定市场。近两年，北京、上海、广州、沈阳等城市先后出现了一批付费自习室。

付费自习室在全国各地的陈设和格局大同小异。一个隔断的独立空间，带有暖黄色灯光的台灯，储物柜、插座、Wi-Fi、打印机是自习室里的标配，部分付费自习室还有加湿器、空气净化器、按摩椅这类豪华配置。除了相对封闭的自习空间外，部分自习室还有开放讨论、休闲就餐等区域，满足了使用者的多重需求。

从价格上看，大多数自习室按照分时、包天、包月等方式计费，平均每天的费用从25元到100元不等。而在自习室的消费人群中，年轻人占据了绝大多数。付费自习室为何能迅速发展？年青一代为何选择为"学习空间"付费呢？

年轻人为何愿意为学习空间"买单"

"知识焦虑"蔓延

随着消费水平的不断升级，越来越多的年轻人对学习空间提出了更高要求，稳定的座位、安静的环境、便捷的交通受到年轻人的青睐。 使用付费自习室的年轻人大多有考研、考学或考证等明确的阶段性目标。无论是职场竞争和就业压力的增大，还是知识焦虑和本领恐慌，都促使越来越多的年轻人选择通过提升学历、考取相关资格证等手段争取更大的发展空间。可见，庞大的考证、考学群体带来了极大的对自习室的需求。

从另一个角度来说，伴随着知识付费经济的崛起，个人的学习和投资正在转向"高效率"。越来越多的人通过充电、考证等完善自己，"付费自习室"不过是顺应社会趋势推出的新型产品。这也是付费自习室迅速扩张并保持较高上座率的重要原因。

公共资源短缺

付费自习室兴起的一个重要原因是城市公共资源的短缺和不便利。许多人选择付费自习室是因为附近缺少适宜的学习空间。一方面，图书馆数量少，从业人员也相对短缺，公共图书馆暂时还不具备24小时开放的能力，无法满足部分人群的需求。另一方面，高校、科研机构以及其他类型的图书馆为社会公众全体开放还存在一定难度，其中

微评

★ 根据自习室在国外的发展历程来看，一开始，收费自习室的出现主要是面向学生群体，但大概从2005年开始，主要客户群体变成在职人员，"充电"式的学习成为付费自习室迅速扩张的原因。

包括管理成本增加与安全隐患等问题。而**付费自习室弥补了部分公共资源的不足，满足了公众对于学习空间便利性和个性化的需求**，因而在各大城市迅速扩张。

学习需要"仪式感"

学习"仪式感"也是近年来青年群体中出现的新现象。"仪式感"表现为一种"额外加上一些耗时耗力耗钱的非必要动作，以表达重要性的行为"。而在学习中，"仪式感"表现为更加安静稳定的环境和更加人性化的服务等。在微博的一项小调查中，超过半数的网友表示在自习室中学习更有学习氛围，因为自习室里环境安静并且设备齐全，能完全满足自身对学习环境的需求。另外，许多网友还表示花钱消费给了自己积极的心理暗示，让自己更加专注；学友之间还能互相监督打气，提高了学习效率。年轻人对学习环境的更高要求与更愿意为自身投资的现状，让付费自习室成了市场上的新宠。

微评

★ 作为新兴事物，付费自习室在迅速发展的同时，也需要有效监管。目前开办付费自习室的门槛相对较低，会员制的实行，一次交一年甚至更长时间的费用。如果经营不善，老板关门一走了之，受损失的还是消费者。

付费自习室火爆背后的冷思考

"野蛮生长"，亟须监管

较低的进入门槛和资本的刺激使付费自习室在近几年迅速扩张，但野蛮生长的背后，是监管的缺位和行业标准的缺乏。一些地区的自习室甚至在办公区租一个办公空间，放一些桌子就能营业。部分自习室销售的会员卡远远超过可容纳顾客的数量，导致消费者无法正常使用。前有"共享单车"倒闭押金难退的教训，消费者大额充值后权益是否能得到保障成为值得思索的问题。

此外，付费自习室的安全问题也很突出。自习室属于人员密集场所，其中设施多为易燃物品。部分付费自习室消防设施不完善，带来了极大的安全隐患。因此，**付费自习室发展要避免盲目扩张，加强安保水平，完善各类基本设施**。这不仅需要行业自身的努力，更需要相关部门尽快出台行业标准，加大对虚假宣传、收费与服务差距过大等方面的监管力度，避免"卖卡圈钱"的套路卷土重来。

加大公共资源的开放力度

公共图书馆是构建现代公共文化服务体系的重要组成部分，承担着便利公众阅读和学习的功能。付费自习室的火爆从另一个方面折射出社会公共资源需求与供给的不平衡。我们在新闻中常常能看到，即使是在高校，也会出现费尽心思占座的现象。有些学生用私锁、恶性标语等千奇百怪的手段占座，甚至还有一些学校由于尝试让学生花钱买自习室座位而被管理部门叫停，这背后反映出的其实是公众对有限供给的公共资源的无奈。

付费自习室的出现适应了当下社会倡导的"全民学习，终身学习"的理念，作为一种新的商业模式是值得鼓励的。但是从完善社会公共服务的角度来看，满足公众的学习需求、建设学习型社会，需要进一步加大公共资源的开放力度以及全社会共同的努力。

虽然有关部门一直在倡导高校面向社会提供公共服务，但效果却不甚理想，主要是因为高校一方面缺乏开放的主动性，另一方面也缺乏足够的运营管理资金和专职人员。基于这种情况，相关部门可以积极推动各类主体如高校、社区、企业等有条件开放的图书馆、阅览室面向公众开放，探索新的开放机制，**引入社会机构进行统一管理，整合区域内的公共场馆资源，创新公共图书馆和高校图书**

微评

★ 随着人民生活水平的不断提高，广大人民群众对于文化事业部门所提供的服务需求日益增强，这就要求公共文化服务水平也要不断提升，不断满足群众多样态的文化需求。

馆的合作模式，通过政府补贴部分资金，向公众收取较低的使用费用的方式，从而推动高校作为重要的社会力量参与公共文化建设。

探索多样化的经营模式和机制

从长远来看，单纯提供一个学习场所的经营模式不利于自习室可持续的发展。有限的座位和固定的消费人群阻碍了自习室对新市场的培育。此外，房租水电等固定成本较高导致运营成本增加也是一个负担。从商业模式角度来看，付费自习室还不够成熟。由于许多付费自习室尚处在新店开业时期，优惠活动较多，力度也很明显，许多顾客出于"好奇"体验而进行尝试性消费。场所的可替代性、消费群体有限的消费能力是阻碍付费自习室进一步扩大规模的重要原因，付费自习室能否实现长期盈利还需要等待一个冷静期。

归根结底，付费自习室提供的还是服务，用户认可的也是优质而便捷的服务。未来，**付费自习室应该更加关注用户的需求，注重市场细分，通过高、中、低档的划分满足不同人群的需求。**另外，付费自习室市场的竞争还处于初级阶段，连锁店比较少，需要专业资本的引入来整合现有市场资源，在提供基本服务的基础上不断探索盈利创新，采用与高品质的餐饮品牌合作、打造文创产品等手段不断增强付费自习室的盈利空间。

结语

付费自习室的出现，让更多人在学习空间上有了新的选择。但是，付费自习室这个行业还处于初级阶段，其良性发展需要更加优质的服务，而不是靠低廉的价格吸引顾客。对于新事物的发展，相关部门要积极引导，尽快制定相关的行业标准，规范其健康发展。当然，从另一个角度来看，付费自习室的火爆也进一步凸显了公共文化资源面向公众开放的紧迫性和必要性，引导高校、社区公共空间面向公众有序开放还需各方形成合力。

微评

★ 一是知识时代下，学习考试的需求催生了新事物；二来是在校不懂利用，付费才知珍惜的消费大环境。

各级领导直播带货为电商背书，如何撬动线上平台助力脱贫攻坚？

范周

【写作背景】2020年以来，受疫情影响，全国各地农产品出现滞销现象，互联网平台开展了一系列的助农项目，为滞销的农产品打开销路，各级地方政府的官员纷纷走进直播间，市长、书记等领导化身"网络主播"，通过短视频、电商平台、媒体等新兴媒介为当地农产品代言。干部们直播带货，一方面是建设服务型政府的重要体现，同时也极大地带动了农民参与"直播经济"这一新兴业态的积极性。

直播作为一种新的销售形式，在短短四年间发展迅速。不仅涌现出很多带货高手，同时也改变了传统电商乃至各领域品牌方的运营策略与商业模式。2020年，直播如何助力脱贫攻坚？

"小木耳，大产业"，国家领导人为电商点赞透露了什么信号？

2020年4月21日，习近平总书记在陕西省柞水县小岭镇金米村实地调研，充分肯定了电子商务对乡村脱贫致富的重要作用。我们看到，"直播带货"这种借助互联网平台的新方式，使资源与需求实现了充分对接，具有巨大的发展潜力，对实现乡村振兴具有重要意义。这不是最高领导层第一次对互联网在脱贫攻坚中的重要作用给予肯定。在2020年3月的决战决胜脱贫攻坚座谈会上，习总书记就高质量完成脱贫攻坚目标任务指出，切实解决扶贫农畜牧产品滞销问题，组织好产销对接，开展消费扶贫行动，利用互联网拓宽销售渠道，多渠道解决农产品销售难问题。

扩内需、促消费是恢复经济发展的重点任务

当前，全球疫情迅速蔓延，在做好"内防反弹，外防输入"常态化疫情防控的前提下，尽快推动经济复苏回暖是下一阶段的主要任务。扩大国内需求，积极扩大居民消费成为中共中央政治局会议中的高频词。消费作为中国经济稳定增长的"压舱石"，在全球疫情发展尚不明朗、外销受阻的背景下，扩大国内消费需求的重要性更加凸显。而此次总书记在陕西省柞水县小岭镇金米村实地调研，点赞"小木耳，大产业"其背后透露两方面的内涵。

一方面，坚定夺取疫情防控战争胜利、坚定夺取脱贫攻坚战胜利和决胜全面实现小康社会的信心。总书记在陕西省柞水县小岭镇金米村实地调研，肯定了直播在脱贫攻坚的作用，不仅指引了疫情形势下拓展线上脱贫的多种可能性，更坚定了国家在特殊时期恢复经济发展、决胜脱贫攻坚、实现全面小康目标任务的信心与决心。

另一方面，线上消费逆势上扬，经济回暖迎来新台阶。根据国家统计局发布的2020年第一季度经济数据，3月份实物商品网上零售额18 536亿元，增长5.9%，占社会消费品零售总额的比重为23.6%。疫情发生后，线上消费和数字

微评

★ 内需是经济发展的基本动力。疫情蔓延，导致经济下行风险加剧，扩大内需有利于提振生产，保证宏观经济的稳定，是应对危机的有效办法。另外，扩大内需可以保障基本民生，挖掘居民消费潜力。

经济出现爆发式增长，大量消费从线下转到线上，刺激消费的效果逐步显现，新技术支撑的线上消费逐步显示出强大的生命力。

直播电商这种形式让我们清楚地看到，虽然线下消费受到了暂时的抑制，但借助互联网平台，居民的消费需求依然可以得到满足。未来依托社交电商等平台的新型消费业态必将迎来更大的增长空间，"线上引流+实体消费"双轮驱动模式也必将在促进消费中发挥更大作用。

新时代对领导干部能力素养提出新要求

在抓紧抓实抓细常态化疫情防控和坚持稳中求进抓好经济社会发展的大背景下，如何更好地完成脱贫攻坚的任务是领导干部面临的一场大考。**总书记在武汉考察时指出，各级党组织和广大党员、干部要在这场大考中磨砺责任担当之勇、科学防控之智、统筹兼顾之谋、组织实施之能。**这对领导干部的整体素质提出更高要求。

近几年来，不少**领导干部化身"网络主播"助力当地农副产品销售**。除了带动农民增收之外，领导干部也通过接地气的语言姿态，拉近了同广大网民之间的距离。领导干部"直播带货"既是促进消费、助力脱贫攻坚的有效举措，更体现着作为共产党员全心全意为人民服务的责任和担当。这场大考是检验党员干部素质能力的"镜子"，领导干部工作作风、专业素质、统筹能力、创新能力、学习能力关系到脱贫攻坚任务的成败。

此外，领导干部为助力当地农副产品消费走上主播台，是在统筹推进疫情防控和经济社会发展的特殊时期的积极尝试。互联网、大数据、人工智能等技术的创新和变革也对领导干部的能力素养提出了新要求，作为领导干部要把握"互联网+"的特点和规律，用互联网思维走好网上群众路线，熟悉互联网发展变化，将新技术、新业态运用到基层治理和经济社会发展当中。

有危有机，特殊时期脱贫攻坚应勇于尝试新模式

突如其来的新冠疫情在一定程度上影响了脱贫攻坚战的各项工作进度，但正如总书记所言："危和机总是同生并存的，克服了危即是机。"疫情之下，统筹打好疫情防控阻击战与脱贫攻坚战更需要把握实际、兼顾内外，通过信心与智慧实现弯道超车。

一方面，"外防输入、内防扩散"的复杂形势加剧了脱贫攻坚的难度。首先，疫情防控举措直接影响外出务工与就业收入。为防止疫情输入，各地纷纷出台相应防控举措，对外来人口严密监测。集中或居家隔离14天等举措导致市场主体延迟复工复产，使外出务工人员无法尽快返回岗位，长时间无法复工或复工后收入水平偏低，都会对贫困人口脱贫带来较大影响。**其次，影响农副产品流通与销售渠道。**疫情防控期间物流与销售渠道都会受到人员流动限制、市场消费减少等因素的阻碍，直接影响部分贫困地区、偏远地区的贫困人口增收。在这种情况下，打好疫情下的脱贫攻坚战必须全国上下一盘棋，统筹打好疫情防控阻击战与脱贫攻坚战，夺取全面胜利。

另一方面，危中有机，"直播+"新业态带来脱贫攻坚新可能。早在2016年4月19日，总书记在网络安全和信息化工作座谈会上就指出："可以发挥互联网在助推脱贫攻坚中的作用，推进精准扶贫、精准脱贫，让更多困难群众用上互联网，让农产品通过互联网走出乡村，让山沟里的孩子也能接受优质教育。"中央网信办等四部委联合印发了《2020年网络扶贫工作要点》，进一步明确互联网对脱贫攻坚对重要作用。"互联网+"模式不断为贫困地区的精准扶贫、精准脱贫提供新理念和新技术，它将为打赢脱贫攻坚战作出更大贡献。而从脱贫攻坚的角度上来看，直播带货不仅可以解决农产品滞销问题，直播场景的拓展也将为精准扶贫带来新机遇。

总体来看，互联网技术的快速发展为脱贫攻坚工作提供了新思路，脱贫攻坚也能线上线下实现"双线驱动"。通过电子商务进一步盘活信息与资

★ 直播电商的发展推动产业扶贫工作的进行，为脱贫攻坚注入新的发展动力。"互联网+"的时代背景下，脱贫攻坚也要紧跟数字经济发展的"快车"。电商经济扩大了乡村的农特产品的销路，实现了与市场精准的对接，极大解决了农产品滞销的困境。

★ 数据统计，2020年第一季度，有100多位县长走进乡村直播间，为当地的农产品销售代言，各大电商平台与农产品相关的直播超过400万场。直播助农对于破除农民封闭的生产经营思维，改造农村商业交通物流等硬件设施起到了重大的作用，成为推动乡村振兴的新方式。

源，加强贫困地区同广大消费者的联结，增加特色农产品曝光，促进农产品电商交易，破解鲜活农产品滞销困局。

关于未来直播带货助力脱贫攻坚的几点思考

直播电商作为一种"新玩法"，在助力脱贫攻坚方面起着十分重要的作用。正如总书记所说："**电商作为新兴业态，既可以推销农副产品、帮助群众脱贫致富，又可以推动乡村振兴，是大有可为的。**"未来直播带货还有很长的一段路要走，聚焦直播带货引领脱贫攻坚新风尚，仍需思考以下几个方面。

一是领导干部要奋勇争先，学会"十只手指弹钢琴"。"直播带货"既反映出党员干部的担当作为和全面建成小康社会的决心，也是政府治理方式的转变。领导干部要放得下身段，鼓得起勇气，奋勇争先。**首先**，领导干部要对产品做好充足的功课，确保产品的质量，对直播模式有全面的把控。**其次**，要俯下身子，摆脱官架，以更加接地气亲民的形象推销产品。官员在直播带货中要体现出服务性、公益性，充分展现出党员干部在助力脱贫攻坚、推动乡村振兴中的担当，更好地为人民服务。**最后**，要避免把好事变成作秀。"基层的形式主义，根源不在下面，而是上行下效。""官员直播带货"作为一种行之有效的增收新路径，应当用以切实解决群众的实际问题。

二是要激发群众参与"直播带货"的积极性和主动性。全民直播时代已经来临，但熟悉其中玩法的人少之又少。直播电商运营岗位人才依然紧缺。从行业需求而言，直播行业更看重主播带货能力、表达能力，而对学历大部分没有要求，因此激发群众参与"直播带货"的积极性和主动性可以解决部分农村就业问题。这也要求村民应该主动更新观念，积极学习直播相关知识，不做看客，挺身入局。由于农村地区基础设施建设不足及经济相对落后，村民对于互联网的认知存在盲区，网络知识储备不足。因此，加强对村民的培训和再教育，提高其综合文化素质水平，势在必行。

三要整合市场，增强"直播+现代农业"的产业竞争力。 乡村振兴重点是产业要兴旺，"直播+"新业态的兴起正好解决了制约产业发展的瓶颈问题，直播电商促进了销售的扩展。包括直播在内的"互联网+"渠道为脱贫攻坚注入了新活力，正在逐步解决产业销售的"最后一公里"问题。党和国家领导人对直播带货发展态度的明确为直播电商的发展注入了一剂强心剂，未来直播电商还有更大的发展潜力。为此，要充分发挥直播电商在推动农业农村发展中的作用，延伸产业链条，构建完整的现代农业产业体系。除此之外，要引导农产品向更优质、更安全的方向发展，利用直播电商扶持特色产业发展，依托直播带货打造特色农业品牌。

四要加大监管力度，借"负面清单"思路明确直播带货的红线。 当前，直播带货中也存在各种"乱象"，行业监管要及时跟进。要不断完善相关法律规章制度，出台实施细则对欺骗消费者行为依法严格处理，提高直播带货的"违法成本"。同时要不断完善社会监督体系，保障消费者的权利。产品质量的背后反映出的是诚信，要把好质量关，树立良好的品牌形象，综合运用各种手段规范引导直播电商的健康发展。

微评

★ 乡村振兴必须要摆脱一系列"卡脖子"的问题，直播经济的存在很大程度上解决了城乡之间经济循环的问题。地区产业兴旺依赖于产业的振兴，短板弱项补齐之后，下一步要依赖先进的科技来提高质量和效益，以创新引领农业的发展。

当"乡村振兴"遇上"直播电商",如何保障"直播助农"行稳致远?

孔瑞洁

【写作背景】2019年直播电商全面爆发,成为真正意义上的直播电商元年。2020年政府工作报告中提到"直播电商"作为新兴业态,在抗击新冠疫情中发挥了重要的作用,要继续出台相关政策,全面推进数字经济发展的新优势。2020年4月20日,习近平总书记在陕西考察期间,与当地村民交谈时也曾表示——"电商作为新兴业态既可以推销农副产品、帮助群众脱贫致富,又可以推动乡村振兴,是大有可为的。"短视频与直播带货融合发展成为一种新的经济形态,农村电子商务平台的建设和乡村直播的繁荣使农村经济社会发展出现了转变,农产品的经营交易借助直播实现规模化、产业化、品牌化的建设,带动了产业上中下游多种产业的发展,尤其在脱贫攻坚和乡村振兴的实践中贡献了积极的力量。

2020年,是国家实施《乡村振兴战略规划》和全面建成小康社会的关键一年。尽管迎头撞上的"黑天鹅"让全国经济陷入下行,供给端和需求端的中断使诸多产业、尤其是零售业遭受重创,但在夹缝中生存的企业和商户们积极拥抱直播电商寻求出路,把"直播电商"再次推上风口浪尖。当"直播电商"遇上"乡村振兴"，又会发生什么样的化学反应？

直播助农，大有可为

提升农民收入，重塑乡村产业形态

从短期层面来看，在平台流量支持、政策利好、消费回暖的背景下，直播带货可以大大减轻疫情造成的农产品滞销问题，减轻疫情对农业造成的损失，增加农民群体的收入。传统电商通过"文字+图片"的形式向受众传递相同的产品信息，而直播凭借强大的内容承载力，可以更真实、直接地反馈产品信息。通过直播，消费者可以亲眼看到农产品的原产地，甚至养殖和采摘过程，加强了对产地来源的信任感，再加上乡镇干部、县长、艺人等的公共背书，大大拉近了消费者与乡村供货源之间的关系，让消费者与主播所代表的乡村文化快速建立了信息关系，从而产生消费行为。拼多多2020年4月21日发布的数据显示，2020年第一季度，农村网店在拼多多卖出去的产品订单数超过10亿笔，同比增长184%。随着各大平台、网红、艺人、县长的涌入，直播助农成为乡村振兴的新举措。

从长期层面来看，由于直播的高互动性和实时反馈的属性，消费者可以直接在评论、弹幕中反馈产品的意见，相比传统漫长的市场反馈机制，直播大大减少了供给侧与需求侧的信息不对称和信息差问题，农民可以根据在直播中收到的反馈，合理调整生产计划，一定程度上促进了农业发展的市场化进程。

倒逼乡村的新型基础设施建设

回顾过去十年中国淘宝村的经验，当农民创业需求的内生动力遇到中国乡村基础设施建设不足时，会倒逼各地政府对公路、物流等基础设施的建设，而基础设施的建设是和乡村产业相辅相成、相互促进的。直播电商对乡村基础设施的要求更高，不仅需要大力发展乡村物流，降低物流价格，加大冷链设施的投入，更需要提升乡村信息基础设施建设，实现公路、电力、用水、电话网、有线电视网、互联网甚至是5G基站等在内的"村村通"。

直播电商作为一种线上新型消费方式，已然成为提振乡村经济动能的新利器，不仅可以提升用户的消费体验，而且其高互动、高转化的特点，大大缩短了传统的营销链路。随着疫情期间消费者线上消费习惯的养成，直播电商对于乡村经济来说，绝不是一时新鲜的权宜之计，而是可以成为促进数字化农业建设和乡村振兴的新常态。

直播电商，"机""危"并存

直播带货的信任危机

传统的营销链路要建立消费者信任、产生购买，需要经过大量的品牌宣传，消费者才能一步步从注意到产品、产生好奇、产生购买欲望、最终产生购买行为，但直播将这些营销链路大大缩短了。在网络直播中，主播鲜明的人设更容易让用户产生信任，从而完成从对主播的信任到产品信任的嫁接，产生消费行为。但是这种信任建立来得快去得也快，一旦消费者发现主播在产品价格、产品质量等信息上的夸大、造假等行为，就会产生被欺骗感，从而彻底丧失对主播、甚至对主播所代表的整个乡村品牌的信任，从而对类似的品类的"直播带货"行为都产生抵触心理。目前，在县长直播带货火热进行的背景下，部分县长搞形式主义，强制公职人员消费，这种行为会让消费者对产品质量产生怀疑，不仅降低了政府官员的公信力，更会对该地区的品牌建设产生危害。

新兴业态，规范机制亟待完善

2020年3月31日，中国消费者协会调查发现，直播电商存在着虚假宣传、数据造假、质量低劣等问题，有37.3%的消费者在直播购物中遇到过消费问题，但仅有13.6%的消费者会在遇到问题后进行投诉，**究其原因，在于消费者维权渠道缺乏，消费者在冲动购物后，产品的售后服务难以保障，消费者投诉无门。除此之外，原本的电商管理制度已经无法满足"直播电商"**

的需求，新兴业态缺乏政策监管，产品质量成为消费者最大的顾虑。根据前瞻产业研究院发布的《2020中国直播电商研究报告》，消费者没有使用直播电商购物的原因前两位分别为"担心商品质量没有保障""担心售后问题"，再加上政府监管法规的缺乏，进一步降低了消费者在直播电商中购物的信心。

准入门槛低，容易陷入"内容窘境"

直播电商是内容和电商的结合，用户之所以追捧"直播电商"，是因为用户在观看直播带货的同时，也是在观看更加真实、有趣、高互动的内容，满足了用户内容消费和社交互动的需求。根据QuestMobile调研数据，2019年6月短视频用户观看直播的主要原因在于"直播内容真实有趣"，占比达49.4%，其次为直播内容的多样化，占比47.9%。可见，直播内容的真实、有趣、多元是直播电商发展的基础。但是热门风口和金钱效应驱动着各种平台、MCN机构和大中小企业的入局，行业竞争逐渐进入白热化阶段，直播内容也出现同质化现象，在此背景下农村直播如何在已有厮杀的一片红海的市场中站稳脚跟，吸引用户的注意力成为关键所在，再加上农村直播缺乏专业的主播和直播运营人才，更让农村直播的内容质量雪上加霜。

从直播助农到直播兴农，要三方共建方可行稳致远

2009年前后，以淘宝为代表的互联网零售快速发展，各行各业快速拥抱电商行业，完成了线下向线上的数字化转型，乡村经济在这一波经济转型中也收获了不错的成绩。很多"淘宝村"在增加农民收入、带动返乡创业、促进

微评

★ 电商经济蓬勃发展的同时，电商管理制度也应该跟上。产品质量问题、售后服务问题、捆绑销售、市场积压、大数据杀熟等一系列的操作手段，阻碍了电商生态的良性发展，尽快出台监管政策和治理手段显得尤为必要。

产业兴旺等方面凸显出重要的经济和社会价值，根据淘宝村的10年发展经验，**新兴业态的形成需要农民、平台、政府共同努力，三方共建，方可使"直播电商"这种新兴业态在乡村经济的建设和发展中行稳致远。**

农民：挖掘特色经济，修炼屏外功夫

任何国家的扶贫和发展都需要这个国家的人民本身具有强大的自发动力，县长将"直播电商"带入农村，为农民打开连接全国甚至全球市场的窗户，剩下的工作就要农民自己去完成。**直播带货的本质其实不过是一种新型的产品推销的渠道和方式**，真正吸引消费者下单的在于足够优质的产品质量与足够低的产品价格。**直播带货的三要素中重点在于"货"而非人**，当农业进入直播电商这个行业，也要遵循这个行业运行的基础规则，不断增强内容运营和产品供应链管理的能力，农民自身需要依托当地的产业基础和资源禀赋挖掘具有乡村特色的产品，不断完善产品供应链，提高产品质量，适当降低产品价格，才是直播兴农的稳定基础。

平台：倾斜流量资源，全方位赋能乡村经济

直播为农民提供了低成本的产品推广渠道，但庞大的流量成本和抽佣成本仍然是农民无法承受之重。在直播带货中达成的每一笔交易，都要经过内容创作者（主播）、直播平台和电商平台的层层抽佣，农民真正拿到手中的钱大打折扣。此外，**直播带货是一个非常需要流量加持的行业**，没有流量资源的倾斜，就算每天播出12小时，也很难达到卖货致富的效果。平台需要从交易抽成和流量资源层面对乡村直播做一定程度的资源倾斜，帮助乡村直播快速发展。阿里集团的"村播"计划已经启动，该活动整合全省各界资源，深挖全省各地特色，推动直播电商进企业、进农村、进社区，是政企合作助力乡村振兴的标杆。此外，平台需要尽快畅通消费者维权、售后服务机制，应对消费者多样化的消费诉求，增强消费者网络购物尤其是直播购物的信心。

政府：加强市场监管，完善基础设施和公共服务

"新结构经济学认为，政府和市场应在经济发展中共同作用，其中政府应供应具有外部性的公共产品，供应形式包括以建设基础设施为代表的刚性公众产品，和以法律法规为代表的专门化政策"。电子商务法针对电子商务平台的责任有明确划分，但对于短视频平台、直播平台在电商中的行为仍没有明确的责任划分制度，各行各业都在呼唤政府出台有力的措施，规范行业内数据造假、虚假宣传、质量低劣等问题。同时，直播电商对乡村基础设施要求很高，政府要加强乡村新型基础设施建设的投入，完善道路交通、冷链技术、保鲜技术以及互联网等信息基础的建设。

除此之外，要完成直播助农向直播兴农的转变，离不开专业运营人才、主播的培养，政府一方面需要出台吸引年轻人回流的政策，不断创造乡村就业机会，让新时代的年轻人加入到乡村振兴的行列。另一方面也要加强网红村播的孵化和培养，组织农村直播培训等，不断完善基础设施和公共服务系统，为直播兴农的环境营造提供全方位的政策支持。

一个公式，两个展望：在知识直播中打造内容竞争优势

路俊迪

【写作背景】百度在2020年4月份发布的《百度搜索大数据报告——万物皆可直播》显示，疫情期间，"直播"的用户搜索总量相比疫情发生前增长120%，而在百度观看知识直播的用户数相比疫情发生前则增长了430%。健康、教育培训、旅游出行、财经热点等信息和知识领域的直播日均用户量增长最快。电商直播热度的持续走高也为知识直播提供了发展的场域和实验的空间，知识直播正在产业模式、内容供给和变现方式等方面进行不断的探索。

从2016年到2020年，互联网的热点一浪接一浪，产品供给迭代频繁，知识变现与转化方式也在不断探索中一再改变。从2016年知识付费大热至今，经过知识课程服务、知识类短视频的尝试后，直播为知识带来了新的机遇。从电视到互联网，知识直播的商业概念并不是第一次被投放到市场中，如何走出一条不一样的路，值得我们思考。

2020年5月13日，百度在万象大会上披露，"直播是百度移动生态2020年重点方向之一"。5月15日，CEO李彦宏在百度App的直播首秀在线观看人数达到了926万，比同天直播卖货的罗永浩、董明珠高出不少。

从知识付费到知识直播，什么变了？

2016年是知识付费产品奔涌的一年。根据2017年36氪发布的《知识付费研究报告》，仅2016年就有8家知识付费领域的企业获得多轮融资，微博问答成功上市，得到、喜马拉雅、知乎LIVE、分答纷纷下场角力，各领域的专家在知识付费产品中积累了大量消费者，微信公众号上线付费订阅模式，千聊等平台承载了大量课程。

从2018年开始，知识类短视频兴起。抖音推出"向日葵计划""青椒计划""DOU知计划"，快手不断拓展知识边界，知乎凭借原有的知识基础扶持原创短视频。2018年年底，视知TV联合国内30多家专门做知识类短视频内容的PGC和MCN机构，组成了第一个"知识类短视频营销联盟"，2019年3月获得新东方数千万元A+轮战略融资。

清华大学新闻与传播学院、中国科学报社与字节跳动联合发布《知识的普惠——短视频与知识传播研究报告》显示，截至2018年12月8日，抖音上粉丝过万的知识类创作者近1.8万个，累计发布超过300万知识类短视频，累计播放量超过3388亿，人均粉丝数是平均线的两倍。2019年短视频市场则更加成熟。QuestMobile数据显示，2019年短视频行业用户规模超8.2亿，月人均使用时长超过22小时。

2020年，受疫情影响，直播行业逆势而上，竞争进入白热化阶段。各个领域的头部主播出奇制胜，从美妆到房子，从农产品到火箭，直播带货的能力边界不断刷新人们认知。而在"云化"的助推下，"知识+直播"的兴起为变现与转化带来了更多可能。从知识分子如许知远等进入直播间到知乎、百度等知识类平台开启直播入口，知识付费与知识直播的关系是什么，随二者演进而产生了什么变化？

微评

★ 疫情暴发时，线下消费活动的发展一度遭遇停滞。线上直播行业的兴起不仅开辟的新的消费环境，也迎合了近年来快速发展的线上消费习惯，满足了疫情期间人们的消费需求。

知识付费与知识直播的变与不变

知识直播是知识付费下半场的积极尝试

知识付费可分为两类：内容平台与第三方支持类服务商。

内容平台指通过自有平台提供课程服务，将内容从供给侧流向需求侧。第三方支持类服务商一般基于微信等产品生态，提供相应的内容。

随着整个媒介生态的变化，许多视频平台悄然兴起了专业领域的科普类视频与知识内容：**这些视频有的是用户自发剪辑分享，有的是专业人才入驻发布，**如戴建业"讲李白"的视频在抖音"红得一塌糊涂"，赵峥的宇宙学课程在B站爆火，甚至衍生出付费系列，成为知识付费领域的有力抓手。

知识直播入局，与直播这样一种新的媒介表现形式有关，本质上还是对于知识与信息内容的生产与传播。可以说，知识直播是知识付费发展进入下半场的新尝试，二者始终坚持"内容为王"的准则。

更高的用户黏性

从供需双方来看，较早的知识付费以单向接收为主，只能通过提问和作业反馈进行互动，加上内容较为严肃，对用户兴趣的激发不够，甚至有将近一半的用户无法坚持学到课程最后。

知识类短视频通过点赞、评论与转发加强了供给两端的互动。**相比知识付费，短视频的即时性、沉浸感更强，一方面，**较短的时长使人们容易开始，且不停地"刷"下去，**另一方面，**丰富的表现力与冲击性可以将知识的精华展现给大众，激发学习兴趣，给用户一种沉浸式体验。当

微评

★ 知识类视频和内容来源的广泛性既满足了"人人都可以内容生产者"的互联网内容传播的基本特征，又从供给端出发，丰富了靶向群体的类型。扩展了受众的边界，同时也保证了内容生产的连续性，使知识付费行业可以持续运转。

然，知识类短视频对于知识传达的效果可能只是停留在让用户"入门"的阶段。

直播的互动性和即时性更强，创作者和观看者可以在屏幕前实时交流，虚拟的"在场"弥补了身体的"缺场"，加上未来5G技术的助力，信息与知识服务的获得会更加便捷、快速、高效、真实。

盈利模式越发拓展流量边界

一般来说，知识内容的盈利主要包括内容本身付费、社群运营、流量变现三部分。知识付费是从内容本身的付费切入，首先通过免费吸引用户注意，而后通过小额付费筛选出潜在用户，最后形成阶梯式产品矩阵来满足用户的深度学习需求。在这之中，虽然需要三方平台各自发力，但盈利主要是以内容为核心，继而通过社群运营等办法，延展商业变现路径。

知识类短视频因为集中在短视频平台，所以社群管理的难度较大，盈利主要集中在流量变现上，最主要的变现方式是广告。创作者可通过持续的创作积累一定的粉丝，而后通过广告的接入实现流量的变现。虽然也有电商的带货，但总体较少，以书籍类和专业领域的工具（如摄像机、数位板）为主。

知识直播分为两种，一类是知识名人的直播，一类是知识性内容的直播。前者的重点在于名人本身的号召力，不管是卖货还是付费演讲，都有众多的追随者；后者则更倾向于某一垂直领域的知识传播，从零开始接受用户的检验。知识直播主要依靠流量变现，通过建立IP流量池来实现广告或电商的接入，且二者经常配合进行。由于直播带货既有的生态基础与用户习惯，知识直播与电商的联合变得

微评

★ 冰冻三尺，非一日之寒。知识直播的主播不仅需要有丰厚的知识储备、清晰的逻辑和优秀的表达能力等"硬件"能力，同时也要具有观众缘，能传达给观众信任感。这就需要大量的学习和经验来作为支撑，该特点也决定了知识直播的主播培养周期长的特点。

相对简单，能够不断拓展受众边界，实现小众"知识"向大众视野的突破，且不少企业大佬亲自下场，布局相关产业链。不过，知识直播具有"高要求高回报"的特点，培养一个成功的主播难，一旦形成，则拥有无限潜力。

知识直播，困难几何

供给侧

供给侧包括两个部分，平台和创作者。对于二者来说，首先面对的问题就是如何实现"带知识"和"带货"的动态平衡。"带知识"的竞争对手是整个知识生态，"带货"的竞争对手是整个电商生态，而一旦把握不好，就会陷入"知识说教卖不出货"或者"过度商业缺少内涵"的困境，**如何实现二者融合并开辟新市场是双方都要思考的问题。**

其次，对于直播者来说，面对"贩卖焦虑""二手知识"的质疑，如何做到"授人以渔"而不只是增加谈资，如何做到"传道解惑"而不只是流量之争，如何做到"审美与娱乐兼具"，如何做到系统讲述而不是"蜻蜓点水"，需要创作者精心准备。

最后，对于平台来说，如何实现娱乐类、科普类、垂直专业类等直播内容的兼顾，如何对主播进行资格审查，如何对主播的行为进行合理的规范，如何对知识直播进行合理的扶持与质量把关……亟须更多的成功尝试。

需求侧

需求侧直接面向的就是消费者。首先，消费者面对无数信息和内容，游戏、美妆、小剧场充斥眼球，如何在直播平台的大浪淘沙中准确选中自己需要的知识，是一个难题。**其**

微评

★ 要实现"带知识"和"带货"的融合，首先要明确二者的关系，并由此找到契合点，其次要从契合点出发，找出二者之间存在的逻辑关系，最后才是制定营销手段和流程。若是脱离产品，只考虑销售，则极易出现失衡的局面。

次，虽然用户养成了付费习惯，但面对免费与付费的竞争，用户如何理性消费而不是被"剁手"的快感包围，解决难题而不只是缓解眼前的焦虑感，需要长效的成长机制。

监管侧

目前，虽然已有《互联网直播服务管理规定》《互联网信息服务管理办法》等相关规定与办法对直播进行监管，但是对于目前火热的电商直播、知识直播等缺少及时跟进的监管政策与评判标准。有关部门、民众与平台应该形成三足监管之势，保证知识直播有一个良好的环境。

知识类直播的硬核之路与未来展望

发展公式："硬核知识官+硬核知识+硬核产品"

首先，尽快形成"头部+腰部+长尾"的知识官矩阵。一方面，坚持"术业有专攻"，优先争取到各行业内的专家参与平台内容建设，形成权威稳定的头部力量；**另一方面**，公开招募知识主播，给予一定的流量扶持与内容支持，打通腰部和长尾的部分，延伸产业链条。

其次，知识主播讲解和传播的知识要根据垂直领域进行深耕，深入浅出、与时俱进、符合传播规律三者缺一不可如。国家博物馆讲解员河森堡就对展品十分了解，经常根据当下热点话题发表看法，积累了一大批粉丝。

再次，带货的主播要加强对选品的把控，知识带货的商品要突出"知识"的独特。因此，要保证产品的质量上乘、契合用户需求、具有文化底蕴。

最后，实现"硬核知识官+硬核知识+硬核产品"的有机结合。例如"故宫博物院讲解员+故宫历史底蕴+故宫

微评

★ 知识始终是知识直播和知识付费的基础和拉动观众消费的源动力。知识是一种特殊的商品，可以说"常学常新"的知识不存在价值的终点，这就要求知识主播讲解不断学习、不断思考、不断进行纵向深耕。

文创"就是很好的知识直播组合。

布局生态，链接人与服务

对于知识直播乃至整个互联网领域而言，打造"产品生态"尤为重要。

以百度知识直播的理想化运作为例，直播是百度搜索和信息流新的内容承载形式。首先，百度自身拥有一定的生态基础，百度App日活用户数目前已突破2.3亿，信息流位居中国第一，算上好看视频、百度文库、百度知道等矩阵应用，总用户量超过10亿。

其次，百度用户已经形成搜索习惯，而搜索本质上就是人与知识和服务的链接，基于百度独特的分发机制，直播的内容可以分发到百度App、百度知道、好看视频等平台，获取精准的流量。一边为用户提供知识服务，另一边也解决了主播"冷启动"与"流量荒"的问题。

最后，百度作为中国最大的营销平台，能够将直播与服务深度结合，打造信息、知识与服务的闭环，释放更大的商业潜力。**由此可见，盘活整个生态系统在直播竞争尤其是知识类直播的竞争中具有举足轻重的作用。**

微评

★ 虚拟主播可以具备无穷无尽的知识库，作为知识的输出者，无疑是一个绝佳的选择。但在对用户消费心理的把控和对知识的感性解读方面，虚拟主播仍然具有极大的发展空间。

科技加码，带来无限可能

随着黑科技的不断涌现与5G时代的到来，知识直播在既有的推荐机制、分发机制的基础上再加码。**第一，**传输速率不断提升，内容分发的速度更快，精度更准，用户触达的准确度更高；**第二，**"云+"场景更加多样化，催生更具融合和立体的新形态知识呈现模式，与百度在生态大会中提到的"内容搜索类视频智能组合"具有相同之处；**第三，**随着人工智能与虚拟现实的不断发展，**虚拟主播与**

"冷知识"或许也可以在知识直播中占领一席之地；第四，知识类主播可以链接线下职业与产业，如医学大咖可以通过线上直播直接链接到医院的挂号与相关科室的诊疗，促进产业业态与商业模式的拓展与升级。

如今，知识付费和直播两大赛道都进入思变期，知识直播作为一种新的方式，具有其自身的发展优势与局限。"内容为王"的铁律不会改变，是风口还是噱头需要自己的理智判断。不管入局与否，我们都要多一层思考，或许下一个风口，就可以飞得更高。

变革中的视频产业：生产，传播与交互

刘文杰

　　突如其来的新型冠状病毒肺炎疫情对经济和社会造成了巨大的冲击，互联网视频的虚拟性和产业融合性正好契合了疫情下经济和社会发展的新形态，受到了用户的青睐。一方面，互联网视频为居家人群提供了贴近时代特色、种类丰富、形式多样的知识性和娱乐性内容，也为不同产业的产品销售提供了新的平台。另一方面，疫情之下，互联网视频的生产、传播、交互形式也有了新的变化，用户数量达到新高度，使用时长较往年同期有大幅度增加，以院线电影试水在线视频网站开启了新模式的探索。科技赋能互联网视频，更多新的生产方式、新的交互模式、新的产业模式持续涌现。

疫情对互联网视频创作与传播的改变

内容层面：疫情题材供给集中，知识传播导向凸显

疫情发生以来，全国上下都在为抗疫贡献自己的力

微评

★　疫情期间，各短视频平台和其他媒体机构、社交平台，都自觉承担起发布疫情信息、宣传疫情防控的责任，带来很多正面的影响。

量，视频网站的媒体人同样在以各种方式表达和关注这一公共卫生事件。不管是专业媒体机构生产的视频新闻，还是社交媒体平台、短视频和直播平台个人用户的发布内容，都更加关注当下，关注民生。比如，很多视频网站开设专栏分享抗疫知识，教给大家如何使用口罩、消毒水、酒精等医用防护物资；有的视频平台介绍不同地区疫情防控的管控措施，为出行的人提供向导服务；有的短视频个人账号为了缓解大众的紧张情绪，用无人机拍摄了一些疫情期间的趣事，供大家消遣娱乐。

受疫情期间不能聚集和外出活动影响，非聚集性创作视频成为新焦点。 比如，大众喜爱的旅游类视频、户外健身和极限挑战类的视频内容大幅减少，美食体验和居家健身视频成为新需求亮点。各种家庭美食的制作视频和居家健身视频课程层出不穷，受到大众的热捧。受开学延期的影响，教育部和各地市推出线上体育运动课程，直接带动了运动类视频迅猛增长。

对多数人而言，互联网视频是工作和生活之余消遣和娱乐的重要渠道。 然而，疫情期间，很多在线视频网站积极转变角色，主动将知识性和教育性的内容推送给受众，同时还开通了一些在线教育和办公的应用，服务家庭和企业需求。据"易观千帆"数据显示，2019年中国视频直播市场中，娱乐直播、视频交友、体育直播和游戏直播在行业中所占比较大。疫情下，大众通过直播软件拜年、线上办公，学生线上上课成为主要内容，"云服务"进一步走进千家万户，成为疫情期间的日常。

创作层面：OGC与MGC体现专业性和科技性，PGC与UGC强调大众性与通俗性

OGC（职业生产内容）的生产主体是具备一定知识和专业背景的从业人员，这种内容生产方式强调团队合作、专业化和分工明确。 对于内容生产设置了更高的门槛，不仅要求具备更多专业知识或丰富资历，还要求有职业身份。比如，OGC专业化团队深入抗疫一线采访录制的感人内容，获得了大众的高度认可。受疫情影响，团队化的内容生产在一定程度上受到了限制，特别是疫情严重的时候，影响了高水平和高质量视频的生产数量。

MGC逐步走上舞台中央，成为内容生产的重要补充。 MGC（机器生产内容）是运用人工智能技术，由机器生产的传播内容，以新闻创作为主。2017年12月26日，新华社在成都发布中国第一个媒体人工智能平台——"媒体大脑"，生产了第一条MGC——《新华社发布国内首条MGC视频新闻，媒体大脑来了！》。媒体大脑数据显示，从2020年2月2日至2月20日，覆盖31个省、自治区、直辖市，共计992家媒体机构在媒体大脑MAGIC平台上合成20余万条视频内容，疫情报道机器人、数据新闻机器人、直播拆条机器人、海报视频机器人、字幕生成机器人为新闻机构常用的媒体机器人。

PGC和UGC充当重要角色，丰富了内容供给。 PGC（专业生产内容）的生产主体是在某些领域具备专业知识的人士或专家，他们在特定领域里具有一定影响力和知名度，如微博"大V"、网络红人、科普作者或政务微博多属此类。UGC（用户生产内容）的生产主体主要是普通的用户，大众出于分享个人经历和兴趣的目的，进行内容的生产和传播。抖音中的个人视频创作、对微博的评论、表情包的创作、视频中的弹幕等都是UGC的体现。

疫情中虽然OGC生产受到限制，但是以PGC和UGC为代表的专业生产和个人生产相结合的模式成为大众获取信息的重要渠道，特别是快手、抖音、西瓜视频等短视频和直播视频平台的崛起，极大提高了个人用户的积极性和主动性。

传播层面：互联网电视关注度提升，视频平台拓展多元化传播模式

据国家广播电视总局广播电视节目收视综合评价大数据系统（CVB）统计，2020年1月25日至2月29日，全国有线

微评

★ 疫情期间，众多优质UGC内容的产生，不仅丰富了内容，同时在一定程度上表明，大众也在将短视频平台作为解压、放松的途径。

电视和IPTV较2019年12月份日均收看用户数上涨23.8%，收视总时长上涨40.1%，电视机前每日户均观看时长近7小时。

长视频平台成为疫情期间大众追求精神文化需求的重要选择。非疫情期间，人们日常时间比较碎片化，集中在长视频网站观看的机会较少，对短视频的需求较大。而疫情期间，长时间"宅"在家中，碎片化的时间减少，更多的人有充足的时间来观看长视频。在2020年1—2月，爱奇艺、哔哩哔哩、优酷、腾讯等长视频平台的流量呈现出明显的增加。

短视频平台成为疫情期间大众在线学习的新渠道。非疫情期间，短视频平台为大众消费碎片化时间的重要渠道，主要以娱乐性的视频内容为主，其他内容为辅。疫情来临，直接冲击了线下的教育行业，很多培训机构纷纷转战线上。短视频平台一定程度上迎合了这一趋势，增加了在线教育、在线医疗内容，利用其入口优势和前期积累的用户优势，迅速满足了受众需求，并逐步由"短"变"长"，视频时长不断增加。比如，短视频两大霸主快手和抖音，分别在主要位置设置在线教育入口：快手侧边栏上线"在家学习"专栏，抖音搜索"在家上课"即可进入专区。

通过慢直播监督公共事件成为疫情期间的新热点。"慢直播"是相对于"快直播"而言的，传统意义上的直播是利用了蒙太奇将镜头进行剪辑，或者通过主持人画外音的形式对内容进行讲述，直观地将视频内容传达给受众。但是，慢直播则是去掉人为因素，不需要任何外界的干涉，直接将自然状态的环境或目标展示给大众。相比传统"快直播"以集中式资讯吸引受众注意，"慢直播"吸引受众的是代入感与真实性。**疫情期间，中央广播电视总台"央视频"App客户端"疫情24小时"专题页面开启了武**

微评

★ "火神山"和"雷神山"施工直播的火热出圈，也体现了观众们期待战胜疫情的信心和愿望。

汉"火神山"和"雷神山"两家医院建设现场的慢直播，24小时不间断呈现现场施工实时画面。开通直播不到三天，累计访问量超过2亿人次。之后又提供了全景VR直播，使广大网友化身"云监工"，在线围观、监督施工进展。

疫情下互联网视频产业的新模式探索

"互联网视频+"获高度肯定，多产业融合成新趋势

2020年4月20日，习近平总书记在陕西金米村考察时，充分肯定了网上直播电商作为新兴业态，不仅可以推销农副产品、帮助群众脱贫致富，还可以推动乡村振兴。这是疫情之后，"直播+电商"作为精准扶贫重要渠道首次得到中央最高领导人的肯定，充分体现了"互联网视频+"模式在促进经济回暖，解决供需不对称方面的作用。

"直播+电商"模式便是"互联网视频+"重要的形式之一，主要指的是通过视频直播平台，进行现场直播卖货的模式。 目前，电商平台以淘宝、快手、抖音为主，京东、拼多多、有赞等电商平台也开始试水直播。直播经济借助发达的物流网络，打破了传统零售的地域限制，促使消费者从线上认知转化为线下消费，有利于品牌营销，带来新的经济增长点。

疫情期间，湖北地区的各种农产品滞销严重，为了帮助湖北复工复产，中央广播电视总台策划并发起了"我为湖北拼单"活动。2020年4月12日，央视主播欧阳夏丹携手十堰市副市长王晓，多位艺人以及66位快手达人，通过多个平台同步直播，助力湖北农副产品销售和复工复产，整场直播累计观看1.27亿人次，交易额达到6100万元。

疫情背景下，特别是在当下复工复产复市的进程中，

微评

★ 疫情期间，受影响的零售行业转换营销思路，在直播带货里寻找到了新的商机。

线下零售实体与线上直播平台创新联动，通过打造沉浸式的数字消费体验，优化了电商平台运营效率和产品供应链，进一步拓宽了生态圈的"互联网视频+"模式，为精准扶贫提供了新的渠道，也为未来视频产业与农业、工业、航天业融合发展提供了借鉴。

"云首映"颠覆传统院线播映模式，互联网视频平台业务边界进一步拓展

近年来，中国传统电影院线跑马圈地，电影票房连年攀升，特别是每年的春节档，更是电影票房的重要贡献期。但是，突发的疫情让电影产业遭遇巨大的票房危机。从2020年1月24日开始，为减少人群聚集，避免引发额外风险，《囧妈》《唐人街探案3》《夺冠》《姜子牙》《熊出没·狂野大陆》《紧急救援》相继宣布退出春节档。

业界和学界对于电影能否在互联网视频平台进行首映已有多次讨论，基于版权、观影体验和收入的不确定性，始终没有企业迈出实质性的步伐。新的现实情况让不少影视制作公司付出了高昂的成本，迫于无奈，只能寻求降低损失的方式。同时，互联网视频平台基于吸引用户和进军长视频领域的需求，开始尝试新的播映模式。

在这种背景下，字节跳动以6.3亿元的价格买断了《囧妈》的版权，供其旗下视频平台抖音、今日头条、西瓜视频、抖音火山版免费播出。时隔不久，字节跳动又收购了喜剧电影《大赢家》。这些独家的免费资源一经发布，便得到用户的全力支持，其中《囧妈》在所有互联网视频平台上三日总播放量超过6亿，猫眼研究院的数据显示，有44%的观众涌入"头条""抖音""西瓜视频"观影。

院线电影试水互联网视频，不仅是模式的创新，更是

微评

★ 字节跳动利用《囧妈》，为旗下的App做了最大规模的推广，为提高品牌影响力、树立品牌形象打下了坚实基础。

营销方式的创新。视频企业通过高价购买院线电影，然后免费给用户播放，总体来看是一个颠覆式的革命，为新科技驱动下的"AI+VR+电影"打下坚实的基础。

中短视频平台加速布局，大众视频消费新需求将得到满足

在国内市场，现阶段主要有两类视频运营模式：一种是像爱奇艺、腾讯视频、优酷平台上多见的长视频，类似于美国的网飞（Netflix）。另一种是像抖音、快手这类平台的短视频，播放长度小于1分钟或只有几十秒的。这两种类型的视频形式占据了市场的绝大多数份额。在国外，播放时长在7～20分钟的中短视频是占市场份额最高的一种类型。

回顾图像与视频的发展史，3G的普及让图片类应用迅速走红；4G时代，短视频成为大众消遣碎片化时间的重要内容。不久的将来，5G的商用和人工智能的普及，将让中长视频走进大众的视野。可以预见，公众的观看习惯和付费习惯将进一步养成，高品质和有思想的中短视频和长视频将迎来新的增长周期。

解码文化现象，激活消费市场潜力

青年群体作为催生网络文化现象和热点事件的弄潮儿，是文化消费市场中的重要组成部分。各种文化消费热点的出现和兴起带动文化产业的转型升级。透视这些热点文化现象，在狂欢的同时，其背后的逻辑和内容值得我们深思。

小镇青年成名史：从沉默的大多数到不容忽视的消费新力量

张园园

小镇青年是如何出场的?

微评

★　"小镇青年"作为一个文化消费群体最初进入公众视线，是在2013年的夏天，当时《小时代》《富春山居图》等口碑与票房成绩倒挂的影片上映，引发一轮热议。几年后，"小镇青年"再次进入争议之地，被频繁冠以"潜力巨大的消费市场""未来经济增长的强大动能"等期待。

2015年以前，"小镇青年"还不是一个专有名词，他们鲜被社会关注，更不受资本重视。

2015年以后，"小镇青年"正式出场，真正引起了大众的关注，准确地说，是引发了商业领域的高度关注。

电影，是小镇青年正式进入大众视野的重要领域。《捉妖记》《战狼2》等现象级国产电影的成功，背后离不开小镇青年的大力支持，影片一半左右的票房都是由来自三、四线城市的年轻观众贡献的，类似的情况也发生在《比悲伤更悲伤的故事》等一众影片中。**由此，有人喊出了"得小镇青年者得票房"的口号，小镇青年被看作票房救星。**

电影只是起点，从手机市场、新零售到网络直播、短视频、网络海淘、电子游戏，小镇青年的消费能力一次又一次刷新商业领域的认知。2019年的"618购物节"，小镇青年成为各大电商平台争夺的目标。以阿里巴巴、京东、拼多多为代表的电商平台采取各种营销手段，以求抢占小镇青年的购物车。

在短视频领域，小镇青年更是当仁不让占据了主流用户的位置。快手大数据研究院发布的《2019小镇青年报告：走向更好的自己》数据显示，每年有2.3亿小镇青年活跃在快手平台，每年在快手上发布的视频数量超过28亿条，每年在快手上视频播放数量更是超过了26000亿条。小镇青年已经成为短视频的主要玩家。

小镇青年到底是谁？

小镇青年通过其强大的消费能力强势出场，并且成为一个专有名词，根据《南方周末》与拍拍贷联合发布的《三年，变成更好的自己：2019中国小镇青年发展白皮书》的定义，**小镇青年是指一群18～35岁的向上群体，他们出生在三、四线城市和二线城市下属区县，如今或奋斗在大城市及省会，或打拼在家乡及周边城市的各个角落**。可以看出，这里的"小镇"并非真实意义上的乡镇，而是代表了一种和一、二线城市相对差异化的消费生态。

2017年，罗振宇在《时间的朋友》跨年演讲中说："最难被互联网世界连接的人、最难被记录的人、那些社会末梢的人，就这样因为短视频，被接入了这个时代。而快手这个连接器就抓住了这个机会。小镇青年因为电影院线的建设、因为互联网被连接进来了。他们开始在中国的社会舞台上展现自己的力量。这是一股新力量，他们的价值观、消费口味和我们熟悉的人迥然不同。"小镇青年代表着一股消费的新力量和新观念，这个群体有着鲜明的特

微评

★ 小镇青年的群体规模越来越大，对休闲娱乐的消费逐日增长，从无名之辈到消费新贵，小镇青年受到空前关注。如何辨析小镇青年现象，在很大程度上，也成为认知当下中国消费升级、转型变化的核心关键。

征，也正是这些特征，让小镇青年成为商业领域的新宠。**从一个群体，到一个代名词，再到真正引起商业人士的关注，小镇青年终于进入大众视野。**

与小镇青年相对的是都市青年。都市青年一般是指出生在一、二线大城市的年轻人。由于小镇青年中也有部分人前往大城市工作，所以，在生活和工作环境上，都市青年与部分的小镇青年存在一定的交叉，但是与都市青年相比，小镇青年仍然有着一些不一样的特点。

微评

★ 很多生活在大城市的小镇青年都把在大城市的生活当作一种经验和尝试，不少人都选择"在大城市工作在家乡买房"的奋斗模式。

回流：见识过了，咱就回家！

《三年，变成更好的自己：2019中国小镇青年发展白皮书》显示，**过半的小镇青年现在居住在三、四线城市，其中51%的人曾去过北上广深生活，他们平均在外生活了3.1年就回到了老家**。大城市的快节奏和高压力使小镇青年只能在北上广深留下他们生活的印记，只有回到老家才能安居乐业。但即便无法留在北上广深，小镇青年仍然是中国最有干劲最努力的那群人，小镇青年的月平均工资高于全国平均水平，和三年前相比，年平均收入每年增长15%，远高于全国7%的平均水平。

★ "敢于花钱且决策过程短"的背后是小镇青年旺盛的消费热情，从餐饮聚会、娱乐休闲、观光旅游、年节礼品到网上消费，没有了长久在大城市生活、买房等压力让小镇青年出手阔绰。

潇洒：能挣敢花，有钱有闲！

小镇青年很有钱！相对于都市青年来说，小镇青年并没有工资上的优势，但是由于大部分小镇青年生活在三、四线城市，并未背负沉重的生活压力，反而拥有更多的可支配资金。不仅有钱，小镇青年还很有"闲"。生活在三、四线城市的很多小镇青年无须每天把大把的时间花在通勤上，而是有更多的休闲和娱乐时间，这也就不难理解为什么拼多多、快手、趣头条等软件在小镇青年群体的风靡了，各大互联网公司对小镇青年的争夺也在情理之中，毕竟，小镇青年已经成为当下正在崛起的不可小觑的消费力量。从单纯地为电影票房做贡献，到成为短视频和直播的主流受众，小镇青年浪潮已经袭来，"得小镇青年者得天下"真的不是说说而已。

请冷静客观地看待小镇青年

票房解药、人气担当、消费主力……近两年，小镇青年载誉满满。但"小镇青年"一词最初流行时是带有贬义的，经常与"土里土气""审美低俗""不思进取""前途灰暗"等负面词汇画上等号。但小镇青年不断向大众展现出踏实可靠、积极进取的良好形象，改变着人们的既有印象。《南方周末》与拍拍贷联合发布的《相信不起眼的改变——2018中国小镇青年发展现状白皮书》显示，半数以上小镇青年仅离职过一次，超过八成（84.5%）离职不超过两次，被雇主评价为踏实可靠、值得托付的人；与此同时，小镇青年也充满斗志、憧憬未来，近六成（58.2%）的小镇青年希望继续拼搏、克服困难。

小镇青年背后是我国新型城镇化的持续推进，是我国电影院线在三、四线城市的大规模建设，是我国互联网基础设施的不断完善，是民众精神生活和物质生活的不断提升。小镇青年不仅逐渐成为三、四线城市经济和文化建设的中坚力量，而且引领着三、四线城市的审美和文化消费，部分小镇青年也在大城市里不断奋力进取、创造价值。

但是，小镇青年因消费力而被大众重视，这本身是资本逻辑的驱使。在这之前，小镇青年是沉默的大多数，是

微评

★ 高消费、高房价、高生活成本是一线城市挥散不去的痛。小镇青年很可能拥有更多的可自由支配财产和更高的消费力。作为新一轮消费升级的主力群体，小镇青年拥有自身独特的消费能力、消费倾向和观念。

不被重视的群体，而这个群体才是中国青年的大多数。我们无法对小镇青年进行标签化和脸谱化，因为，小镇青年这个名字的背后，是无数个出身平凡却为美好生活努力拼搏的年轻人。

《英雄联盟》手游版，能否成为下一个现象级游戏？

常天恺

  《英雄联盟》凭借对优质IP的培育和开发获得了电竞游戏用户的青睐，优质的内容和设计使它成为电竞游戏领域全球知名品牌。《英雄联盟》在2009年由拳头游戏（Riot Games）推出，之后在2011年9月22日正式上线国服版。十年来腾讯对其悉心扶持，早在2007年上市前就投资了拳头游戏。《英雄联盟》自上线之日起热度一直居高不下，每日最高同时在线玩家在全球PC游戏中排名第一。

  无论是流行程度和玩家数量，还是市场规模，《英雄联盟》在全球市场上都占有一席之地。此次手游版的上线以及一批游戏计划的推出更是旨在确定未来发展的方向，通过对IP衍生品的开发，构建更大的电竞游戏生态体系，继而占据全球MOBA手游品类更大的市场。

微评

★ 赛事体系、人才培养、直播合作三个板块基本构成了手机游戏的电竞生态圈。品牌可以通过赞助获得玩家的关注，直播平台能获得电竞赛事内容，广大玩家则借助超级联赛提升技术，甚至实现职业梦想。

电竞游戏产业进入快速发展期

近年来，5G、大数据、人工智能等新兴信息技术的发展为电竞行业软件和硬件的更新提供了硬件条件。同时，"90后""00后"网生代对文化消费空间的拓展增强了电竞游戏话语权。电竞游戏逐步走向大众化，成为全民关注的体育赛事。《中国电子竞技行业市场前景预测与投资战略规划分析报告》显示，截至2018年年底，我国电子竞技行业用户总数约为4.28亿人，同比增长17.5%，市场规模达到912.6亿元人民币。

2018年，《英雄联盟》《实况足球》《星际争霸2》等电竞游戏列入雅加达亚运会比赛项目，我国代表团参与其中并获得优异成绩。在英雄联盟S8全球总决赛上，IG战队以3:0的成绩横扫FNC夺得了全球总冠军。一时间电竞游戏受到了人们的广泛关注。

《体育产业统计分类（2019）》将电子竞技列入大类体育竞赛表演活动。电竞游戏发展迎来了新机遇。**在此背景下，《英雄联盟》手游版系列的推出不仅是腾讯及拳头公司的转型创新，更满足了人们对电竞游戏的需求和憧憬。**

PC端流量向移动客户端的转化

碎片化时代的到来使人们的生活场景和娱乐方式发生了很大的改变。一方面，工作的繁忙让用户很难抽出较长的时间沉浸在电竞游戏中。另一方面，手机及电子设备的更新换代提升了移动端的性能，移动端正逐步成为人们接触电竞游戏的主要方式。《2019年1—6月中国游戏产业报告》显示，2019年1—6月，中国移动电子竞技游戏实际销

微评

★ 电子竞技正式成为2022年杭州亚运会正式项目。从小众项目到独立产业，从不被看好到为国争光，这是电子竞技行业创造历史的时刻，也是所有电竞用户感同身受的荣光。

售收入为277.4亿元，同比增长22.9%，继续保持较好上升势头。同期中国客户端电子竞技游戏市场实际销售收入为187.7亿元，同比下降2.4%。与此同时，与电竞游戏紧密结合的直播行业也在快速发展，移动端观看电竞游戏直播变得便捷。

Newzoo提供的最新数据显示，从用户数量的持续性上看，《英雄联盟》依旧是全球最受欢迎的PC端游戏。2018年全年英雄联盟总决赛观看时长达8110万小时，成为"规模最大"的电子竞技比赛。即便如此，它面对的情况依旧不乐观。根据百度搜索指数，"英雄联盟"这一关键词的热度在2019年后已接近历史最低点，正在经历生命周期的中后期。手游版的推出或许是对下一个春天的期待。

走向国际争夺海外市场的份额

《英雄联盟》手游版的发布引发了众多粉丝的议论：《王者荣耀》作为其低配版无论在先发优势还是内容容量上都独占优势，此时《英雄联盟》手游的推出能否抢占市场份额，从超300亿的《王者荣耀》中分得一杯羹呢？其实，尽管《王者荣耀》吸引力很高，并且一直保持着热度，但这仅限于国内市场。《王者荣耀国际版》在海外并未得到认可和关注。

市场调研机构Sensor Tower的数据显示，《王者荣耀国际版》在欧美市场共获得1570万次下载，占《王者荣耀》同期全球总收入的0.85%；作为对比，《王者荣耀》中国区iOS同期收入在其全球总收入中，占比高达93.6%，余下约5.6%的收入主要来自中国台湾地区、中国香港地区以及东南亚市场。**此次《英雄联盟》手游版的推出更大程度上是进军国际市场，争夺国际市场上的游戏份额。因**

微评

★ 如今的游戏不仅成为中国文化"走出去"收获真金白银最多的文化产业，更是中华文化海外传播的主力。游戏在"走出去"的步伐上，确实已超出许多人的想象。

此，《英雄联盟》手游版的再度开发会在市场选择上走不同的路线。同时，《英雄联盟》手游版的推出或许能促使《王者荣耀》调整已有策略，完善内容以吸引更多的客户。归根结底，两款游戏都位于腾讯旗下，其结果可能是共赢的。

《英雄联盟》手游版的未来发展之路

准确定位，注重用户体验

《英雄联盟》手机与主机平台全球执行制作人Michael chow介绍："《英雄联盟》手游经过数年研发，不仅能够还原端游的经典操作和竞技体验，也具有非常多的创新元素。"经典操作和深度体验，不仅是端游区分于手游的核心卖点，更是端游在向手游转变过程中必须要仔细考虑的。端游与手游的不同之处就在于深度体验，即对画质的要求以及全面的协调操控。**首先，在定位上，要坚持走差异化发展道路**。在游戏节奏和体验上要还原端游"硬核"体验，还原增益型道具、操作技能设置等元素。同时也要针对移动端实际情况对地图人物技能进行优化适配。《英雄联盟》手游版定位要区别于其他MOBA类游戏，借助其端游强大的垄断地位进军手游市场。

其次，要重视人文情怀的关注。拳头公司在发布时称，由于技术限制，云端无法实现共享英雄、皮肤等内容。这一发布使得不少用户表示遗憾和怀疑。电竞游戏在获取利润的同时要关注人文情怀的培养。因为对于"召唤师"来说，电竞游戏带给他们的不仅仅是一时的放松和愉悦，更是对青春的感召和怀念。只有制作更加优质才能吸引既有流量，实现端游向手游的平稳过渡，同时扩大国际市场。

微评

★ 真正具有良好体验的手游，应该是同时满足了玩家视觉到感觉的升华，从行为上升到情绪，从交互到互动，从娱乐到社交的过渡这几种因素。

突破创新，深度开发IP

《英雄联盟》以其独特的IP获得了长久性发展。电竞游戏产业作为文化产业的一部分，同样适用"一鱼多吃"的思维逻辑。要营造良好的环境，加强对IP的创新和开发。

首先，在用户基础上要对细分市场进行长期有效的研究，针对不同消费者的需求进行设计。目前我国电竞游戏产业参与的主体是"90后""00后"网生代，尽管总体需求比较一致，但不同年龄段间又呈现出差异化特征。因此，要了解受众，对用户要有一个详细分层的把握。

其次，在生产机制上坚持内容为王，要有足够优质的内容作支撑。对IP的开发既要有广度，也要有深度。在广度上，可借与漫威的合作打造属于自己的影视产业链；在深度上，要注重电竞游戏的代入式体验。游戏的本质是一种体验，一项满足精神需要的服务。为此，对IP的开发要进一步深化，打造精品，增强IP记忆。

最后，在营销方法上要综合运用各种营销手段。电竞游戏产业是互联网流量变现的一种渠道，紧紧抓住移动互联时代的特征，拓展新的营销渠道，以流量带增量，实现营销推广一体化是营销推广的必由之路。

加强监管，引导有序发展

《英雄联盟》手游版的发布在为用户带来便捷的同时，也对电竞游戏产业的规范发展产生了一定的影响。端游向手游的转变使用户接触电竞游戏更加简易，对自控力较差的青少年来说，加强对电竞游戏的监管显得尤为重要。当下，观念问题仍然制约着电竞产业的发展。**电竞游戏产业发展的根本在于人观念的转变。**不少人至今还认为电竞游戏有百害而无一利，威胁着青少年的健康成长。

为此，腾讯及拳头公司要加强对游戏时间的控制，在移动客户端设定相应的制度，合理控制游戏时间。同时，要加强对自身知识产权的保护，完善知识产权保护体系。随着电竞游戏行业的专业化发展，顶层设计为行业的有

微评

序发展提供了政策保障。从《"十三五"文化产业发展规划》到《体育产业统计分类（2019）》，国家在政策上为电竞游戏行业的有序发展给予了较大支持。**在监管和控制上，社会各界要共同努力，规范对电竞游戏产业的管理，为电竞游戏产业的发展提供良好的环境。**

结语

电竞游戏产业在我国正处于快速发展时期，其前景是可期的。相信通过各方的努力，我国电竞游戏产业可以焕发更多的生机与活力。也期待随着《英雄联盟》手游版以及一系列电竞游戏的推出，可以更好地开发利用IP，扬帆出海，走向国际。

迪士尼的野心：《冰雪奇缘》这张牌被打坏了吗？

宋立夫　赵航

暌违已久的《冰雪奇缘2》，票房表现是好是坏？

《冰雪奇缘2》自2019年11月22日上映以来，刷新了全球动画电影史的周末票房成绩、创下中国进口动画单日票房纪录，这些放在任何一部动画电影上都是非常优秀的成绩。

周末票房得以爆发的原因在于前期打下的坚实基础。无论是叙事的结构或技巧，还是在视听审美意象的呈现方面，或是剧情对"真爱"这一内核的讨论，《冰雪奇缘》第一部都足够优秀，并为观众留下了深刻的印象，收获了大批拥趸，这些粉丝理所当然地会走进《冰雪奇缘2》的放映厅。短暂的粉丝追捧期过后，票房走势有转向"后劲不足"的迹象。一方面是票房颓势渐显，另一方面是上映后的第二个周末票房并未过亿，且工作日票房表现并不具有明显的优势。

微评

★ 迪士尼时隔6年交出的这份漂亮答卷似乎打破了"续集难逃失败"的魔咒，得到了市场的认可。但《冰雪奇缘2》的口碑总体来说没有第一部那么惊艳。

口碑的"滑铁卢"也给《冰雪奇缘2》的票房增长蒙上了一层阴霾，133 617名豆瓣用户为其打出7.3的分数。对比第一部《冰雪奇缘》8.3的高分，这个分数并不理想。评分的降低说明第二部没有延续惊艳，在"真爱"的主题之后，《冰雪奇缘2》将立意定在了"人与自然和自我探索"上，但在情感上却与观众拉远了距离。

不变的艾莎与安娜，不一样的歌声

创新是任何续作产品都应该探索和思考的问题，激发灵感、创造新意也确实是当下许多续作，乃至所有的文艺作品创作必然要面对的问题。面对第一部作品在人物形象和经典旋律上取得的巨大成功，《冰雪奇缘2》如何应对观众挑剔的眼光，做出新意？出品方尝试给出解决方案。

《冰雪奇缘2》延续了围绕具有制造冰雪能力的艾莎，与安娜、克里斯托弗、雪宝和麋鹿等主角团队搭建的故事框架，讲述了艾莎和安娜在经历了磨难后回归幸福生活，艾莎表面上接受了目前的生活，但内心仍不断怀疑自己能力的由来，最终走向拯救故乡并自我探索的故事。冒险过程的展现更具视觉张力，对水、火、风、土四大自然元素的呈现也采用了巧妙的具象方法，描绘出令人欣喜的视觉奇观。

音乐性的不同是《冰雪奇缘2》与《冰雪奇缘》最大的不同。从电影制作的角度来说，电影配乐不仅是视觉的辅助，更是审美意象的另一重表达。对比发现，相比第一部中朗朗上口的 *Let it go*，《冰雪奇缘2》主题音乐曲在制作上不再是"前奏—主歌—副歌—过门及结束"的套路，以 *Into the Unknown* 和 *Show yourself* 为代表的配乐在调式上更富跨度，在旋律上更具文学性，演唱技巧更加高超，三句吟唱在所有歌曲中频繁出现（甚至在一定程度上起到了串联故事的作用），使歌曲风格在流派上与音乐剧更加相似，这便为传唱带来了一定的难度，诸多配乐曲也逐渐与大众审美拉开差距。但联想到社交平台上频繁出现迪士尼与百老汇进行合作演出的视频，让人很难不去猜测这是不是迪士尼有意为之的一次尝试。也就是说，

《冰雪奇缘2》可能是迪士尼将电影和音乐剧进行融合的一次新探索。

流媒体与百老汇——迪士尼的野望

2019年11月20日，迪士尼公布了2019财年的年度报告，其中显示迪士尼全年营收605.42亿美元，同比上升19%，但由于企业重组与资本投入，来自四大主营业务板块的净利润109.13亿美元，同比下滑16%。迪士尼的传统部门需要改变了。

艾莎在某种程度上来说，是迪士尼"自我探索"精神的一种体现。因为这个角色是对迪士尼对"王子拯救公主""善良的女孩总能收获美满的爱情"等传统故事的超越，正如迪士尼同样在商业版图上不断超越一般。如今，迪士尼正将未来发展向流媒体倾靠，四大业务板块（媒体网络，主题乐园、度假村和消费品，影视娱乐，以及直接面向消费者和国际）中，**包括流媒体在内的DTCI（Direct-to-Consumer and International，即直接面向消费者和国际）业务板块将成为迪士尼升级娱乐帝国的重要战略布局。**

迪士尼高管曾言，"掌握了流媒体平台，才能真正掌握公司的命运"。2019年迪士尼在收购福克斯并重组、投资流媒体等行动上投入了大量资金，公司推出的流媒体服务Disney+，覆盖旗下迪士尼、皮克斯、漫威、卢卡斯等IP富矿，形成一个拥有多元化定位的流媒体矩阵。

在研发的高额投入是净利润下滑的原因之一，但这些举措增长了投资者对迪士尼的期待，股价的上涨正是外界对迪士尼战略转型的信心的反映。与网飞、亚马逊同处流

微评

★ 2020年5月，全新的百老汇流媒体百老汇点播（Broadway On Demand）正式上线。该服务平台是目前全球唯一结合内容点播、戏剧现场直播、后台访问大师课等专业的戏剧流媒体。

微评

★ 迪士尼通过一系列并购，已经拥有了皮克斯、漫威以及星战等一系列新的公司和IP所有权。在迪士尼的小宇宙中，至少建立了传统的迪士尼世界、漫威、星战、皮克斯等多个平行世界。

媒体"战场"，迪士尼面对的是不可避免的高度竞争环境，需要强势的盈利能力才能在这场接近"零和游戏"的市场中立住脚跟。在这个思路下，创造附加值更高的产品成为迪士尼的不二选择。

除了在流媒体业务上进行拓展之外，迪士尼依旧重视传统部门的改革和创新思维在各部门的应用，品牌联动、乘势而上对于迪士尼而言更是屡见不鲜的竞争手段。1994年迪士尼在不被外界看好的情况下进军百老汇，彼时英国的音乐剧几乎控制着百老汇的全部市场。迪士尼并没有因为已有的产品消费结构偏向低龄而停止进军舞台的脚步，反而靠《美女与野兽》让美国音乐剧成功地进入百老汇。自此，迪士尼开始将获得成功的音乐电影改编为音乐剧，将深入人心的电影音乐搬到舞台上，既保证了观众对作品的亲切度，也减少创作的风险与制作成本，在此基础上加以精美的舞台特效和老少咸宜的表演，成为百老汇音乐剧舞台上颇具票房竞争力的作品。

1997年音乐剧《狮子王》的上映再度震惊业界，气势磅礴的舞台表现与高水平的音乐制作让其一举夺得1998年戏剧最高奖"托尼奖"六项大奖和一项格莱美。《狮子王》音乐剧推出22年来，累计演出近9000场，位于百老汇音乐剧总收益累计排行榜第1名，已成为百老汇舞台上的传奇。

2018年，迪士尼与百老汇进行合作，将《冰雪奇缘》搬上了音乐剧舞台，音乐剧版的 *Let it go* 上传到网上后，众多网友都惊叹于艾莎变装的神奇。从电影的成功到音乐剧的成功既是迪士尼商业模式的一种探索，也是稳定的营收路径。或许正是看到这点希望，迪士尼开始了新的创新开拓之路——舞台剧不再仅仅是电影的重现，电影的制作过程是可以和舞台剧相同步的。

高度竞争的版权产业，长尾理论最佳的试验场

美国是创意产业强国，并将文化创意产业相关的部门归类为"版权产业"。**美国国际知识产权联盟每年发布的《美国版权产业报告》显示，近20年来，美国全版权产业部门对GDP的增长贡献均超过11%，是美国经济发展毫无疑问的支柱型产业，市场经济非常激烈。**在这样的产业环境中，驱使着各大公司在内容创意和产业技术方面都要创造独具竞争力的产品。迪士尼作为全球最具影响力的内容提供商，其四大板块皆以版权开发衍生为中心，在版权产业开发上有诸多成功的经验。

克里斯·安德森在其《长尾理论》中写道："**商业和文化的未来不在于传统需求曲线上那个代表'畅销商品'的头部；而是那条代表'冷门商品'经常为人遗忘的长尾。**"不论模式如何，盈利始终是商业公司的本质，赚取利润是商品的第一使命。在高度竞争、进入门槛被提得越来越高的内容提供市场中，生产符合"长尾"特征的商品，也是一种面对市场竞争、参与市场竞争、提升自身盈利规模的优质解法。

正如迪士尼从未停止过对《冰雪奇缘》这一符号性的作品不断地进行"长尾式"的开发一样，在第一部获得巨大成功后，迪士尼不断地通过IP运作，向市场投放相关的衍生产品，将视听符号与消费者进行不间断的连接。

在作品创造营收奇迹的背后是公司整体产品布局策略的成功。迪士尼往往会在影片上映之前便将各式衍生品摆满货架，以实现预热和电影首映后消费者的追捧热度。而在影片放映结束后，会推出一系列活动或者作品为原作增

微评

★ 迪士尼将衍生消费品看作可以深度开采的"金矿"，他们深知，衍生品的开发需要一定周期和生产时间，在设计电影故事之时，他们就已经开始规划相应的衍生品了，非常具有前瞻性。

★ 迪士尼的成功绝非偶然，而是数十年如一日对IP的深度经营，对文化创意的独到运作才成就了今日的辉煌。

值。这次口碑不一的《冰雪奇缘2》，也正是在这一思路的指引下，直接采用了音乐剧的制作思路进行配乐的创作，完整意义上地将动画电影转变为音乐动画电影。

对成功影片的衍生投资风险低、回报稳定，版权产业也正是因为这一特点，成为长尾理论的最佳试验场。当市场被细分成无数不同的领域时，增长点便不止局限于头部市场，根据产品特点调整后续衍生品的生产策略，更有利于激活增长点的全局战略意义，打造新的驱动力。

"双11"的第11年：电商造节重塑消费社会

邢拓　谭腾飞

【写作背景】2019年11月11日，阿里巴巴天猫"双11"打响。2019年是"双11"购物节走过的第11个年头，从淘宝商城起步，到如今发展成为全球最大的购物狂欢节，"双11"所引领的"电商造节"模式正在重塑消费社会，深刻影响着当代中国社会形态。

改变："双11"的第11年，发生了哪些变化？

从"一人江湖"到"群雄纷起"

如果说，2009年的"双11"是淘宝"一个人的江湖"，那么今天的电商市场，则成了"群雄纷起的天下"。在淘宝之后，京东、拼多多、苏宁易购、当当、唯品会、亚马逊等综合类电商平台陆续加入"双11"的鏖战，美团、携程、大众点评、大麦网、淘票票等各领域电商平台纷纷打造属于自己的购物狂欢季，二手交易平台闲鱼和生活资讯社区小红书也在节日成为巨大流量入口。

微评

★　美国圣诞节大采购一般是从感恩节之后开始。感恩节是每年11月的第四个星期四，因此它的第二天，也是美国人大采购的第一天。而感恩节后的这个星期五，人们疯狂抢购使得商场利润大增，因此被商家们称作黑色星期五。

从城市到乡村，从全国到全球，从"双11"到全年

"双11"的11年，电商平台持续深入下沉市场，不断缩小城乡电商的"数字鸿沟"。一方面，电商平台的下沉、网购的普及以及直播等行业的快速发展，唤醒了乡村网购消费者的"战斗力"。如今，乡村消费者"足不出村"也能享受到国际品牌和一线大牌商品。另一方面，乡村电商的兴起与发展，成为助力脱贫攻坚、实现乡村振兴的重要力量。

"双11"的11年，还实现了贸易地域的突破和与世界的联结。**"双11"不仅让国内消费者和商家受益，还受到了境外商家的关注。**2019年，借助于第二届中国国际进口博览会举办的契机，数千个欧洲品牌和数家欧洲企业加入中国"双11"大战，释放出中欧贸易持续向好的信号。

除此之外，"双11"发展至今早已跳出了"11·11"固定日期的限制，不少电商平台开展了长达半个月甚至更久的"年终大促""双11狂欢季"等活动。同时，"京东6·18""双12""苏宁818发烧购物节"等购物节的兴起，让网购消费的行为从节日仪式化走向常态化，引领并不断推动中国商业消费模式的变革。

总的来说，从城市到乡村，从全国到全球，从"双11"到全年，"双11"打造的"电商造节"模式，实现了空间与时间维度的突破，推动了电商、物流以及科技行业的变革与升级，极大改变了互联网时代人们的生活方式、生产方式以及思维方式，有力塑造了消费时代人与社会的新图景。

微评

★ 对于电商平台来说，造节促销是典型的营销手段，成功造节可以形成流量聚集效应，让电商平台在知名度和销售额上获得双重收益。其中，"6·18""双11"就是典型代表。

"双11"重塑消费社会新图景

线上狂欢和线下角逐："网购界面不堵，我倒是堵在出行路上了"

2019年"双11"前夕，高德地图发布了《2019"天猫双11"交通出行预测报告》。报告预测了国内主要商业城市和重点商圈在"双11"期间的交通拥堵情况，并给出了出行建议。**不难看出，随着新零售模式的迭代与进化，"双11"的"买买买"购物风潮已经席卷了线下商圈的购物中心、百货商场、电商实体门店，"双11"成了线上线下都能体验的大型"真香"现场。**

电商平台拥抱线下零售，打造线上线下消费体验场景，是近些年来"双11"购物节的一大新现象。线上发力、线下布局，阿里、京东、苏宁等企业不断丰富内容与场景，盒马鲜生、超级物种等新零售门店颠覆了传统鲜超模式，苏宁小店、京东便利店、便利蜂等新型便利店实现线上线下一体化智慧化运营。

电商社交和人际屏障："今天盖完楼，再联系就是春节了"

当"砍一刀""点一下""领现金红包"的信息铺天盖地发来，我们不由得感慨"这辈子没为别人拼过命，光为别人拼多多"了；当久违的朋友发来"一起盖楼瓜分20亿红包"的邀请，要朋友还是要面子让我们陷入深深纠结。中文里有个词叫"人情账"，形象地点明了社会关系如同经济关系那般复杂。**当前，电商平台社交属性的进一步加强，或许同时也在构筑大众之间无形存在的社交屏障。**

各种津贴、定金、尾款、折上折……店铺商家利用消

微评

★ 电商造节运动沿袭了实体零售的传统营销模式。实体店受限于门店地理特性，且人们日常可支配的购物时间相对有限，为提高顾客购物时间，会主动制造一个理由刺激顾客的消费，于是周末、节假日就成为了零售商们的目标。

微评

★ 电商的首要目标是商品的销售，首要内容就是商品的质量，而社交则是服务质量和服务态度的体现，从消费者的角度来看，优质的服务质量和服务态度才会让人产生更强烈的购买欲望。

费者冲动、多变、易受暗示等从众心理的特征，不断摸索构建起复杂的商业法则森林。**消费者一方心甘情愿被电商平台的商业规则"牵着鼻子走"，原因在于他们认为其中仍然有"利"可图，有"羊毛"可薅，但其中社会价值流失、时间成本增加往往容易被人忽视。**根据中消协过去两年的调查，"双11"当天真正打折的商品比例从28%变成了22%，"羊毛出在羊身上"仍然是至理名言。

除此之外，运动式购物节带来的非理性消费现象，消费者要为此买单。"花呗分期""京东白条"的运用，让消费者有了"买买买"到"债债债"的负担；同时，"双11"流量与销量的井喷，也让部分商家在节前节后较长一段时间内陷入业绩惨淡的苦恼。

"光棍文化"失语和商业胜利："光棍哪天不过节，剁手何必双十一"

不经提醒，或许很多人都已经忘记大众曾经给予"11·11"这组数字的别样诠释。从"光棍节"到"双十一"，**很多人认为商业模式转移了社会焦点，进而带来的是"光棍文化"的失语。**多年前南京高校中引领互联网"光棍文化"那群人，或许此刻正攥着手机，赶在零点到来前再仔细检查购物清单的完成情况。那"光棍们"输了吗？倒不如说他们在互联网时代找到了自我认同与存在的新方式，但商业的确正在不断塑造当前社会的文化形态。

"天猫双11狂欢夜""苏宁双11嗨爆夜"两大极具互联网气质的电视直播晚会融综艺游戏、艺人表演、移动购物于一体，观众（也即消费者）通过电视、网络、移动智能设备等平台，实现了自身消费模式从"买买买"到"看玩买"的转变。相较于电视晚会的传统形态，电商晚会在商业植入、节目编排、互动设计等方面有着显著区别。最重要的是，无论是"电视+网络""内容+运营"还是"媒体+商业"，融合的焦点开始更多关注商业需求，通过沉浸式狂欢和娱乐化互动，以文化仪式的引领最终实现商业收益的增长。

电商晚会的出现，既是对下沉市场的进一步关注，也是对自身商业模式的勠力革新。其不仅以媒体奇观的形式在电商造节过程中增添了新的媒介仪式，使其节日建构更趋完整，又在无形中增添了人们日常生活中的娱乐和消费需求，对人们的日常生产生活产生巨大影响。

思考："双11"与消费社会的未来

经过11年的发展，2019年的"双11"购物节已然成为全民节日盛会。随着科技迭代和零售模式的变革升级，"双11"的内涵和外延也在不断丰富、扩充。线上线下全场景的应用，文艺晚会与电商消费的反哺，都在为"双11"的未来做出更多新的尝试。2019年，搭乘短视频与网络直播发展的东风，"双11"在网红直播带货上玩出了新花样。从传统零售到网购，再到直播，玩法在不断变化，电商业态也在不断革新。

总的来说，在新技术、新产业、新业态的迭代之中，以"双11"为代表的电商造节模式在消费社会拥有丰富的可能和想象空间。"消费主义""商业经济"是个舶来品，在引入中国的一百多年里，它的确适应了中国社会的土壤，并有力改变了社会和人们生活的风貌。在今天，"买买买"已经成为人们的生活所需，已经成了社会稳步发展、人民安居乐业的基础。因此，我们有理由引导"双

微评

★ 沉浸式娱乐是指重用户体验感与参与性的娱乐形式，通过调动用户全部感官，实现全方位体验，通过与产品或者服务互动，变成内容的一部分。

微评

★ 在消费社会，人们则更多地关注商品的符号价值、文化精神特性与形象价值。生产者为了满足消费欲望，不可避免地要掠夺社会资源，巨大的浪费随之发生。

11"等购物节日合理化、规范化、可持续化发展，营造良好的消费文化和消费生态，发挥并增强消费对于国民经济发展的基础性作用。

值得一提的是，真正的消费社会不应仅仅停留在对简单物质的消费上，更应该体现出对美好生活的追求，对精神文明的向往。当然，我们也可以看到，每一代人有每一代人的追求，在解决温饱问题、基本实现小康之后，新的一代人有着独特的价值观和消费观念，对于消费与自我实现等命题拥有自己的见解和追求。

世界文化遗产火灾频发，文物安全保护再敲警钟

李渊

【写作背景】近年来，巴西国家博物馆、法国巴黎圣母院等珍贵文化遗产频发火灾，造成了难以挽回的巨大损失。文物古建遭遇火灾，不仅是文化遗产物质实体的损失，更是全人类的精神文明之殇。文物古建一直以来都是世界各国文化遗产保护的重点对象，为何频频遭遇大火侵袭？在高度现代化的今天，如何保护中国文物古建不因"人祸"而付之一炬？火灾造成的沉重代价令我们痛心，更让我们对文化遗产保护和文物安全的现状进行深入思考。

火灾是危害文化遗产的"顽敌"

近年来，世界范围内一批文化遗产因火灾受损严重甚至消失殆尽。2018年9月，巴西最古老的博物馆之一——巴西国家博物馆遭大火侵袭。火灾虽未造成人员伤亡，但馆藏的大部分文物一夜之间化为灰烬，对整个巴西和拉丁美洲的历史文化研究造成了严重的打击。2019年4月，法国著名地标建筑，有800多年历史的巴黎圣母院塔楼起火，大火吞噬了圣母院塔楼的尖顶，整个教堂顶部的木质结构被全部摧毁。

但世界范围内文化遗产频发的火灾并未引起人们足够的重视，2019年10

月，又有两处文化遗产因火灾遭到毁灭性损害。当地时间10月21日，意大利都灵市中心皇家马厩与马术学院突发火灾，火势蔓延了约两个小时，导致皇家马厩与马术学院的大部分屋顶被烧毁塌陷，只留下烧得焦黑的房屋骨架。皇家马厩与马术学院始建于1740年，是17世纪到18世纪萨沃伊王室家族居所的一部分，最初作为王室马厩和骑兵训练所。该建筑被列为世界文化遗产，是当地重要的历史古迹。

2019年10月31日，世界文化遗产、位于日本冲绳县那霸市的首里城凌晨发生火灾，建筑物几乎被完全烧毁，几百件文物毁于大火。首里城从15世纪至19世纪一直是琉球国都城和王宫的所在地。2000年，包括首里城遗迹在内的琉球王国都城遗址被联合国教科文组织列为世界文化遗产。除了现实层面的物质损失，首里城被烧毁也给冲绳人民造成了精神层面的打击。

事实上，2019年4月巴黎圣母院火灾后，日本曾紧急对全国的世界文化遗产、国宝和重要文化财产等历史建筑的防火措施进行调查。但因为首里城正殿不属于文化财产，没有列入此次的调查对象之中，才没有排查出隐患。

多方联合、多维重建，只为保护

梳理近年来发生大规模火灾的世界文化遗产，我们可以发现，虽然这些文化遗产的失火原因各不相同，但有三大因素不可忽视。

首先，文化遗产建筑本身的结构和周围环境易发生火灾。由于这些建筑修建年代较早且以砖木结构为主，经过千百年的风吹日晒后变得极易燃烧和坍塌，因此火灾发生后很难在短时间内控制火势。

微评

★ 像巴黎圣母院、巴西国家博物馆这样的百年古建筑，部分结构设计采用了木结构，而且易燃品较多，管理机制相对落后，容易引发火灾。且配备先进的消防设备可能会对包括墙体和屋顶在内的古建筑结构造成破坏。

其次，人类活动增加了遗产的安全隐患。根据专家调查分析，巴黎圣母院可能的失火原因是施工时电源短路；日本首里城可能的失火原因是电线短路或祭祀准备活动有不当操作。高密度的人流量不可避免地增加了安全隐患，电力系统在遗产单位内的普及也增加了夜间火灾的发生概率。

最后，缺乏专项维护资金和应急方案也是这些世界文化遗产发生火灾的重要原因。巴西国家博物馆由于资金短缺，馆内基础设施修缮长期无法落实，在火灾发生后馆内消防设施无法正常启用，才造成了惨重的损失。

此外，缺乏有效可行的应急处置方案和定期的消防演练也大大减缓了火灾发生时救援人员控制火势的速度。

文化遗产遭受破坏令人痛心。**一方面，深究失火原因为世界各国文化遗产管理者们敲响了警钟；另一方面，文化遗产的补救和重建也随即提上日程**。日本首里城火灾后，日本政府设置了由政府各部门的局长级官员组成的专门工作小组，探讨首里城重建工作的具体举措。2019年11月1日，冲绳县那霸市政府发起了网上募款，截至当地时间6日中午，获得约3.5亿日元的款项用于重建。巴西国家博物馆在火灾后同腾讯公司合作，依靠腾讯QQ浏览器"识你所见"及其旗下的腾讯"**博物官**"小程序的图像识别和大数据功能，共同打造了"数字巴西国家博物馆"。2019年1月，"数字巴西国家博物馆"资料征集活动启动，八个月的时间，征集活动共获得超过1500条有效信息。9月平台上线了700个文物数字档案，**将在大火中失去的人类历史文物重新展示在世人眼前**。

巴黎圣母院火灾后，社会各界响应政府号召，已为其重建募得近10亿欧元的款项。法国国民议会通过了巴黎圣母院重建法案，为重建巴黎圣母院提供了法律保障。法国

微评

★ "数字巴西国家博物馆"项目借助互联网科技助力损毁文物的数字化再现，为人类历史文化的传承和保护提供了新的方向与借鉴，很好地诠释了"科技向善"理念。

政府还举办了国际建筑设计竞赛，为重建圣母院向全球征集方案。2019年11月6日，中国与法国签署合作文件，就巴黎圣母院修复开展合作。

文物安全永远是不可触碰的红线

近年来频发的火灾，为我国文物安全敲响了警钟。我国是文化遗产大国，在普查登记的近77万处不可移动文物中，文物建筑就有40余万处。我国的文物建筑多以砖木结构为主，耐火等级不高，极易燃烧，稍有不慎就会发生惨重后果，加之许多文物建筑内保存了大量古籍、木质家具等易燃物品，火灾发生后蔓延迅速，增加了火灾发生时的控制难度。**电气故障、违规用火、违规燃香和人为纵火等各类诱发文物火灾事故的因素仍然是文博单位文物安全的主要威胁。**

长期以来，我国的文物安全工作不断加强和完善。在政策方面，2017年以来，国家有关部门先后出台《关于进一步加强文物安全工作的实施意见》《关于加强文物保护利用改革的若干意见》（以下简称《意见》），《意见》提出要坚守文物安全底线，进一步加强文物监管执法力量，完善文物安全责任体系，健全文物安全防护标准等重点工作任务，对文物安全工作进行了全面部署。通过制定实施《文物单位消防安全检查规程（试行）》《文物建筑防火设计导则（试行）》等系列制度规范，进一步提升了文物安全管理水平。

在监管执行层面，2018年9月，国家文物局会同应急管理部、文化和旅游部，联合在全国部署开展了为期半年的博物馆和文物建筑消防安全大检查，重点整治火灾隐患、

微评

★ 中国文物建筑大多采用木构架为主的结构，火灾荷载大，耐火等级低，防火间距小，其火灾特点总体表现为易发生火灾、易造成蔓延、易造成重大损失和影响。

安全主体责任落实等问题。**2019年7月，国家文物局和应急管理部消防救援局联合在全国开展文物火灾隐患排查整治行动，重点整治电气故障、生产生活用火、违规燃香烧纸等火灾隐患，增强火灾防控能力。**整改行动期间共发现火灾隐患10万余项，已整改9万余项。通过一系列整治和联合督导行动，有力督促了文物安全直接责任的有效落实。

此外，许多文化文物单位基于自身特色，探索出了一条适合本单位的文物保护道路。以故宫为例，2013年，旨在全面提升故宫博物院的文化遗产保护、展示传播和服务观众能力的"平安故宫"工程启动实施。工程实施六年以来，有效解决了故宫存在的火灾、盗窃、震灾等安全隐患，提升了故宫可持续发展能力。故宫每年都会举办大型联合消防演习，所有员工都需要参加消防运动会，提高消防体能和消防意识。通过三年的环境大清理、大整治，故宫屋顶上的树枝、杂物等可能的火灾隐患被排除。正是一代代故宫人的努力，故宫博物院才创造了整整48年"零火灾"的奇迹。

保护文化遗产，除了要在政策上发力以外，还需要靠百姓的实际行动。以西递村打更队为例，安徽省黟县西递镇的西递村保存有224幢完整的徽派古民居及众多古祠堂等建筑，被誉为"中国明清民居博物馆"，2000年被联合国教科文组织列为世界文化遗产。早在明清时代，西递就建立起了打更制度，而西递打更队于中华人民共和国成立前由村民自发组建，延续至今已有近百年历史。在西递村《西递打更公约》中规定："每夜打更二次，每次绕村一圈，每次两小时。"除了夜里安全巡逻，打更队员在白天也注意留意可能的安全隐患。中华人民共和国成立以来，西递从未发生过有较大影响的火灾事故，保留了世界文化

微评

★ 每个人都有保护文物的权利和责任，只有把文物保护的知情权、参与权、监督权和受益权交给亿万民众共同守护，文物才能真正获得安全。

微评

★ 文物安全保护要明确公安、消防、建设、规划、工商、旅游、国土、文物等各个部门职责，形成齐抓共管的合力。落实消防安全网格化管理制度，建立专职、志愿消防组织，履行日常消防安全检查职责。

遗产的原貌。**目前，西递村打更防火巡逻的经验和做法正在安徽全省古村落和古建筑群全面推广。**

文化遗产不仅是一个地区、一个国家的象征，还是历史的见证者，更是全人类的宝贵财富。而文物安全是文化遗产保护的红线、底线和生命线。故宫博物院原院长单霁翔曾经说过："文物保护要万无一失，因为一失万无。"对于文化遗产保护来说，不仅要加强日常维护，清除火灾隐患，还要完善防护措施，提升应急处置能力。文化遗产的保护既是一项紧迫的任务，还是一项需要长期坚持的工作，是我们每个人都要承担的责任。

CITM面面观，会展经济如何发挥新活力

万晨阳

【写作背景】近年来，会展业作为现代服务业重要支柱产业之一，会展经济不仅本身能够创造巨大的经济效益，还可以带动交通、旅游、餐饮、住宿、通信、广告等相关产业的发展。国内迅速崛起的会展经济成为国民经济发展的推进器和新亮点，并已成为众多城市的新景观。成功的会展实例，足以证实会展的"桥梁"作用和它所产生的经济效益。如何利用好城市优势资源，进而促进会展业的发展，让会展经济为城市经济迈上新台阶发挥更大的活力，是我们应该思考的问题。

从CITM为云南带来的红利看会展经济

中国国际旅游交易会英文缩写是CITM（China International Travel Mart），创办于1998年，现在已发展成为亚太地区规模最大、影响最广泛的专业旅游展会之一。2019年11月17日在云南昆明落下帷幕的2019中国国际旅游交易会（以下简称"旅交会"）由文化和旅游部、中国民用航空局、云南省人民政府共同主办。旅交会在云南的成功举办不仅展现出昆明的城市文化形象，有效地提升了国内外知名度，而且为昆明的经济发展注入了新

微评

★ 会议和展览的繁荣，不仅成了一个城市积聚财富的重要渠道，还是增长无形资产、全面提升城市形象的有效方式。

的活力。

德国慕尼黑展览公司总裁门图特曾说："**一个城市办会展，就相当于一架飞机在这座城市上空撒钞票。**"会展活动的举办着实为云南带来巨大的红利。**首先**，从城市知名度提升方面来看，云南借助举办旅交会大力宣传昆明旅游和文化特色，提升了云南在全国甚至全球范围内的知名度和影响力，吸引越来越多的国内外旅客慕名而来，为昆明经济的发展不断注入新活力。**其次**，会展活动的举办展示了昆明这座"春城"以及少数民族最多的云南省丰富的旅游资源与独特的文化符号，成为云南旅游业对外交流与合作的重要窗口。**最后**，云南通过会展活动的举办极大地发挥了其国际流通枢纽地理优势，大力开拓与东南亚国家的交流与合作，也让物流、资金流、信息流、人才流等流向世界，带动云南的方方面面实现"跳跃式"的发展。

会展经济为云南的发展做出不能忽视的巨大贡献，也给许多城市的发展提供了新思路，为新时代因地制宜激发会展经济新活力提供了方案。中国国际贸易促进委员会发布的《中国展览经济发展报告2018》显示，2018年我国展览业市场规模继续稳居全球前列。**2018年，中国境内共举办经贸类展览3793个，举办展览总面积为12 949万平方米。**会展规模与数量近些年来的连年增长态势，展现出会展经济强大的活力。此外，会展本身又具有联系和交易、整合营销、调节供需、产业联动等功能。据经济学者的论证，国际上展览业的产业带动系数大约为1∶9，即展览场馆的收入如果是1，相关的社会收入就可以达到9。因而，在会展蓬勃发展的势头下，会展经济的发展不能只关注会展期间的成就，**更要关注的是如何发挥会展经济的"长尾效应"，关注其在带动社会整体经济发展中的"杠杆作用"。**

化挑战为机遇，促进会展经济进一步发展

近些年来，我国会展经济发展水平不断提升。数据显示，2018年我国展出面积突破1亿平方米，综合实力位列世界第二。但从长期视角来看，我国会展经济的进一步发展也显出疲软态势，面临展览馆利用率低、缺乏品牌活动、专业型人才不足、缺乏龙头企业等一系列发展瓶颈。因此，在面对众多机遇的同时也要加大力度破解挑战。

展馆建设缺乏规划，会展经济发展也要因地制宜

在看到部分会展经济推动地区经济发展的成效的案例后，全国各地先后投入大量资金建设会展场馆。科学统一的规划的缺乏造成了重复建设及场馆利用率低的现状，导致了社会资源的极大浪费。此外，部分地区政府对会展的定位存在理念层面的错位，发展规划也带有盲目性，并未考虑当地资源优势及会展经济发展的条件与规律，使一个城市出现有多个同性质的场馆、会展数量多但经济效益低的状况。《中国会展》杂志社挑选80家会展企业与相关机构进行的问卷调查结果显示，80%的受访者认为"各地纷纷新建展馆，导致进一步过剩"；有15%的受访者认为"一线城市依然短缺、其他城市过剩"。

结合当前建设经验来看，在今后的场馆建设上，政府首先应充分考虑当地城市的发展，并结合当地文化产业、服务业的优势对会展经济的发展作出长期规划，使会展经济在推动城市建设方面持久地释放最大效能。会展活动也要向提供个性化服务，传递现场体验型信息等创新模式转变，形成全球化市场格局、金融资本多渠道获取等全新模

微评

★ 会展经济与城市经济是一种相辅相成、动态发展、良性互动的关系。城市的经济、文化、产业本身就是发展会展经济所依托的资源，而会展经济作为一种极其重要的信息生产与流通的方式和载体，极大地促进了社会资源的整合和重组，最终实现城市经济和会展经济综合发展的良性循环。

★ 随着同主题会展一哄而上，难免会出现良莠不齐的状况，展会所需的大企业、知名专家等毕竟是少数，不可能满足所有展会方的需求。小规模重复办展的直接后果，便是参展商和观众无所适从，客户分流、资源浪费，展会吸引力不大，也影响了展会品牌的树立。

式。利用举办具有特色的会展活动，打造城市名片、提升城市竞争力，推动区域经济协调发展，充分盘活会展经济的长期效能。

展览规模不断提升，会展经济区域分布不平衡

随着全国各地展览场馆的建设与会展配套服务的不断完善，除一线城市外，大多数城市具有举办大型会展活动的能力，为会展经济发挥新活力做足准备。

但根据中国贸促会信息中心统计数据，2018年中国在境内举办的展览主要集中在华东、华南和华北地区，三地区展览数量和面积均超过70%，而华中、西南、东北和西北地区占比相对较低。因而，由会展产生的经济效益集中在部分地区，区域经济仍显不平衡。在《中国会展》的问卷调查中，针对"根据2017年各地发展状况，您认为内地继京沪穗之后最适宜办展的城市是哪个"这一问题，国内共有32座城市榜上有名，二线会展城市办展环境的良性发展获得了业内认同。

在看到会展经济规模不断扩大的同时，我们也应注意到，虽然部分地区已经具备发展会展经济完善的硬件条件，但分布不平衡的状况始终存在。因此，**在地区政府做好发展规划的基础上，利用好文化赋能，实现新旧动能转化；推动会展经济向中西地区移动，形成全国范围内均衡发展的态势**，是保证会展经济更好地助力经济增长的有效手段。

"N+会展"激发会展经济新活力

数字+会展

随着互联网、智能化设备、数字化技术的迭代更新，"数字+会展"模式也在逐渐取代传统的会展模式。会展业作为一门关联性强、产业形态多样、参与人员众多的生产性服务业，每个环节都汇集了大量数据。因此，根据当前新商业、新零售的特点，对大量数据的收集与整理，并利用人工智能技术进行精准分析，找准目标客户进行个性化定制以及利用区块链技术保

护展会知识产权、拓宽受众获取信息渠道等方式，**将成为"智慧型"会展经济新的增长点。**

媒体+会展

媒体受众广、观看便捷的特点恰好弥补了会展在时间和地点单一以及传播效果较差的缺陷，二者的巧妙结合为会展经济的发展拓宽渠道。基于电视购物的发展，各大省级媒体地面频道悄然崛起一种"电视+会展"的新模式，做出了"媒体+会展"的范例。据统计，仅2018年，某位名列前茅的中国电视展会供应商的年销售量就达到3.6亿元，这还只是浙江、四川等四个省份的区域业绩。**电视会展形式的出现打破传统会展的"三一律"**，即可以在任意时间，不同空间利用线上和线下等多个渠道对会场进行宣传及带有引导性的推广。"电视+会展"大大增加了参会人员覆盖面，加大了宣传力度，实现了足不出户看遍世界展会愿望的第一步，在打通线上和线下联合营销模式的同时，也为**会展经济的持续发力提供了新思路。**

结语

目前，我国经济发展进入"新常态"，"三期叠加"期也为会展经济的发展带来了新机遇。会展在统筹协调区域发展、扩大对外交往、推动产业结构升级、促进文化产业融合发展等方面发挥着重要作用。**因此，相关部门应该加大扶持力度，融合产业及地区特色打造品牌会展活动，利用新技术拓宽会展定义，使会展经济释放持续效力，推动城市经济转型升级。**

微评

★ 随着传统会展业在网络化延伸、电子商务的跨界融合，还有通过移动客户端和专业化会展服务SaaS平台相结合的方式实现线上线下的融合例子会越来越多，结合度会越来越深入，会展管理与服务都会呈现更加信息化、人性化的特征，有针对性地提供服务，方便参展商和观众实时掌握动态化展会信息，实现参展商对布展、展会进行中的展位动向的全过程监控。

★ 随着中国经济的快速发展，各项城市基础条件逐步进入成熟阶段，会展业在推动社会经济增长方面将会发展重要作用，未来国内会展企业也将面临新的发展形势，如何在恶性竞争环境中脱颖而出，提升自身市场竞争力，才是会展业的当务之急。

城市烟火气，最抚凡人心——看市集如何焕发新生？

李渊　常天恺

市集作为民俗文化的重要组成部分，至今已有三千余年历史。市集在促成产品交易、增进文化认同、记录民间生活等方面发挥着重要作用，是研究生活的活标本。社会的转型发展使人们的生产生活方式不断变迁，同时也为市集的发展注入新内涵。疫情防控常态化下，各地市集再度火热，成为提振居民文化消费、满足休闲娱乐需求的新方式。传统市集正在焕发新生，未来文化消费路在何方？

微评

★ 我国市集有着悠久的历史，从简单的物物交换到花市、香市、灯市等，市集的形态和功能越来越丰富，成为古代人民生活重要的一部分。

"市集"的历史变迁

市集是指在固定场所定期举行的商贸活动，它带有浓厚的市井气息和民俗色彩，承载着民族基因和历史记忆。我国古代的市集出现较早，《易·系辞》曰："日中为市，致天下之民，聚天下之货，交易而退，各得其所。"由此可见，**商周时期的市集就已经初具规模，人们通过市**

集实现物物交换，商业气息十分浓厚。到了秦汉时期，市集规模进一步扩大，内容也更加丰富。秦朝为促进集市贸易的发展，建立专门的"市"加强管理。在市集上人们不仅可以进行货品交易，还能观看耍猴戏、舞枪弄棒等杂耍表演。两汉之际，都城长安以及洛阳、邯郸、宛城等通都大邑，已经发展成为著名的商业贸易中心。

唐代以前，市集主要承载着商业、贸易等经济功能。虽然也有文化内容的呈现，但相比之下，文化内容大多伴随商贸交易进行，文化功能并未得到很好的凸显。唐代以后，**市集的功能不断拓展，逐步呈现出经济、文化、社会功能一体化趋势**。特别是隋唐大运河的开凿和通航沟通了南北地区的商贸往来，沿线地区成为货品集散地，各地间的交流也日趋频繁。随着唐朝中期农业、手工业的发展，市集的时间限制得以突破，夜市兴起。诗人王建在《夜看扬州市》中写的"夜市千灯照碧云，高楼红袖客纷纷"两句诗正是对灯红酒绿、灯火辉煌的繁荣夜市景象的写照。

宋朝商品经济的发展打破了坊市限制，晓市、夜市、草市的兴起使市集的发展空前繁荣，市集贸易十分发达。无论是画家张择端笔下《清明上河图》中描绘的汴京繁荣的市集风貌，还是柳永《望海潮》中的诗句"市列珠玑，户盈罗绮，竞豪奢"都能从中感受到宋朝市集的繁荣和市井文化的兴盛。《清明上河图》描绘出当时汴梁街市的实况，茶坊、酒肆、肉铺、脚店众多，市集上锦罗绸缎、珠宝香料各色商品玲珑满目，除了丰富的货品和涌动的人流，还有"勾栏""瓦舍"等文化场所丰富市民文化生活，市集所承载的文化功能充分体现。**再至明清时期，民间市集发展更盛，逐渐成为市民重要的生活图景，极大丰富了市民生活，为日常生活增添了便利**。

近现代社会的变革和发展给集市造成了一定程度上的冲击，但市集这种传统的形态并未消失，并且逐步适应社会发展演变成商贸街、步行街等新形式。尽管市集的表现形式较之前有了很大改观，但市集所承载的经济、文化、社会功能以及市集所传递的内涵特性从未改变。**许多地方依然保留着市集这一活态的民俗项目，虽然市集的表现形式发生变化，但市集本身的文化传统和民族基因早已深深地融入人们日常生活之中，融入民族血液之中**。文

★ 城市不仅要有高楼建筑，也需要充满日常生活气息的地方。市井之间，人与人之间有更多的交流，产生更多的互动，享受慢生活带来的惬意，放慢城市的节奏。

创市集较传统市集具有创意性、体验性等特征，在当下发挥着重要作用。

市集为何焕发新活力

经营门槛相对偏低

市集作为一种流动的卖场，经过多年的发展，已经成为城市商业和文化不可或缺的部分。市集为个体经营者提供了有别于"开店"的低门槛经营形式，相较于门店来说，市集大大降低了房租、人力成本，涉及的交易形式更为多样灵活，为更多普通百姓提供了参与经营的机会。**与此前热议的"地摊经济"相比，市集经营管理更为规范，卫生、交通等问题能够得到集中整治，给城市管理带来的压力相对较小。**

提振消费信心

疫情推动了电商、在线购物等新的消费形式发展，但同时束缚了公众的线下实体消费。随着疫情防控形势的好转，愿意出门购物的人越来越多，公众消费需求在市集中得到了满足。**线下体验相比电商来说在消费体验、产品质量安全、售后服务保障等方面具有一定的优势，这也是市集受到广大消费者青睐的重要原因。**从另一个角度看，各地在近期密集布局线下市集活动，也是在释放一种疫情防控取得阶段性成果的利好信号，对于提振消费信心，带动城市经济发展来说具有积极意义。

丰富消费体验

纵观近年来各地举办的各类市集可以发现，现在的市集更具有创意性和文化特色，市集已经不仅仅是单纯的售卖商品的场所，更承担着城市文化内容展示、特色小型展览的功能。当消费者对市场需求越来越多元化，各地的市集也在逐步探索多元化的经营形态和体验场景的营造，市集也尝试探索分众化、个性化的经营方式。不同主题的市集在呈现的风貌和传递的价值意义方面各有差异，美食市集、手工市集、艺术市集等特色市集拥有了数量可观的消费群体。此外，**多数市集能带给公众"吃喝玩乐"一站式享受，消费者还可以直接上手参与到体验和互动游戏当中，进一步增强了消费者购买和收藏的热情。**

推动文创项目融入生活

各地推出的线下市集有相当一部分是展示经营手工艺品、文博非遗衍生品的文创市集，这类市集与各地的特色文创项目、旅游景点和代表性非物质文化遗产密切相关。特色文创市集为文创产品与市民搭建了沟通交流的平台，推动文创产品真正融入市民生活，促进文化普及与传承。部分城市也将地方创新创业赛事中涌现出的优秀项目和产品纳入市集之中，推动其与市场实现更好连接。

作为北京文化创意大赛的重要组成部分，北京文创市集自2019年举办以来，为大赛优秀项目提供了展示的平台，也为优秀项目融入市民生活和对接市场创造了机会。市集第一站祥云小镇站汇集了来自手工非遗、家居装饰、玩具手游、图书绘本、影视衍生、动漫模型、美食饮品等众多领域的数十家商户。其中既包括历届北京文化创意大赛的获奖项目，又包含祥云小镇在地创新品牌和北京文创领域的先锋力量，为北京文化地标区域增添了更多活力。

微评

★ 文创市集在近几年非常受欢迎，很多地方的文创市集都融合了本地的特色，将本地的文化融入到各种创意产品中，在唤起城市记忆的同时也焕发了城市活力。

新型市集如何融入现代生活

线上线下融合，开创消费新场景

随着居民消费结构由生存发展型向享受型转变，文化消费呈现出更为广阔的发展空间。受疫情的影响，线下文化消费受到限制，线上文化消费在乘势发展的同时也涌现出一批消费新业态新模式。基于此，未来提振文化消费需要从渠道和新场景应用等方面发力。

首先，在消费渠道上，要坚持线上线下双轨并行、融合发展。互联网的变革发展催生线上文化消费兴起，疫情的影响更进一步加速线上文化消费发展。线上文化消费的蓬勃发展要求我们**一方面**要借势互联网、物联网的技术变革发展线上文化消费，探索云表演、云教育、云音乐等新业态的消费模式和发展路径。**另一方面**，要在疫情防控精准化的前提下激活线下文化消费活力，加速与线上文化消费的融合。**例如，在线下举办的市集中可借助直播、短视频等形式传播满足线上消费主体的精神需求，同时以链接购买、带货等方式刺激文化消费，实现线上线下联动。**

其次，在消费场景中，可不断探索新消费场景，为文化消费拓展新空间。随着消费内容不断升级、消费主体代际更迭、消费地域延伸拓展，新技术在文化消费中的应用得到普及，赋予消费场景诸多新内涵。未来在文化消费中要拓展新技术在场景中的应用，应进一步增加消费者的体验感、互动感，加快科技与场景的深度融合。与此同时，应加强场景同消费者生活的融合，将消费场景融入人们日常化生活方式之中，突破地域限制，满足消费者多元化精神文化需求。

微评

★ 直播、短视频的兴起为市集创造了新的发展机遇。既可以通过直播等方式进行宣传，也可以与线下活动互动，相辅相成，为人们的生活提供更多的便利。

加强引导监管，护航规范市集

市集受到消费者追捧，对市集的市场秩序、餐饮卫生安全和消费维权等工作提出了更高的要求，加之市集空间相对封闭、经营时间晚、人流密集，做好疫情防控工作仍然是各地的首要任务。相关部门要加强监管，严格落实疫情防控相关措施； 在场地、设施、垃圾处理等方面加强监督管理，加强重点区域风险排查，督促市集经营者及时整改隐患，落实主体责任。同时，**要积极引导经营者诚信经营、依法经营，畅通消费维权渠道，及时处理消费者投诉、举报等，营造安全、规范的消费环境。**

此外，市集是展示城市历史积淀和人文缩影的舞台，各地在市集举办的场地上，大多选择的是城市的文化地标，如伦敦的诺丁山市集、墨尔本的Rose St. Artists' Market等已经成为代表城市形象的文化名片。有关部门要积极发挥引导和服务的职能，充分发挥市集在文化传播和城市品牌打造中的重要作用，引导本地传统文化、文化遗产融入市集，为文博保护单位、旅游景点等优质文创衍生品提供更为多样的展示平台，将城市精神与城市代表性文化有机融入市集当中，打造城市文化新名片。

提升产品品质，注重领域细分

提振文化消费，要注意文化产品的品质和质量。 文化产品的品质是刺激文化消费的重要保障，文化产品中凝结着产品的使用价值和审美价值。在生产文化产品时要重视文化的传承与创新，增强文化产品的吸引力和感染力。同时要与时俱进，融入时代内涵，同当下现实紧密结合。文化产品作为精神产品贵在质量。因此，要始终把社会效益放在首位，仔细打磨出精品。

微评

★ 市集的卫生安全问题值得关注，尤其在疫情防控的情况下，做好疫情防控与监控，减少疫情传播的风险，是市集开放的首要前提。

微评

★ 市集要注重持续提升消费吸引力和服务质量，提供高质量的产品，开发更多的创意品牌，为消费者提供更佳的文化体验，为文化消费注入更多的动力。

公众对于文化消费个性化需求的增长，也在进一步倒逼文化产品和服务的多样化和垂直化供给。各地在市集主题定位、整体环境设计、动线规划、商户入驻等方面要进一步细分，用较为完整统一的生活态度和腔调吸引消费者。无论是独特的创意市集主题，还是突出互动与体验氛围，抑或以优质完善的服务吸引消费者，都体现了内容与受众细分在市集打造中的重要作用。要想做到吸引并留住消费者，就要在特色和品质上做足功夫。

结语

疫情防控常态化背景之下，传统市集正在迎来难得的机遇。作为一种门槛低、体验强、流动性强的卖场形态，市集已经成为市民休闲消费中不可或缺的重要部分，摩肩接踵的"赶集"记忆重新回归公众的生活。随着"场景消费"时代的到来，市集也需要与时俱进，为消费者提供极致丰富、高性价比的商品和趣味性强的消费体验，为连接消费者和经营者带来更多创新实践。

文化消费扶贫：如何从"赠人玫瑰"到标本兼治

赵瑞熙

【写作背景】消费扶贫是社会力量参与脱贫攻坚的重要途径，大力实施消费扶贫，有利于激发贫困地区人民的内生动力，调动贫困人口依靠自身努力实现脱贫致富的积极性，促进贫困人口稳定脱贫和贫困地区产业持续发展。为多渠道促进对贫困地区旅游服务消费，最大程度化解疫情对贫困地区农产品销售和贫困群众增收带来的不利影响，国家发改委于2020年3月13日牵头制订了《消费扶贫助力决战决胜脱贫攻坚2020年行动方案》（以下简称《方案》）。《方案》表示，将继续加大对贫困地区网络基础设施和公共服务平台建设支持力度，大力发展农村电子商务，进一步加大贫困地区扶贫产品和旅游资源宣传推介；进一步提升贫困地区产品和旅游等服务供给质量；继续实施文化旅游提升工程，加大对"三区三州"等贫困地区旅游基础设施支持力度。

文化消费扶贫是指通过对贫困地区的文化产品与服务进行消费，来促进贫困人口增收脱贫。作为消费扶贫中的重要方面，近年来，包括乡村旅游、文创产品、特色农产品、演出等在内的文化消费在助力脱贫攻坚中发挥了重要作用。本文将对文化消费扶贫两端的生产者与消费者之间如何有效连接等问题深度探讨。

消费扶贫是社会各界通过对贫困地区产品与服务进行消费，来帮助贫困人口增收脱贫的一种重要的扶贫方式。消费扶贫一定程度上实现了不同地区的优势互补、互利共赢，推动区域协调发展、协同发展、共同发展，成为我国多层次、多形式、全方位扶贫协作和对口支援格局的一个缩影。

文化消费扶贫是指通过对贫困地区的文化产品与服务进行消费，来促进贫困人口增收脱贫。作为消费扶贫中的重要方面，近年来，包括乡村旅游、文创产品、特色农产品、演出等在内的文化消费在助力脱贫攻坚中发挥了重要作用。我们欣喜地看到，在湖南湘西，十八洞村乡村旅游红火红火，苗家人生活有滋有味；在贵州省三都水族自治县板告村，水族马尾绣体验、水书体验、水族牛角雕等成功帮助贫困户增收脱贫。这些曾经偏僻闭塞的贫困地区通过发展特色文化产业、乡村旅游产业，吸引文化消费，摘掉了贫困的帽子，生活面貌焕然一新。**实践再次证明，文化消费是脱贫攻坚的重要推动力量。**

2020年3月13日，《消费扶贫助力决战决胜脱贫攻坚2020年行动方案》正式印发，就持续释放消费扶贫政策红利，进一步推进文旅休闲消费提质升级，助力决战决胜脱贫攻坚提出明确任务要求。2020年是脱贫攻坚决战决胜之年，此时此刻重新审视、思考现有的文化消费扶贫成果、总结文化消费扶贫实践经验非常重要。

消费连接供需，审视文化消费同样需要从这供给和需求两个方面进行思考。文化消费助力脱贫攻坚，"卖家""买家"以及两者之间的"桥梁"等问题都要考虑周全。只有这样消费扶贫才不会是"一次性"的"献爱心"，才能形成长久的"造血剂"，实现长短结合、标本兼治。

从"起点"走向"新的起点"

脱贫摘帽不是终点，而是新生活、新奋斗的起点。决胜之年，脱贫攻坚有了更新的任务，那就是要以此为起点，推进全面脱贫与乡村振兴有效衔接。基于此，文化消费扶贫的重要性也将不同于以往。**如果说现有的文化消**

费扶贫形式与成果是"赠人玫瑰，手留余香"，那么未来的文化消费扶贫将成为实现乡村振兴的"金马达"。

黄南藏族自治州同仁县吾屯村，"家家作画、人人从艺"，热贡艺术一片繁荣景象；西宁市湟中县挖掘地方特色文化资源，推出的以农民画、壁画等八种国家级、省级非遗项目为主的"八瓣莲花"文化产业欣欣向荣……文化消费扶贫的发展空间广阔，发展潜力巨大，这是毫无疑问的。近年来，一个个鲜活的案例用事实证明文化消费助力脱贫攻坚与乡村振兴的广阔天地。

文化资源禀赋优势是文化消费扶贫可行的天然优势。经济落后地区多处于少数民族聚集区、革命老区、边疆地区，这些或是自然环境优美、山清水秀，或是民风淳朴、文化特色鲜明、特色文化资源丰富，习俗、礼仪、建筑等诸如此类的文化资源成为新时代乡愁的"活载体"。它们文化价值斐然，在文化旅游融合发展的背景下，成为吸引消费的重要因素，其越发凸显的经济价值，亟须消费来进一步激活。

文化和旅游部发布的《全国乡村旅游发展监测报告（2019年上半年）》显示，2019年上半年全国乡村旅游总人次达15.1亿次，同比增加10.2%；总收入0.86万亿元，同比增加11.7%。在追求美好生活的过程中，乡村里的绿水青山重新回归人们文化消费的选择。一方是亟待进行全面挖掘与消费刺激的文化消费资源，另一方则是"嗷嗷待哺"的文化消费群体。**几十亿总人次的背后，是庞大的消费市场不容小觑的消费能力，这恰恰是文化消费扶贫的蓬勃生命力所在。**

从起初的"吃农家饭、住农家院"，到包括现代农业、休闲农场、乡村酒店、主题民宿、艺术空间、农业庄园、乡土博物馆、特色文创产品开发，乡村旅游早已突破了单一的

微评

★ 消费扶贫一头连着贫困地区，一头连着广阔市场。真正的消费扶贫要做到"授人以渔"，而不只是"授人以鱼"，只有完成从"输血"到"造血"的扶贫转变，才能调动贫困人口自力更生实现脱贫致富的积极性，促进贫困人口稳定脱贫和贫困地区产业持续发展。

形态，形成了丰富的产业形态与多层的产业业态。直播销售、网络营销等新玩法也让乡村文化产业的发展翻开全新一页。勤劳、智慧的中国人民在脱贫致富的大路上用自己的聪明才智，开创了乡村文化产业的一片天地。前人修路、后人行。已有的产业实践，正是乡村文化产业进一步提质升级以满足全新消费需求的"台阶"与新的起点。

消费反作用于生产，对生产起促进或阻碍作用。相对于一般的消费扶贫，文化消费扶贫的形式与内容更为多元、复杂。文化消费所具有的身临其境之感，建立并融入了消费者与贫困地区的关系，更能够带来更多人与人之间的交流，更能深入贫困地区的方方面面。文化消费助力扶贫的过程，客观上是培育市场、拓展销路、创造财富、改善生活的过程，也更是培育当地群众的市场意识和发展思维的过程，这对于增强贫困地区自身的发展能力而言至关重要。这从另一个角度再次说明，文化消费扶贫是大有可为、大有作为的。

文化消费扶贫，我们要从"起点"走向"新的起点"。深厚的文化资源禀赋、庞大的乡村文化消费市场、极具创造性的乡村文化发展实践，让卖家"有的可卖"、买家"有的可买"。文化消费助力脱贫攻坚，既能"立竿见影"，看到真金白银，也可以"修炼内功"，增强发展动力。

搬开"绊脚石"，起步"新的起点"

习近平总书记在决战决胜脱贫攻坚座谈会上指出，脱贫攻坚战不是轻轻松松一冲锋就能打赢的，从决定性成就到全面胜利，面临的困难和挑战依然艰巨，决不能松劲懈怠。从文化消费扶贫到助力乡村振兴，看到发展成绩的同

微评

★ 扶贫先"扶智"。在文化扶贫中，不少群众从培训中习得一门手艺，也提高了文化知识水平，这是比增加收入更重要的事情，只有文化扶智，贫困家庭才能拥有造血功能，可以独立致富。

时，更要直击痛点，打通阻点。**考虑这一问题，需要全面
思考文化消费扶贫两端的生产者与消费者，以及彼此之间
的有效连接。**

　　"卖家"一方，核心问题在于生产力。乡村文化产品与
服务的生产能力，直接决定了文化消费扶贫的成效。目前，
受制于欠发达地区的客观条件，已经得以开发的大多数乡村
旅游形态仍较为初级，与乡村文化产业密切相关的产品普遍
存在质量一般、内容一般、体验一般、品牌不响、特色不
明等问题，不能完全满足具有精神性、符号性、娱乐性、
知识性的文化消费需求。而与之相伴的产业融合严重不足，
则进一步突显了供给侧提升的紧迫性。**同时，一些具有文化
资源禀赋的欠发达地区，正在等待我们的开发。**

微评

　　**产生这一问题的重要原因则与农村一直以来作为"要
素流出地"而导致的"自身无力"密切相关。**比如，劳动
力外流，导致大多数农村现有劳动力的知识素养、眼界观
念仍然有限等。"内生力"已是老生常谈，这一原因也同
样制约了其在营销思路、市场扩展等方面的有效开拓，我
们不止一次地看到贫困地区农产品滞销的新闻。

　　**换言之，生产决定消费。如果没有过硬的供给，文化消
费扶贫不可能长长久久，不可能形成良性循环。**解决这一问
题的根本则在于增强贫困地区"内生力"。有了"大脑"，
才能应势而动、因时而动，有数量到质量，提供优体验、满
足新消费。有了"双手"，才能"一村一幅画，一乡一天
地"，形成乡村文化多元体。有了"嘴巴"，才能在"酒香
也怕巷子深"的时代里"善假于物"，找到消费的知音。

　　"买家"一方，关键问题在于购买力。微观经济学
中，需求是指在每个价格水平下，消费者愿意并且能够
购买的商品数量。从这一角度思考文化消费，则应该包括

★ 很多乡村习俗
和非遗是承载我国
传统文化的重要
载体，但尚未被开
发，造成了我国乡
村旅游产品和服
务的同质化，究
其原因，是农民主
体的发展意识不够
高，知识水平有待
提升。

两个层面：一是消费能力，也就是有没有钱；二是消费意愿，也就是想不想花钱。

国家统计局数据显示，2018年全年全国居民人均可支配收入为28 228元，全年全国居民人均消费支出19 853元，人民生活水平得到根本性改善。而在一些大城市，如2018年上海居民人均可支配收入为64 183元，北京为62 361元，首次超过6万元。从一定程度上讲，"有没有钱"的问题已经不再是影响文化消费水平的重要因素，越来越多的人们开始"不差钱"地追求着自己的美好幸福生活。因此，与"想不想花钱"密切相关的消费意愿问题就显得很重要了。

文化消费扶贫，广大消费者是重要主体。有多少消费者能参与进来，以及能否持续地参与进来，直接关系到文化消费扶贫的实际效果。关于文化消费有诸多理论，马斯洛向我们呈现五种逐渐升级、依次满足的需求，让·鲍德里亚将消费社会中的消费与符号紧密相连，凡勃仑提出炫耀性消费理论，布尔迪厄则从文化消费与社会阶层关系出发进行了阐述。从这些理论出发，我们可以看到文化消费的复杂性，影响文化消费的因素是多元的。

在消费扶贫的大背景中，我们经常看到一些政府部门、国企的工作人员采购贫困地区农产品，有的人家中这类产品"成堆"，不免有些浪费。这在一定程度上说明了消费扶贫的"低效性"，也无法形成消费扶贫的长效运转机制。就文化消费扶贫而言，也同样要避免类似问题。**文化消费扶贫与一般的消费扶贫不同，其消费内容既可以是实物性的产品，也可以是无形的服务。因此，促进文化消费扶贫应当探索更多元的方式，不断增强消费意愿。**

增强消费意愿，最重要的是要降低消费的成本，即让文化消费者感到物超所值。在这一过程中：一要增强消费便利性，用好互联网相关平台，提高消费过程中信息搜索、支付方式等的便捷化水平；二要保证产品质量，让消费者感到物超所值，形成口碑效应；三要探索消费券、福利券、发行推广用于消费扶贫的信用卡等方式刺激到贫困地区进行文化消费；四要创新消费方式，探索定制化消费来刺激消费意愿。比如，"承包"一垄田、"预订"一片茶等，最终使得文化消费扶贫成为人人皆愿为、人人皆可为、人人皆能为的一种主动的、非一次性的选择。

牵好线，搭好桥

2014年，国务院扶贫办（现国家乡村振兴局）提出消费扶贫，并在第一个扶贫日提出"邀你一起来扶贫"的口号。但是，消费扶贫的理念还仍比较局限，社会上关于消费扶贫的认知并不十分广泛，社会影响力不够，直接影响了消费扶贫这一举措的效果。**广泛宣传，凝聚社会共识，让人们知道自己"买买买"，既是物超所值的消费，更是扶贫的坚实力量。**

在消费扶贫的实践中，举办展销展览推介会、建立建设消费扶贫分中心、在商场超市中建立扶贫专柜等做法很好地打通了贫困地区产品通往城市消费者的道路；"互联网+消费扶贫"下建立的京东商城消费扶贫自营旗舰店、淘宝商城消费扶贫电商馆等举措进一步带动了贫困群众脱贫增收。但是，这些现有的推介中，产品多以实物性的特色农产品、绿色农产品等为主要对象，涉及贫困地区文化产品与服务、乡村文化旅游产品的推介则少之又少。随着脱贫攻坚的不断推进，文化消费将成为贫困地区脱贫致富的重要方面，贫困地区的文化产品与服务应当成为推介重点。

牵线搭桥，既要立足当下，还要着眼长远，充分发挥好市场机制在文化消费扶贫中的作用，还需要做好系统安排。比如，一些贫困地区发展乡村文化旅游，基础设施等条件不够完善、整体环境有待改善等，这些问题不是贫困地区的农户自身可以解决的，需要政府力量予以支持。

微评

★ 促进农村消费是乡村振兴的重要工作，消费能力提高是客观事实，但与城市居民相比，农民的消费能力依然是制约农村消费水平和结构的重要因素，其次是消费意愿，公共设施是否完善、物流服务体系是否健全、消费意识是否得到激发，都会影响农民消费意愿。

★ 商务部数据显示，2019年全国贫困县网络零售额达2392亿元，同比增长33%，带动贫困地区500万农民就业增收。电商扶贫的作用不可小觑，因此，要通过组织贫困人口参与电商扶贫，让贫困户了解并分享技术进步带来的红利。

微评

★ 乡村振兴要求产业、生态、文化、人才、组织全面振兴，中共中央办公厅、国务院办公厅印发了《关于加快推进乡村人才振兴的意见》，要求全方位培养各类人才，坚持培养与引进相结合、引才与引智相结合，拓宽乡村人才来源，聚天下英才而用之。

比如，是否可以通过文化人才支援等措施帮助贫困地区开发更优质的文化产品与服务，全面提升贫困提取文化产品与服务的消费体验；比如，目前已经充分利用电商平台推介自身产品的贫困地区商家如何坚守品质、保证质量，需要强化市场引导与监管，否则一旦出现"以次充好"等问题，将消耗消费者的信任与信心，不利于长远持续发展。

再如，是否可以通过一定的财政支持引导电商平台降低贫困地区农户、企业的平台费用，引导物流等企业给予一定的优惠支持等都需要政府作出相应的政策安排。**为文化消费扶贫"牵线搭桥"，需要着眼文化消费自身特点，全面布局。从最实际的地方着眼，解决好贫困地区文化产品服务"卖家"解决不了的困难，需要让"买家"了解、并形成文化消费扶贫的自觉意愿。**

总之，生产决定消费，文化消费若要成为脱贫攻坚重要助推，必须要有坚持的产业发展作为支撑。因此，作为"卖家"，必须要练好内功，打磨精品。"买家市场""买家"说了算，文化消费的真正"金主"是广大的消费群体，释放文化消费来助力脱贫攻坚，如何更好地凝聚和吸引需求方，也同样需要高度关注。习近平总书记要求，要巩固拓展脱贫攻坚成果，确保高质量打赢脱贫攻坚战。未来的文化消费扶贫若要实现将全面脱贫与乡村振兴有效衔接，就必须要真正尊重市场规律，在此基础上连接起有效、有生命力的供求关系。

2.5亿人的市场需求尚未满足，儿童经济怎样作为?

赵航

儿童文化产品作为文化市场的一个重要分支，不仅占据着较大比例，更关乎儿童未来的健康成长。如今的儿童文化消费市场鱼龙混杂，社会应该如何面对这种情况？文化企业又应当为儿童提供怎样的文化产品和服务？这些问题值得我们思考。

崛起的"儿童经济"，文化市场大有可为

医学界将儿童医学观察年龄段规定为14岁以下。国家统计局数据显示，截至2019年年末，我国人口总量达到14亿人，其中0~15岁人口为24 977万人。基数庞大且不断增长的用户群体为儿童类产品市场提供了广阔的发展空间，早在2018年《中国少儿家庭洞察白皮书》便推测中国儿童消费市场的规模已突破4.5万亿元。"儿童经济"的壮大，也带动了儿童文化消费市场的扩大。

近年来的儿童文化消费既种类繁多又增长迅速。**一方面，儿童文化消费的领域在不断扩大**。从儿童剧到儿童音乐会，从各大视频网站纷纷打造儿童品牌到诸多博物馆开辟儿童通道，很多对儿童消费层面考虑不足的文化产业

★ 儿童文化消费市场的火热带动了文化领域整体经济的发展，因为一个孩子往往会带动两个甚至多个大人一起消费，出现"一拖二""一拖三"的市场消费行为。

★ 亲子互动魔术表演能让一家人可以在参与体验中享受其乐融融的氛围，类似的亲子市场的发展，能让更多孩子在丰富多彩的文化活动和教育活动中健康成长。

领域逐步重视起儿童消费市场，并针对儿童欣赏习惯及价值观念，打造专门的垂直类产品，扩大了儿童的文化消费领域。

另一方面，儿童文化消费增速可观。以儿童剧为例，根据中国演出行业协会发布数据，2019年前三季度全国儿童剧演出总票房高达9.17亿元，2019年全年总票房超过10亿元，增速达到9.05%。我国儿童剧票房高速增长现象的背后是儿童文化消费需求端与供给端的同步提速。

万物互联时代的到来为儿童文化消费市场带来更多发展可能。作为互联网的原住民，"00后"自诞生起就与互联网相伴成长，并熟练使用各类电子设备。共青团中央维护青少年权益部、中国互联网络信息中心联合发布的《2019年全国未成年人互联网使用情况研究报告》显示，2019年我国未成年网民规模为1.75亿人，未成年人互联网普及率达到93.1%。传统文化产品的智能化、数字化升级是传统文化产品赢得儿童消费者的必经之路。但互联网的便捷和数字化的推进也为部分儿童文化消费埋下了隐患，未成年人"触网"的普及率之高所带来的不良影响更需要社会及父母共同面对。

随着文化消费的活跃、二孩政策的开放，亲子市场正成为儿童文化消费中新的经济增长点。据中国儿童产业研究中心调查，有近八成家庭的儿童支出占到了家庭支出的30%～50%，深度挖掘儿童经济的"1+N"效应，是亲子市场构建儿童文化消费业态的重要一环。以主题公园为例，迪士尼、方特等主题乐园便致力于营造基于情感的陪伴空间，在以儿童消费观、价值观为主的同时挖掘家长的乐趣，实现全家亲子游乐，将家庭型消费场景构建到极致。

除乐园外，寓教于乐也是父母们更愿意选择的教育方式。各旅游景区在推进文旅融合的过程中也应当考量如何发挥"文"的价值，吸引亲子人群的目光，让游客在旅行中实现的"学、购、娱"的深度融合。

仍需完善的儿童文化消费市场

儿童文化市场需加强监督与管理

相比于广阔的文化市场，儿童文化消费领域对更加优质内容和规范市场的需求尤为迫切，好的产品与服务将会给未成年人的健康成长带来正向的引导作用。**在市场产品供给方面，质量和数量的不平衡现象仍是突出问题。**如今的儿童文化产品虽然种类繁多，但能叫得响的文化精品却屈指可数，当优质的儿童书籍、儿童剧、儿童影视作品出现短缺，众多不良的网络信息、游戏、短视频等便占据了未成年儿童的大量课余时间。

在市场规范层面，以儿童剧市场为例，充斥着众多舞台简陋、生搬硬套的"伪儿童剧"。我国儿童剧创作还处于起步阶段，还需不断建立、完善剧目制作体系、制作公司的品质把控体系以及价格制定标准等。**在儿童夏令营、儿童影视、儿童网络文化消费等领域同样面临市场监管短缺的问题。**

家长文化消费观念的"剧场效应"突出

"剧场效应"是指在剧院观看演出时，如果前排观众为了看清楚表演站了起来且剧场未采取相应的管理措施，剧场后面的人也会为了观看效果而相继站起。儿童文化消费市场家长观念的"剧场效应"同样如此，随着人民生活水平的提高和家庭教育思维的变迁，"不能让孩子输在起跑线上"的口号不断在家长们心目中生根发芽，且愈演愈烈。

让孩子从出生便开始接触早教课程、儿童乐园，4岁听儿童音乐会、学各类乐器的现象已屡见不鲜，甚至如今已逐渐兴起抱着2岁孩子看儿童话剧的情形。众多父母所认可的"越早越好""越贵越好"消费标准使儿童文化消费逐渐走向金钱化弊端，此种观念在增加家庭文化消费投入的同时，也

微评

★ 父母往往很舍得在孩子教育上花钱下功夫，但孩子和父母一起成长的亲子教育也很重要，父母们应该在这个过程中提升自身的教育价值观及其能力。

为儿童文化消费市场价格的混乱带来了可乘之机。**在儿童教育面前，家长的攀比心理和盲目跟风不可取，对儿童文化消费的投入和选择更要看是否适合孩子，是否能物尽其用、效益最大化。**

儿童文化消费的金钱观念："三万块是多少？"

儿童文化消费市场不仅包括父母为儿童购买文化产品，还包括儿童自己进行文化消费。前有9岁儿童用母亲手机充值1万余元用于购买游戏内装备、皮肤等商品；后有11岁孩子消费近200万元打赏网络主播。近年来，此类未成年儿童斥"巨资"打赏主播、购买游戏装备的新闻频繁出现于各大媒体，**此类新闻透露出的是儿童金钱观念的缺失与多方监管的失责。**

据深圳市消费者委员会统计，2020年第一季度深圳市未成年人网络游戏消费投诉数量，跃居网络消费投诉第一位，共4472宗，是2019年同期的10倍。对于未成年人而言，金钱观念尚未成形，金钱消费的理性与节制更无从谈起，孩子的监护人应承担起培养儿童文化消费观念的责任，同时更要在儿童自主消费的渠道层面做好管控，加强密码防护，从源头阻断资金的无概念消费。

儿童文化消费产品的应有之义

美育性

习近平总书记在2018年给中央美术学院老教授的回信中提到："做好美育工作，要坚持立德树人，扎根时代生活，遵循美育特点，弘扬中华美育精神，让祖国青年一代身心都健康成长。"**美育是涉及美学、文艺学、管理学等**

多学科的知识体系，**对促进未成年儿童的德、智、体发展具有基础性作用**，对未成年人的美感教育不仅是学校的工作任务，更应是全社会共同承担的责任。

与此同时，好的儿童文化产品不仅有助于儿童的健康成长，也要注重家长的体验，通过建立亲子共同话题场景，促进父母和孩子共同学习，营造更和谐的亲子关系。

适龄性

对于儿童文化消费产品而言，"适龄"要当头。如在儿童影视作品中，主演、配音明星化，情节成人化现象已屡见不鲜，过于成人化的产品创作思路和表达方式会对儿童理解作品产生阻碍，更不利于儿童价值观的培养。**儿童文化产品生产者要秉持思想性和艺术性相结合、文化内容和儿童生活相结合等原则，创作一批有意思、有意义，适应儿童欣赏习惯与价值观念的文化精品。**

保护性

儿童文化消费产品的保护性体现在两个方面，**一方面是要保护未成年人的天真烂漫与童趣。**早在20世纪，媒体文化研究者尼尔·波兹曼就在其著作《童年的消逝》中发出警告："儿童与成人之间的分界线，在电视之类的媒体猛烈攻击下会越来越模糊。"如今新媒体发展迅速，儿童与成人的信息接收界限更加模糊，如何洗涤社会风气，如何对儿童进行文明教育但又不破坏其天性美德是个值得重视的问题。

另一方面，也要保护儿童的身心健康与防沉迷。互联网时代下，在线文娱业态兴起的过程中，未成年人保护问题凸显。2019年，在国家互联网信息办公室的指导下，青

微评

★ 儿童舞台剧的内容应该贴近实际，贴近孩子的成长环境。儿童舞台剧《少年孔子》中，不只展现了孔子的形象，还展现了含辛茹苦把孔子培养大的母亲的形象，关注儿童成长话题。

★ 国家广播电视总局就未成年人身心健康问题，发布了公开征求《中华人民共和国广播电视法（征求意见稿）》，提出了应该设立未成年人专门频率频道、时段和节目专区，建立完善未成年人保护专员、未成年人节目评估委员会等机制，防止未成年人节目出现商业化、成人化和过度娱乐化。

少年防沉迷系统在多家短视频平台试运行。截至2019年10月14日，国内共有53家平台上线"青少年模式"，这为呵护未成年人健康成长，营造良好的网络使用环境具有重要意义。

未成年人的文化消费谁来引导？

管理层面：为维护儿童文化权益保驾护航

我国仍需不断完善儿童文化市场的相关法律法规，保护儿童的文化权益不受侵害，让监护人维权有法可依。最高法院于2020年5月19日出台的《关于依法妥善审理涉新冠肺炎疫情民事案件若干问题的指导意见（二）》中明确指出：限制民事行为能力人未经其监护人同意，参与网络付费游戏或者网络直播平台"打赏"等方式支出与其年龄、智力不相适应的款项，监护人请求网络服务提供者返还该款项的，人民法院应予支持。**在2020年5月28日审议通过的《中华人民共和国民法典》中也对未成年人游戏充值退费问题进行了法律层面的规范。**

国家市场监督管理局也需针对儿童文化消费的市场特点和突出问题，制定有关规章、政策、标准，规范和维护儿童文化市场秩序，并监督指导相关企业和从事经营活动的单位，营造良好的儿童文化市场环境。

微评

★ 除了以经济利润为主要目的的经营性企业，博物馆、文化馆、科技馆等文化事业单位也应该开发多元化运营模式，发挥自身文化教育优势。

企业层面：双效统一是准则

作为儿童文化消费产品与服务的生产者与运营方，相关企业应当自觉肩负起助力儿童健康成长的责任与使命，推出针对未成年儿童的内容产品和保护机制，在此前提下，有机平衡创造利润与实现社会价值的双效统一。尤其

在线文娱领域，如网易游戏在2020年5月公布了关于未成年保护工作的最新进展，已完成旗下所有在线运营的网络游戏防沉迷系统升级，共计80余款。随着互联网对于儿童群体的渗透能力持续增强，对互联网上儿童文化消费产品服务的监督管理和运行机制提出了更高要求。互联网公司的审核程序、监管机制等将直接影响未成年用户是否能做出超出其民事行为能力的消费行为。

监护层面：祖国未来需要多方共同守护

儿童文化消费作为儿童成长过程中的重要一环，**父母在其中发挥的作用最为重要**。在文化产品的选择上父母要理性辨别，结合孩子自身兴趣与产品质量，为孩子选择真正能产生效益的文化产品；在监管方面要尽到教育与监护义务，以身作则，并帮助孩子树立积极的审美观、金钱观，引导孩子健康成长。

学校也应做好未成年人的文化消费引导工作，将审美能力、自我保护与网络信息甄别等能力的提升作为学校教育的一个方面来抓。**社会组织也要承担起守护儿童健康成长之责**，无论是公益组织还是行业协会，都要坚持儿童利益最大化原则、尊重儿童各项权利，为儿童文化产品和服务的生产构建人才培养体系及行业监督机制，共同为儿童健康成长保驾护航。

结语

"一部优秀的儿童剧能影响孩子一生"，这是中国儿童艺术剧院的一句标语。儿童文化消费不仅是相关文化企业的盈利来源，更是每个家庭寄托在产品身上的对子女成长的期望。面对如今鱼龙混杂的儿童文化消费市场，政府、企业、学校与家庭要联合发力，共同为少年儿童创造良好的文化环境，守护正在消逝的童年。

统筹区域协调，拓展对外传播方式

实施区域协调发展战略是新时代国家重大战略之一。随着文化产业规模的扩大和质量的提升，文化建设已经成为区域协调发展中不可或缺的重要选项。创新表达方式，讲好中国故事能够更好地传播中国声音，促进中国与世界沟通交流。

中国娱乐产业的高地，马栏山的下一步棋怎么走？

范周

【写作背景】近年，马栏山视频文创产业园围绕数字视频内容生产这一核心，以视频IP综合运营为先导，视频内容制作和视频内容数字营销渠道（平台）建设为主导，形成数字视频创意、研发、生产、推广、展示、体验、投资、交易、教育培训、设计与场景式服务、数据服务等上下游产业链条纵深延展、配套产业充分发育、协同发展的数字视频全产业链集群。对标中关村，建设马栏山，突出文化与科技的融合，聚焦数字视频内容生产、版权交易等，大力推进园区建成全国一流的文创内容基地、数字制作基地、版权交易基地，成为极具全球竞争力的"中国V谷"。

文旅融合的核心是体制机制

近几年，文旅融合这一概念悄然兴起，但它并不是凭空出现的，而是有自身的历史沿革。早在20世纪90年代兴起的旅游演艺已经是文旅融合的雏形，只不过没有提出这个具体的概念。影视产业和旅游开发、旅游文创衍生品，还有工业制造、城市建设、城市规划、景观建设当中均体现出文化和旅游的融合。但文旅融合不是简单的一加一的问题，不是两种业态的简单叠加，而是涉及体制机制、商业模式、发展理念等复杂问题。

虽然文化和旅游部已经成立，但是整体的机构改革依然还在路上。因为文化自身的复杂性和包容性导致其管理和组织上存在一些交叉地带，还有一些问题没有解决。**所以，文旅融合只是迈了第一步，未来的步伐怎么迈，关键还是在于顶层设计，这是解决根本问题的关键。**

文旅融合的核心问题不是融不融合的问题，而是体制机制的问题。有人说党的十一届三中全会解决了改革开放问题，十二届三中全会解决了市场经济问题，十九届四中全会重点解决了国家治理现代化和体制机制问题。在这样的大背景下，文旅融合解决"两张皮"现象和政策落地难问题的核心在于体制机制如何破题。**湖南省可以从体制机制层面先行先试，如在人才引进、新业态培育等方面做出积极尝试。**

当然，有个很典型的案例就是霍尔果斯。虽然其后期发展出现了一些乱象，可是它也从侧面告诉我们，在中国很多贫瘠的地方和欠发达的地方，如果想要快速发展、快速崛起，那么制度设计和政策推动将起到决定性作用。所以，对湖南来说，可以在把握好大方向和底线原则的基础上进行尝试。

繁荣城市夜间经济，打造不夜星城

2019年8月27日，国务院办公厅印发《关于加快发展流通促进商业消费的意见》，提出要活跃夜间商业和市场。**夜间经济正成为衡量城市活力的重要指标，也成为城市竞争的新赛道、城市活力的新标志，更是打造城市品牌、促**

微评

★　文旅融合给了人们重新发现、关注、领会优秀传统文化的机会，为传统文化的弘扬提供了很好的载体和渠道。旅游作为文化的载体，让文化变得更接地气，为文化产业的发展带来动力。随着更多优质文化资源转为优质旅游资源，多样化的文化逐渐走向大众。

★　"夜间经济"，一般指从当日下午6时到次日早晨6时所发生的三产服务业方面的商务活动。城市"夜间经济"已成为服务业发展新的着力点和促进消费的第二空间，其作用和效益也日益得到人们的关注。

进产业融合、推动消费升级的新引擎。北京、上海、广州、天津、重庆、南京等城市相继出台促进夜间经济发展的相关举措，重庆、成都等地更是借力新媒体顺利成为"网红城市"，那么长沙夜间经济的未来在哪里？

其实，在还没有"夜间经济"这个概念的时候，长沙就已经用市井烟火气和丰富的夜间娱乐点亮了一个个夜晚。**这种原生态、本土化的夜生活氛围是未来长沙发展夜经济的肥沃土壤，也是其他城市所没有的独特资源。**

由于长期粗放式发展，长沙夜间经济虽然需求旺盛、市场活跃，但仍存在诸多乱象，如规划布局不统一、公共服务不完善、配套设施不完备、业态层次有待提高、消费内容有待创新等问题。**基于此，长沙市人民政府办公厅印发了《关于加快推进夜间经济发展的实施意见》，不夜星城未来可期。**

湖湘智库建设要突出特色

2015年1月20日，中华人民共和国中央人民政府网公布中共中央办公厅、国务院办公厅印发的《关于加强中国特色新型智库建设的意见》。在这样的大背景下，湖湘智库建设要植根于自身情况，走特色发展之路。不仅仅是智库建设，包括整个湖南的文化产业发展也一定要走出特色。

湖南的出版产业、电视产业、娱乐产业等在全国范围内都走在前列且极富特色，**这就是湖南文化产业发展的内生动力，也为湖湘智库建设提供了丰富的素材和广阔的天地，地方智库的发展方向就是要立足地方特色，化资源为优势。**

比如，马栏山视频文创产业园，有人说过"北有科技

微评

★ 现阶段一些文化街区、文化景区出现了商业气息浓、同质化、文化元素表面化等问题。如何深刻理解和发掘文化内涵，寻找真正感染人心的精神力量，仍然是未来文旅融合发展面临的严峻考验。

★ 马栏山大力推动文化领域供给侧结构性改革，以高质量文化供给增强广大市民的文化获得感、幸福感，让文创赋能美好生活。文化产业本身就是朝阳产业，再通过与技术进一步链接，将成为高新科技产业，大有前途。

中关村，南有文化马栏山"，文化产业园不在于有多大的面积，最重要的就是内容、业态和商业模式的创新，这些都对高层次人才和复合型人才有极大需求。未来的湖湘智库建设如何对接本土产业的高质量发展，从而形成产学研的良性互动，为产业发展提供切实可行的智力支撑和人才保障，是其能否成为新时代特色智库的关键问题。

新时代艺术产业园区发展新动能

范周

【写作背景】艺术产业园区作为城市艺术文化发展的重要载体，不仅具有促进文化产业和文化事业繁荣发展的功能，也是促进老旧街区复兴和加速城市更新的重要抓手。近年来，我国艺术产业园区在数量和质量上发展迅速，但同时仍存在园区荒废、软环境提升缓慢、孤岛式发展等问题。在文化强国建设的时代背景下，艺术产业园区发展应融入城市更新的整体行动之中。其中，如何促进新时代艺术产业园区健康发展值得相关从业者思考。

艺术产业园区的发展由来已久。在国外，艺术产业园区的建设始于20世纪六七十年代。21世纪初，国内园区的发展十分迅猛。在当今5G技术快速发展的背景下，文化产业园区尤其是艺术产业园区的建设与科技结合成为社会各界关注的重点。

艺术产业园区产生背景及发展

《中华人民共和国文化和旅游部2018年文化和旅游发展统计公报》显

示，2018年国家组织实施"国家级文化产业园区服务能力提升计划"，支持15个国家级文化产业园区的服务能力提升项目。据不完全统计，全国文化产业园区超过2500家。实际上，目前国内各型各类的文化产业园区已超过5000家，一些民间研究机构的统计数据显示数量已超过1万家。在这之中，国家已命名的文化创意产业各类相关基地、园区超过350家。

在艺术产业园区之外，还有许多混合园区中也存在大量的艺术元素。这些艺术元素的集合共同铸造了一个个城市的会客厅，形成了城市的文化地标。**一个优秀的艺术产业园区理所当然会成为一个城市的文化地标，而城市的文化地标则是能够真正助力城市发展，打造城市品牌的关键。**以杭州为例，无论是断桥残雪还是苏堤春晓，这些流传千古的文化地标都是历史沉淀下的艺术丰碑。所以在城市的发展中，地方官员不应一味追求GDP的增长，而应注意文化地标的打造。

艺术产业园区发展对艺术家、艺术产业链以及社区的关注缺一不可。如何让校区、园区和社区更好地实现三区联动是下一步发展的重要问题。高校周边地区一定是城市产业园区发展的重点扶持对象。在这些区域，只要政府愿意为文化产业提供专项政策，就能在一定程度上撬动产业的发展，并在产业功能、社会功能和社区营造功能三个方面释放出巨大的能量。

中国艺术产业园区发展的现状及特征

从最早的北京圆明园画家村、东村画家村，一直到北京798艺术区，国内早期艺术产业的集聚都是由于艺术家的

微评

★ 圆明园画家村蕴含了一批人青春的热血，蕴含了一批人理想的冲动。正是这种青春热血与理想冲动使得那满目疮痍的圆明园废墟重新焕发了生机，孕育出了一种新的文化生命与艺术形式。

自发集聚而形成的。在经历了早期的坎坷与阵痛之后，当前国内艺术产业园区已出现了多种发展模式，其中有三种类型比较凸显：自发聚集式、政府主导式与企业主导式。自发聚集式主要指的是由艺术家同仁共同组建的部落，具有极强的个人特色，是艺术家艺术纯粹性的表达。政府主导式园区的发展则具有一定的内部差异性，其强调的重点有的集中在园区发展速度之上，有的集中在园区品质之上，成效也不尽相同。第三类企业主导的艺术产业园区是近两年较为流行的发展模式，其主要助推因素是企业对经济利益与商业模式的追求。

无论是自发聚集式、政府主导式，抑或是企业主导式，当下艺术产业园区发展的平衡最终都在于良好的园区定位与规划。当前，大部分成功的园区都在规划上占了先机，合理有效的规划极大地减少了园区走弯路的可能。此外，长期规划在一定程度上避免了园区盲目动工后大拆大建的现象，有利于实现地区的可持续发展。

微评

★ 园区的品牌定位与品牌效应对于艺术产业园区的长期发展必不可少。此举不仅有利于塑造艺术产业园区形象，也能为园区运营、招商等工作提供独特思路。

园区层面：依托资源定位，打造品牌效应

首先，从园区层面来讲，艺术产业园区的发展要依托品牌定位，打造品牌效应。品牌效应对园区的发展极为重要。每一个园区都具有独一无二的闪光点。因此，园区应依托资源精准定位，树立品牌意识，重视区域环境和艺术家自身的发展，吸引和培育大量与品牌形象相符的企业、项目和艺术家。

其次，要建立园区的长效规划，增强运作能力。作为产业园区，艺术产业园区的发展也务必形成一套完整的考核指标体系。其中，产业价值就是一项极为重要的指标。

在创造产业价值的过程之中，要想真正增强园区运作能力，应积极推进各方进入园区决议，对园区长期发展目标、发展节点与时间规划建立清晰的认识。园区需创新方法，统筹艺术家、艺术机构和入驻企业与园区管理机构四方面的关系，并积极争取国家政策的扶持。

再次，艺术产业园区的发展与城市的繁荣要真正实现"同频共振"。要做到"同频共振"，艺术产业园区负责人们最不应该忽略的就是政策的重要作用。当前国内各级政府均积极发布相关政策，推动文化产业发展，这同时也是中国艺术产业园区发展的一个契机。然而，很多企业对这方面关注仍十分不足。2018年，《"十三五"国家战略性新兴产业发展规划》将数字创意产业纳入战略性新兴产业范畴。在数字创意产业中就有大量和艺术元素有关系的专门政策仍有待企业的进一步研究。因此，在中长期规划之中，要增强运作能力，应充分运用政府这只手。

最后，以"人"为本，艺术家主体地位再认识。艺术家的管理与一般园区常规性的文化产业业态管理不同，要通过众创空间的建设，为艺术家的集聚减少资金压力。在很长时间内，某些艺术园区管理人员希望通过艺术家的快速聚集在短期内盈利，这是不符合艺术创作规律的。好的创作需要积淀。近年来，总书记多次召开文艺座谈会并发表讲话，提出艺术作品高原与高峰的问题，这就是作品质与量的平衡。艺术作品需要时间的打磨与岁月的洗礼。对在园艺术家，园区应建立长效反馈机制，为艺术家创造时间与空间双向维度上相对稳定的创作环境。集中资金，增大扶持力度，让艺术家安心创作，助力大师与大IP的诞生。

产业层面：跨界融合发展，园区模式升级

5G时代也是数字创意的时代。《中国数字文化产业发展趋势研究报告》显示，2017年数字文化产业增加值为1.03万亿～1.19万亿元人民币，总产值为2.85万亿～3.26万亿元人民币。未来数字文化产业的发展定将脱离一般性的百分比增长，走向几何倍数的增长。因此，**艺术产业园区应与**

★ 近年来，我国数字文化领域发生了巨大变化，"文化与科技"的融合成为社会的新话题、新潮流，同时也催生了新的产业业态，创造了新的文化消费需求。

数字产业园区做深度融合。在数字产业园区的智能园区之中，有大量可供艺术产业园区发力之处，而数字产业园区缺少了艺术的魂，也会使人产生"有骨架、没肌肉"的印象，缺乏很好的外在形象。同时，数字创意产业的发展也为艺术品的产权保护、数字虚拟园区的发展等方面提供了可能。在发展过程中，艺术园区需拓宽产业链，反哺艺术创作，进一步规避艺术家们创作的高风险。**此外，艺术产业也应与金融产业密切联系，设立投融资信息服务平台，健全投融资机制，来推动无形资产的确权、评估、质押和流动体系的建立。**

城市层面：深入城市更新，提升文化软实力

在城市层面上，要深入城市更新，提升文化软实力。所谓"艺术与城市繁荣"，艺术与城市的关系问题显得尤为重要。从艺术产业的发展到城市的繁荣，这种思路的转变有利于城市的多元共进。政府有需求，园区有需要，艺术家也能因此找到事业发展的蓝海。从统筹到实践，艺术产业园区需做好以下几步：

盘活旧城资源，助力新型城镇化建设

国内文化产业园区对老旧街区、老旧厂房的改造仍有待发展。在梳理过程中，艺术产业园区应介入到城市更新的过程之中，应积极与城市的发改部门、城市文化资产管理部门等协商，更好地为区域解决就业和税收问题，进一步打造城市的文化地标，凝集群众力量与智慧。

★ 老旧街区、老旧厂房等城市更新中的遗留产物成为城市艺术文化发展的新载体。与城市相关管理部门相协调，将艺术产业园区介入到城市更新的过程之中成为盘活旧城资源的重要途径。

优化城市区位，构建文化宜居城市

文化宜居城市与一般的环境宜居不同，它包含着以下几个部分。其一是自然生态，其二是体制机制的治理（包括政治生态、国家管理生态），其三是文化生态，文化生态的打造和培育十分重要。

助力城市复兴，打造城市文化名片

每一个城市都有自己的特点，而艺术产业园区的建设具有极强的可塑性，是城市品牌塑造的有力途径。日本北海道的小樽市从一个小小的渔村到如今现代艺术与传统艺术的交会地，为地区发展打造了新的艺术名片，特别是其城市运河的改造堪称一绝。

社会层面：革新人才培育路径，助力社会文化建设

在社会层面上，园区应革新人才培养路径，助力社会文化建设。**首先，园区实现去围墙化发展，助力社会文化氛围的营造**，已经成为全社会的共识。英国伦敦泰晤士河沿岸的老旧码头仓库改造，就突出了城市的人文特点。因此，"大园区"概念应被引入艺术产业园区环境营造的发展之中，并积极吸引政府力量的介入。**其次，艺术产业园区与艺术管理学科的深度融合。艺术产业园区的发展，归根结底还是在人。**文化产业人要建立"T形知识结构"，在广泛涉猎的同时，在专业方向进行深挖。一个园区的人才结构也是如此。想要做好园区，既需要传统的管理人才、艺术人才，现在也需要经济学人才、科技人才等，要形成"T形人才结构"，在广泛吸纳优秀人才的同时，对符合园区品牌定位的艺术家等增大扶持力度。

微评

★ 艺术产业园区的建设与发展离不开广泛的人才支撑。文化产业园区建设和文化产业学科建设相同，对复合型人才有较强的吸纳需求。

当前我国艺术管理学科的发展仍处于探索期，结构仍较为脆弱。因此，我们应以培养人才为核心，增加园区进课堂以及师生研究实践机会，使学科建设与城市更新、社区营造以及科技手段的应用有机结合，让园区发展与学科建设携手，共同助力城市的发展与繁荣。

用文化创意与文化品牌讲好中国故事

范周

【写作背景】随着文化强国建设步伐的稳步推进，用文化创意与文化品牌讲好中国故事成为提升我国国际影响力的重要途径之一。自"文化产业"正式进入我国国民经济与社会发展的大政方针以来，我国文化产业发展从探索实验逐步走向振兴壮大，产业总体规模和整体实力显著提升。在新的国际环境、政策指引、科技驱动等因素影响下，文化资源更应被创意活化，并成长为特色性文化品牌为文化强国建设注入强大动力。

从文化资源到文化产业

随着国家各部委纷纷出台文化产业相关政策法规，让社会各界的目光进一步聚焦在文化产业之上。文化资源是文化产业发展的基础，是来源于文化并且客观存在的，是历史的社会生产生活过程中创造出的具有文化内涵的物质和精神成果。

在千百年的传承中，世界文化宝库中形成了众多文化资源，它有古今之分、中外之别、雅俗之异。然而，在文化资源的鉴别过程中，**最重要的是对其蕴含的价值观的认识**。中国传统文化博大精深，"取其精华，去其糟粕"

才是正途。**文化资源有可转化与不可转化之分，在转化时也应注意其适当性。对于可转化的资源应从资源本体和文化元素两个角度入手**，做到适当、合宜。文物类的文化资源具有易损性、脆弱性、稀缺性等特质，在转化过程中应充分考虑资源本体的承受能力，宜转则转，不可强求。以《祭侄文稿》为例，纸寿千年，在开发时务必注意对其本体的保护。

文化资源可根据不同的分类标准划分为多种类别，其中较为普遍的方法为精神文化资源与物质文化资源。在精神与物质文化资源的分类之上，文化资源呈现多种特征。文化资源在具有极强象征性的同时，又是一个地区整体物质文化社会的客观反映和结果，它生存于特定的情境之中，具有显著的地区差异。因此，文化资源的开发应对其进行综合考量。

微评

★ "资源不等于产业"意味着地方性文化资源需要通过一定的价值转化与改造加工才能形成可以盈利的文化产业。

文化资源"提纯"三步法

资源不等于产业，唯有通过整合，文化资源才能进一步向文化产业中的文化资本转化。文化资源整合是一个对文化进行发掘选取和价值再造的过程，要以市场需求为导向，对文化资源进行深加工，在此基础上形成文化品牌，做到社会价值和市场价值的双效合一。这正如一个提纯的过程，经历着淘金、冶炼、升华三个步骤。

淘金——文化资源的选取

文化资源利用的第一步必然是要清楚什么样的资源是可利用的，并通过怎样的标准去选取。世界文化宝库中一切具有正确价值观且能为人们所接受的文化资源都可以成为选取的对象。面对这些资源，需要以内容真实性、可靠性与可操作性为准绳，筛选出可利用的文化资源。

冶炼——文化资源深加工

在资源与产业的转型过程当中，文化资源一定要用创意思维来加工，用科技融合来呈现。

创意是核心，在人们物质需求逐渐被满足的当下，精神需求的满足成为人们追求的主题，文化产业也显示出其重要意义。文化产业发展要坚持内容为王。要想做好文化产业，**必须深度挖掘文化资源的内涵，创造出"看得见、摸得着、有温度、有感情"的精神文化产品，做到时代性、思想性与艺术性的统一**。中国的物质文化宝库中蕴藏着众多丰富的文化资源。1960年中国人第一次登顶珠穆朗玛的故事就在2019年改编为了电影《攀登者》。

在科技方面，《5G娱乐经济报告》显示，在2025年，全球无线媒体收入的57%将通过使用5G网络的超高带宽功能和5G运行的设备来实现。5G大行其道，VR、AR、大数据、物联网等也早已渗透进人们的生活，**文化产品的生产已迈向"互联网+智能化"时代。文化资源与科技融合成为文化资源创新开发的新路径。当下VR电影、VR游戏等新兴文化产品频出，为文化资源的进一步开发提供技术支持。**

升华——文化品牌的形成

文化IP的打造需经历定位、定符、定魂三个步骤，并通过矩阵打造和跨界融合，深入挖掘其潜在价值，做到IP价值的最大限度利用。首先，在文化品牌的打造中要先确定市场定位，根据自身文化资源，对标同类产品或服务，寻找自身优势，并在传播中打出特色。**其次**，文化品牌的定符

微评

★ 爱因斯坦说："想象力比知识更重要，因为知识是有限的，而想象力概括着世界上的一切，推动着进步，并且是知识进化的源泉。"

★ 当今科文融合趋势日趋明显，科技为文化赋能的技术力量也成为文化资源活化和升级不可或缺的新动力。

★ 打造优质的文化品牌、文化IP需要在守正的基础上不断创新，把握好新时代新语境下受众的接受方式，更要把传统文化与当代人的生活、审美、需求结合起来。

包括logo与品牌口号两部分，这对品牌形象的打造和品牌精神的宣传都有着极为重要的作用。**最后**，定魂代表着品牌价值体系的确立。**一方面**，企业的价值观会体现在其生产的文化产品之中，为未来的发展奠定基调；**另一方面**树立正向的价值观也为品牌文化的传播打下基础，有助于建立良好的企业形象。此外，品牌在发展的过程中可通过打造矩阵或跨界融合，实现品牌链延伸，有利于巩固市场地位，扩大市场份额。迪士尼利用公主系列成功圈粉千万，而字节跳动公司则通过今日头条、抖音等App跨界整合，形成"头条系"矩阵。

数字文化时代下的品牌传播

互联网时代就像一片曙光，照亮了文化产业前行的道路。2016年，《政府工作报告》中首次提出"数字文化产业"概念，并且提到应"大力发展数字创意产业"，国家随后又发布《"十三五"国家战略性新兴产业发展规划》。国家统计局数据显示，2017年我国数字文化产业增加值约为1.03万亿到1.19万亿元人民币，总产值为2.85万亿～3.26万亿元人民币。**传播就是生产力**。新时代下唯有充分利用数字技术，才能在传播中站稳根基，找到一席之地。

新平台

在互联网时代中，文化新业态涌现，其中以短视频、新媒体、在线直播最为火爆。艾媒咨询数据显示，2019年上半年，新媒体全领域用户规模将超过15亿人，其中在线直播5.0亿人，短视频和移动社交用户将分别超过6亿和7亿人，新媒体市场开发潜力巨大。在数字经济的大环境下，文化品牌传播务必充分利用互联网力量，抓住时代机遇，利用新兴网络平台进行品牌传播。

新趋势

5G以其高速率、高可靠、低时延、超大数量终端网络等特征，为物联网时代的到来提供可能，也让**文化产品从传统消费模式向体验经济转型**。共享经济、体验经济等纷至沓来，共同推动服务业结构优化、经济快速增长与消费方式转型。

新受众

对受众的深刻了解，是解决供给侧结构性改革中消费端问题的不二法宝。不同的受众有着迥异的消费习惯与特征。国家统计局数据显示，目前1995年后出生的"Z世代"与银发群体是两个巨大的市场，我国"Z世代"有2.6亿人，占总人口的18.5%；而全国60岁以上老年人口也是数量可观。这两个市场都有待进一步的研究和发掘。在品牌传播中，企业应把握市场动向，掌握受众消费规律，采用社群营销等新兴营销方式，将内容下沉，以定制化产品探索长尾市场。

微评

★ 时代在变迁，受众消费心理和消费习惯同步在发生着翻天覆地的变化，如何研究和锁定市场新消费规律，发掘更加适配的营销方式是新时代品牌发展的重点。

走进"北美小巴黎"，看政府如何驱动城市创意发展

魏文坤

　　拥有"北美小巴黎"称号的蒙特利尔是加拿大魁北克省最大的城市。这座历史悠久的城市，既有北美的大气活泼，又有欧洲的悠闲安详，融合两种特色的蒙特利尔350多年来不断蜕变，成为全球最多元化的城市之一。联合国教科文组织于2004年成立"创意城市网络"，设立"设计之都""文学之都""电影之都""音乐之都"等7个领域的称号。其中，"设计之都"的竞争最为激烈。在目前已经命名的17个"设计之都"中，我国占据四个，分别是深圳、上海、北京、武汉。但是，"设计之都"的名号并不意味着设计之都的建设已经完成。保持并推进"设计之都"建设成为每个获此殊荣的城市应该持续思考的话题。

曾经：耀眼光芒的丧失

　　蒙特利尔位于加拿大魁北克省，是加拿大第二大城市，曾是法国1642年建立的殖民地。悠久独特的历史给蒙特利尔带来了丰富多元的历史文化遗产，使其一度成为20世纪70年代前加拿大城市规模最大最耀眼的城市。然而，随着多伦多等城市的崛起，蒙特利尔逐渐失去了金融中心、通信中心、制造业中心的地位。面对经济的下滑，蒙特利尔如何重新站上世界的舞台，成为当地政府不得不进行深入思考的现实问题。当地政府逐渐确立了建设国际创意城市的发展核心战略，以建设设计之都为抓手，着力打造以设计产业为代表的全国文化产业中心。

设计：蒙特利尔的产业突围

这座设计之都的生命源于设计而又不限于设计，蒙特利尔与设计的关系紧密相连。蒙特利尔政府认为，设计在蒙特利尔绝非作秀。

蒙特利尔在发展过程中树立了城市建设的大设计概念：设计的理念从产业和产品设计领域扩展到空间的设计、经济的设计、文化的设计。在实施发展规划的过程中，设计逐步渗透到市民的生活与城市的每一个角落，成为提升公民生活质量、发挥城市个性与魅力、激发文化和经济活力的关键。

让城市宜居的创意空间

以宜居为导向推进空间实践是蒙特利尔多年来的城市发展路线，并也因此获得了世界宜居城市的称号。城市公共空间的打造是蒙特利尔重点关注的领域，地下城的建设便是其中的代表。地下城将室内公共广场、大型商业中心、城市快速轨道交通相互连接成为一个整体，构成了另外一个全天候的蒙特利尔，能够避免室外的恶劣天气，地下城的开发将市民与城市相连接，为市民提供了便利，提升了生活幸福感；将商业与城市相连接，助推经济活力焕发；将城市本身相连接，进一步展现了城市个性与魅力。

微评

★ 现在"设计"已经发生了很大的变化，正在渗透和贡献到整个创新链、产业链和价值链，设计是在"全链条"起作用的。

★ 一座城市的发展离不开艺术设计，艺术设计的各个领域也渗透于城市文化的各个方面，两者相辅相成，密不可分。

微评

★ 随着世界经济一体化的加快，艺术设计成为了任何有形产品和无形产品营销的重要手段之一，成为树立国家和公众形象的标志。

让城市闪耀的创意经

蒙特利尔市长坚信，"**设计是经济增长的动力。它对保证蒙特利尔的生活质量以及我们城市的国际知名度和影响力起着决定性的作用**"。以此为基础，蒙特利尔以文化为生长点、以科技为驱动力、以设计为融合剂，促进科技、设计、文化与经济建设的共融共生，赋予城市新的发展优势。随着时代的发展，蒙特利尔设计领域不断扩大，以游戏、动漫设计为代表的多媒体产业成为蒙特利尔设计产业的重头戏，蒙特利尔逐步成为加拿大数字多媒体产业领头羊以及世界四大动画创意产业基地之一。世界知名游戏及影视公司，育碧、EA、华纳兄弟、Gameloft、动视等纷纷落户于此。位于蒙特利尔的加拿大"国宝"太阳马戏团，更是通过数字设计将传统艺术推向新高潮、创造新经济的经典代表。如今，设计产业及其周边生态为这个古老的城市创造了新的文化，增添了新的趣味与活力。

让城市沸腾的创意文化节庆

创意设计，不仅可以优化城市公共空间，推动设计产业发展，同时，也可以融于城市文化，让城市越发散发魅力。节庆是无形之中使人融于文化、融于城市的纽带。蒙特利尔每年有40余个节庆活动，是一座名副其实的节庆之都。而其中的设计月和设计日是这个设计之都独有的节庆。每到特定的日子，设计公司和设计师便会打开"设计之门"，欢迎所有公众参观交流。除此之外，蒙特利尔还有爵士音乐节、街头艺术节、热气球节、烟花节等多个特色节日，每个节日都有自己独特的DNA。以街头艺术节为例，每一年的节日汇集了世界各地的街头艺术家、音乐人、创意人、艺术爱好者等，一同探索城市文化中最新和最令人好奇的议题。他们一直保持使城市艺术更加民主化的初衷，目前已经创造了超过80件公共壁画和装置作品作为城市的永久遗产，为社区不断带来视觉变化和凝聚力。这对于市民创意素养的提升，城市多元繁荣的艺术气息和文化氛围的营造具有不可忽视的力量。

政府：城市重生的领头羊

双管齐下的规划与举措

蒙特利尔作为设计之都登上世界创意城市的舞台，在很大程度上缘于政府三十多年来的持续性支持，蒙特利尔政府在相关执行部门、资金、政策等方面做出了相应的变革与计划。**首先，从部门设置入手，明确设计产业战略地位。**1991年，蒙特利尔将设计融入市政行政管理框架，成立了专门指导设计产业发展的部门，并确立设计委员一职。**其次，实施有力的推进机制，加强相应规划设计。**蒙特利尔相继推出《想象——建设2025蒙特利尔》《设计蒙特利尔》《蒙特利尔设计行动计划2018—2022》等一系列规划。规划中有明确的目标与举措，比如，为设计师开发本地和国际市场，对应的举措有设立市设计委员会、开发设计师的创业技能、通过教科文组织创意城市网络向蒙特利尔设计师提供国际推广机会、向青年设计师颁发菲利斯·兰伯特奖等。**同时，加强财政支持。**《行动计划》提出，将在三年内投入380万加币的预算，用于五个领域的47个行动，而且每个行动都有具体的性能指标。

无形而有力的氛围营造

设计为这座城市带来持续不断的能量，而这种能量的核心便是氛围的营造。 设计所滋生出的艺术活动与艺术氛围、文化氛围，共同推动着这座创意城市的成长。丰富多元的艺术活动所营造的创意环境为市民艺术素质的提升创造了有利的条件，促进了市民创意设计艺术的普及和对创意产品的了解。这种氛围更加有利于吸引创意人士、创意企业的集聚，这在无形当中为城市发展提供了更加丰富的资本，将城市自身建设推向更高的舞台。同时，文化氛围的营造也给整座城市带来了无穷的力量，蒙特利尔设计之所以发达，城市之所以创意发展，也是依托整个城市厚重的文化底蕴。法、英、北美三种文化在此交融共生，激发出不同的火花。

微评

★ 世界多极化、经济全球化深入发展，科技进步日新月异，知识经济方兴未艾，加快人才发展是在激烈的国际竞争中赢得主动的重大战略选择。

"co-op计划"锁定目标人才

人才的培养与集聚无疑是所有城市创新发展的关键因素与重要举措，蒙特利尔也不例外。 蒙特利尔创造宽松、开放、鼓励创新、创意的氛围，充裕的资金支持，充分利用学校、培训机构实施设计人才培育。同时，蒙特利尔为吸引国外人才，对其认定的外国专家，给予个人所得税的返还优惠，第1年和第2年返还100%。学校通过实施"co-op"计划，采取理论知识和实践操作相结合的教育模式，在每一学年的学习任务完成并考核合格后，便可进入与学校有合作的企业或公司进行带薪实习。明确的发展计划与培养目标提升了就业率，为设计产业输送了众多高质量人才。同时，合理的生活成本、包容多元的城市氛围、相关专业人才的数量成为设计产业创业和择业的首选城市。

设计是束之高阁的，还是深入生活的，在蒙特利尔的街头很容易找到答案。**设计已经慢慢融入这个城市的每个角落，融入市民的生活，成就了这个城市独有的精神气质。**当前，我国的设计之都建设也取得了前所未有的成就，但是在让设计与城市相融、与市民生活相融，传达城市的生活理念、价值观与美学主张的道路上，我们还需不断激发设计的力量。让城市具有蓬勃的想象力和创造力，让生活拥有无限的可能性，这是我们共同的美好期待。

李子柒获"2019年度文化传播人物"，为何是她？

隋缘

【写作背景】2020年12月14日，由中国新闻周刊主办的2019"年度影响力人物"荣誉盛典在北京钓鱼台国宾馆举行。内容创作者李子柒获颁"2019年度文化传播人物"奖项。自2016年年初开始，李子柒就坚持创作内容，将中国真实、古朴的传统生活和中华民族引以为傲的美食和文化一点点展现出来，如今已成为大家熟知的短视频头部IP。作为一名现实中的造梦者，李子柒以何种原因荣获年度人物值得探索。

2019年12月15日，中国新闻周刊年度影响力评选活动正式出炉。因"李子柒是不是文化输出"这一话题被推向风口浪尖的李子柒成为了年度文化传播人物。**尽管受到人民日报、央视点名表扬，但对于她本人以及她所制作的视频依旧受到部分争议。**一个海外影响力抵得上1000个CGTN的微博文化博主成名的背后，我们应该如何看待？

微评

★ 没有热爱就成不了李子柒，没有热爱也看不懂李子柒。她的视频内容独具风格，让人耳目一新，满足了外国网友对中国的想象，堪称网络传播时代的中国"田园诗"。同时，李子柒的视频含有被外国网友广泛认同的情感需求和价值理念，满足了人们释放压力的心理需求（《人民日报》评）。

"每个人都能成名十五分钟"

20世纪，艺术家安迪沃霍尔有一句名言——"每个人都能出名15分钟，每个人都可能在十五分钟内出名"。**而李子柒正是通过她制作的十五分钟内的美食视频，收获了数千万微博粉丝、海外社交平台百万订阅者**，从一个普通视频博主逐渐成为中国新闻周刊2019年度影响力人物之一。

看过她视频的观众都知道，李子柒短视频的拍摄地点在她的家乡——四川绵阳的一个村庄。视频内容展现了一种田园生活，其中的元素包含中华美食、民族传统手工艺和传统文化相关内容，而她和奶奶的出镜也带给观众其乐融融的温馨。通过这些视频圈粉数千万，截至2019年12月18日，李子柒微博粉丝达到2153万，B站粉丝311.9万，并且在2017年8月入驻海外社交平台YouTube频道，仅两年时间订阅人数超过750万。这个数字意味着什么？根据知乎相关问题回答，有一个高赞是这样描述的：她的海外文化影响力，抵得上1000个CGTN（中国国际电视台）。

纵观她的走红，是以国内短视频内容竞争升级，为寻求新出路试水海外为大背景。不到1年时间YouTube频道粉丝破百万，后成为中国区头部网红，**观看量累积9.7亿次，单个视频的播放量破千万，又收获了大批海外粉丝。**

爆红的同时，也带来了质疑和争议

在国外广受好评的同时，却在国内引起了话题和争议。有网友评论说"中国真实的乡村生活不可能那么美好""她肯定是个富二代""她有全网第一的团队"等质疑声纷至沓来。但我们还要看到，她的爆红不是一次偶然，而是多年的积累。从最开始给自己的淘宝店引流而拍

微评

★ 2021年2月2日，吉尼斯世界纪录发文宣布，李子柒以1410万的YouTube订阅量刷新了由其创下的"YouTube中文频道最多订阅量"的吉尼斯世界纪录。

视频到微博博主，为了创作内容她吃了许多人无法吃的苦，从零起步，点滴积累才收获了第一批粉丝。李子柒曾说："农村这一切自给自足的东西，对于我来说，它是耳濡目染的，知根知底的，甚至是怀着敬畏之心的。"当后来做短视频时，她选择从最熟悉的地方入手。

当然，我们无法忽视成熟的内容输出背后必然是有团队的运营。李子柒所属的MCN杭州微念科技有限公司成立于2013年2月28日，是一家通过短视频孵化KOL成为IP，并延伸到消费品牌的文娱跨消费公司。2018年5月公司对外宣称已经完成8000万元的B轮融资。除李子柒之外，公司还拥有"kakakaoo-"（微博粉丝1312万）、"香喷喷的小烤鸡"（微博粉丝509万）、"刘阳Cary"（微博粉丝551万）等数十位头部KOL和多个新消费品牌。2016年微博短视频内容集中爆发，**在当时微念科技是唯一一家同时具备短视频网红内容生产、数据分析、电商运营、品牌定制、全品类供应链的公司。**

可以说，**没有优质内容的制作、持续输出的能力、持之以恒的个人品质，就不可能有李子柒的成名。**专业的MCN运营团队为有潜力的博主带来的是商业化的管理运营方式，行之有效的变现方式。而博主独一无二的创作能力和输出的内容，为平台和公司带来的则是潜在的巨大收益。互联网时代下每个人都有成名的机会，但没有任何一个持续的爆红是偶然的安排。

观看视频的是谁

在互联网时代，只要是符合大众文化需求的文化产品和服务均可以获得相应的价值与报酬。从前的汉服、古风是小众玩法，随着互联网网民数量不断增加，新生代人口触网成了数字文化产品消费的主力军，让小众走向了大众。我们不禁要问：谁在为李子柒消费？实际上消费的主力军是她在国内的年青一代粉丝群体。

那么为什么会购买她的产品呢？改革开放以来，我国城镇化快速推进，这意味着发展模式开始向以城市为主导转型。**越来越多的人出生在城市、生活在城市、成长在城市，乡村和泥土对于他们是完全陌生的。**李子柒出生在乡村，她的视频内容对于许多生活在城市中的人来说，是新鲜的体验和乡村文化的熏陶。真实乡村场景的记录让很多人体验到的乡村不再是采摘园里摘下果子的乐趣，而是四时四季植物自然生长、适时而食的欢愉。

费孝通曾在《乡土中国》中提到，"从基层上看去，中国社会是乡土性的……在急速的社会变迁中，'乡'也不再是衣锦荣归的去处了。"但随着中国经济的不断发展，乡土和"乡"的寓意已经发生了变化。

随着"有闲阶级"的数量和所拥有的财产数量不断增多，他们所追求的生活也已经从大城市的繁华热闹转为"采菊东篱下"的归隐悠然自得，"乡"在一定程度上成为休闲放松娱乐的去处。"有闲阶级"的追求往往会在社会上引起更多人的向往。对于长期在工业化社会生存、高楼大厦里工作而没有空闲时间的人来说，田园和乡村就是美好闲暇时间，宁静而舒适。**而李子柒的视频戳中的简直是全球城市用户的痛点，并给他们带来了放松和舒适的"颅内按摩"和对乡村生活无尽的向往。**社会形态和城镇结构不断变化，但人对于娱乐放松的需求没有变。

国民文化自信从何而来

在质疑声中，很多人聚焦于短视频的真实性问题，他们认为视频中所展示的乡村生活是经过了"滤镜美化包装"的乡村。实际上，不同的短视频的内容有不同的定位，同样是以乡村题材为内容，不同的人拍摄的角度不同，剪辑的手法和表达的内容也不同。**李子柒的视频过滤掉了乡村生活的不适之处是必然的，视频的目的就是传递乡村的美、古香古食和传统的中国手工工艺的美。**我们也

微评

★ 乡村是平凡的，但是在诗人的笔下，也可以是"小桥流水人家"。李子柒的视频也有这般诗情画境，会让烦躁的心立刻就安静下来，浸润在唯美的画面里，变得越来越放松。

应当学会欣赏、接纳这种乡村生活别样的真实和美。

2014—2015年日本上映的《小森林》同样讲述了一个女孩在日本东北地区农村的生活和制作美食的过程，此片在豆瓣的评分高达9.0。随后在2017年上映，豆瓣评分高达9.6的日本纪录片《人生果实》讲述了一对夫妇在林间小屋里种植蔬果和花草树木，亲手制作美食的故事。即便是乡村生活的题材，不同国度的人生活方式也是不同的，人与人之间的温情、乡村的美景、日本的文化就这样在潜移默化中传递给观众。

我们的民族发源于这片土地，作为生长在这片土地上的人们，难道对视频中展示的手工酿造酱油的古法不会有所触动吗？汉服之美不会令你感到骄傲吗？自给自足、食用自己劳动的成果这种生活方式不会让我们感到放松吗？我们应该正视乡村生活和城市生活一样都有美好和难堪。只**有首先认识学习自己本国的文化、热爱它，认真了解我们脚下的土地，感受民族之美、文化之美才能真正地拥有文化自信**。无论是李子柒镜头下的诗意乡村，还是华农兄弟展示的烟火气息，都真切地存在于今日的中国。

为中国文化发声

李子柒获得了中国新闻周刊颁发的"年度文化传播人物"奖项。她的评奖词是这样说的："她用一餐一饭让四季流转与时节更迭重新具备美学意义，她把中国人传统而本真的生活方式呈现出来，让现代都市人找到一种心灵的归属感，也让世界理解了一种生活着的中国文化。"在这个世界中，中国文化以源远流长享誉世界的同时也带上了些许神秘色彩。在这个文化多元的世界，交流的方式有多种，李子柒给我们做了一个好的示范，**我们希望有越来越多的"李子柒"，更希望有越来越多不一样的"李子柒"，传播中国文化，传递中国声音**。她的视频之所以获得如此广泛的传播力，离不开以下两个方面。

经过市场检验的产品才能传播得更远

微博上关于"李子柒是不是文化输出"话题，8.5亿
阅读量背后是我们迫切想要文化走出去的心态。但对外文
化宣传片和官方渠道本身具有强烈的目的性，反而不一定
可以达到真正"走出去"，达到走入人心的效果。以文化
传播为目的的创作容易窄化作品内容，而非正式的纪录片
和短视频则很自然地能成为文化传播的推手，并且这类文
化产品经历了市场和消费者的检验，被主动传播的概率更
高。由此可见，**文化产品的创作无论目的如何，第一步都
应当经历文化市场的锤炼。**

文化传播需要关注作品本身

李子柒作为一个爆红的案例，不可能承担起全部的文
化传播文化交流的责任。但文化传播却需要更多像李子柒
一样展示真实的场景和内容并能为观众带来感动的博主。
真正好的作品绝对不是摇着尾巴迎合所有人的，而是专注
好作品本身。

李子柒是无法复制的，但短视频的内容还有多种角度
和维度可以拓宽，走到海外并持续盈利的产品需要专业的
MCN机构持续运营和产出，保证优质的题材与内容。**成熟
的市场化运作模式、完整的文化产品创作激励体系、稳定
盈利模式才能促进优质的数字文化产品产出和传播。**真正
深入人心的产品必定是稀缺的，只有来自对生活的热爱和
关注，来自对本国文化的尊重和认同的作品才会成为优质
的"爆款"。

微评

★ 世界文化是由
不同民族、不同国
家的文化构成的。
在经济全球化的浪
潮中，不同民族文
化相互交流和相互
交融。文化交流的
过程就是文化传播
的过程。优秀的文
化作品对文化交流
更具特殊意义。

魅力中国城，平台型媒体的赤子初心

巩仪　汪晓琳

"魅力中国城"，魅力何在？

有诗有梦有故事，有歌有酒有远方！由中央广播电视总台央视财经频道和盈科旅游主办的《魅力中国城》是一部梦幻而又温暖的诚意之作。带你游历华夏大地，纵览锦绣河山——节目播出三季以来，62座城市参与其文化旅游品牌推荐，地区辐射全国；带你寻奇访胜，尝尽中华美食——节目不仅展示城市丰富的旅游资源，厚重的人文历史，更让风土人情、城市精神珠璧交辉。

节目"文化+旅游+城市品牌"深度融合的创作思路，为参与城市提供了走向世界的窗口，也为平台自身的发展带来新的机遇。更值得一提的是，这62座城中有54座地级市与8座县级市，以西北、东北、西南、华东地区欠发达城市为主，体现了节目精准文化扶贫的赤子初心。

《魅力中国城》是"钥"，开启"深闺"城市的文化富矿；是"路"，承载城市走向观众的矫健步伐；是"桥"，联结城市与城市间的文旅通路；是"翼"，带动中国城市品牌的腾飞起航。如何真正利用媒体优势，打通文化扶贫的小康之路，以央视为代表的传统媒体已在路上。

全面建成小康社会下的"非媒体不可为"

文化的交流与传播过程，实质上就是人与人之间信息的沟通与传递，而在这过程中媒体扮演着举足轻重的作用。**央视以城市资源与城市品牌为两大抓手，重新思考文旅融合、经济转型与人城关系等多项议题。在新时代全面建成小康社会的背景下，媒体正为地方经济与社会的发展插上腾飞的翅膀。**利用权威性与影响力，为内容背书，为品质加码，让老少边区城市走出"深闺"，"非媒体不可为"！

文化建设：挖掘文化资源，滋养文化自信

在新型城镇化发展过程中，**城市同质化问题屡屡被提及。**"文化资源缺乏"自然不是这拥有五千年文化的泱泱大国的问题，挖掘力度不足、利用方式尚欠才是症结所在。那么如何打通城市文化资源与城市品牌的转化通道，以其独特魅力传颂于世？**"绿水青山就是金山银山""让人们记住乡愁""讲好中国故事"是《魅力中国城》给出的答案。**

节目从山水风光与绿色产业，家乡味道与人文风情，城市故事与城市精神三大层面对城市文化资源进行深度挖掘。城市自愿报名、自主参演，民间表演团队一展地方民俗与非遗技艺，原汁原味铸就一场城市风情的饕餮盛宴！文化提升吸引力与归属感，因此文化自信的培育在于物，更在于人。第一季中，贵州黔东南在第二轮竞演时需要在肇兴侗寨录制侗族大歌，当地百姓得知后，纷纷放下手中的农活，路远的从凌晨开始梳妆打扮，早上六点驱车赶到现场集合录制。第三季的三江源国家公园黄河源园区管委

微评

★ "酒香也怕巷子深"，媒介时代的品牌传播需要媒体助力加码。此外，权威媒体的宣传为城市形象的塑造、城市资源的可视化打造提供了不可或缺的力量。

★ 城市文明传承和根脉延续十分重要，传统和现代要融合发展，让城市留下记忆，让人们记住乡愁。保存城市的记忆，方能保护历史的延续性，保留人类文明发展的脉络。

会生态保护站站长马贵，"一杆电子秤，一个绿布兜子"亮相舞台，讲述"染绿"高原的艰难险阻。

在节目中，我们看到的是精彩的演绎表演，是地方群众的凝心聚力，是更多感人至深的城市英雄们为自己城市的精神塑造添枝加叶。

文旅产业：研发钻石路线，老少边区焕新生

2019年是决胜全面建成小康社会的关键之年，为响应国家号召，**《魅力中国城》节目组将扶持欠发达地区立为节目初衷。**

盈科旅游总顾问梅向荣在采访中表示："当前一二线城市的旅游供应基本平衡，甚至出现了过载现象。然而与此同时，大量的老少边区与三四线城市'养在深闺人未识'，纵然有大量优秀的文化资源，却缺少出口。"在此背景下，推动全境旅游的发展"非央视不可为"。

《魅力中国城》节目组通过**开发钻石路线的号召**，要求地区将特色资源整合成产业链，这为地方文化旅游资源整合升级提供契机，也为文旅产业的发展打下基石。通过钻石路线的打造，城市进一步提升知名度、美誉度、影响力，形成文旅IP。

节目为各个城市带来了难以估量的效益，并以此为杠杆撬动城市经济与社会的发展，《魅力中国城》真正为城市带来了社会效益与经济效益的双效统一，打造"永不落幕的魅力中国城"。

扶贫工作：文旅精准扶贫，社会经济跨越式发展

2019年12月16日，在"2019《魅力中国城》文化旅游魅力榜发布会暨城市文化旅游论坛"上，制片人唐琳在演讲

微评

★ 文化旅游产业链，从最初单一的文化产品到最后成为内容丰富的文旅产业，要经过一系列引导、加工、宣传、集聚的演变过程。

中说："节目的亮点之一在于聚焦文旅扶贫，通过把'生态保护+文旅发展+扶贫攻坚'通道打通，走融合式发展道路。"

节目设有知名嘉宾点评和业内投资团，为城市宣传的同时更提供智库、人才与资本的更深层次帮助。三季点评嘉宾中国传媒大学文化产业范周教授接受采访时表示："文化旅游是帮助乡镇脱贫的最好路径之一，《魅力中国城》以媒体为平台打通文旅扶贫通路，无疑为精准实现全面小康社会提供了新的思路与范式。"文化旅游通过调节产业结构，引领地区特色产业发展，拉动就业，带领百姓脱贫致富。

媒体传播矩阵下的"城市品牌"打造

品质化、故事性、惠民生，《魅力中国城》节目让我们看到了央视作为国际级媒体的站位与担当。在融媒体时代，如何更好地运用媒体传播打造城市品牌成为城市管理者、城市媒体平台等多方关注的焦点。

养在深闺"人尽知"，是"世外桃源"也是"人间烟火"

参与《魅力中国城》节目的中西北部城市共18个，占总参与城市数量的29%。此外，西南地区与东北地区城市均为10个，并列第二。诸如青海省黄南藏族自治州等地区与城市，虽然文化资源独特且丰富，但由于地处偏远，媒体与节目的推介成为其为观众所知的重要途径。根据官方数据，《魅力中国城》前两季参与城市在节目播出后旅游产业增长在20%以上，让观众与城市间的联系"天堑变通途"。

微评

★ 经过8年持续奋斗，近1亿贫困人口实现脱贫。这是决胜全面小康的"脱贫答卷"，这是令全世界刮目相看的重大胜利。文化旅游在助力乡村脱贫中发挥了重要作用。

正如前文所述，**节目对城市发展的影响不仅在于吸引流量，更在于引流资本**。媒体为投资方与投资项目提供了沟通的渠道，也让信息对称成为可能。

"媒体+产业"，互惠共赢同发展

央视财经频道节目部主任哈学胜表示，"媒体+产业"的融合发展是大势所趋，这也是《魅力中国城》区别于其他综艺节目的核心模式。

城市品牌的打造靠一己之力极为困难，《魅力中国城》节目组深知这一点。因此在节目设置上，节目给予机会让城市间缔结友好城市关系，巧妙连接多地旅游产业。在湖北省十堰市成立的城市合作平台"魅力中国城·城市联盟"是节目组在节目之外打造的城市发展平台。2018年8月，在为期一周的"凉山彝族传统火把节暨《魅力中国城》文化旅游（西昌）博览会"上，18个城市进行重点文旅推介并举行了签约仪式，文旅产业项目签约金额达到1590.98亿元人民币。

节目组为各城市发送了好友申请，形成**"城市朋友圈"**。各城市通过资源共享、平台共用等方式在合力的基础上达成共赢，"实联真盟"的理念也让城市组成了共谋发展的大家庭，未来联盟城市的IP将越来越亮丽，城市魅力将越来越浓郁。

融媒体共振，即时引爆大众High点

随着互联网时代的发展，传统媒体不再能完全满足用户的多元需要，以央视为代表的传统媒体转型势在必行。《魅力中国城》就在传播方面做到**传统平台与新媒体两手抓**，在卫视播出的同时，积极动用线上资源，建立微博、

微评

★ 文化旅游产业是对文化资源进行开发，主要通过文化资源挖掘、文化创意、景点建设、文化传播和消费等环节实现文化旅游产业的价值增值。

微信公众号等渠道对节目进行**全媒体宣传**。

节目设置"中国文化旅游产业魅力排行榜"，旨在发掘并推介拥有杰出品牌和卓越创新精神的旅游目的地、文化旅游项目等，借助国家平台央视财经频道的力量，进行了最广泛的传播。

《魅力中国城》通过多种形式形成内容的连环效应，让信息多次触达用户，让城市的推介更直接、更有效。节目通过跨屏融媒体互动，融合央视平台优势与新媒体传播特性，形成互补优势。

新释"平台型媒体"

2014年，乔纳森·格里克（Jonathan Glick）提出"平台型媒体"（Platisher）概念。当下，**"平台型媒体"被诠释为"既拥有媒体的专业编辑权威性，又拥有面向用户平台所特有开放性的数字内容实体"**。客观来说，央视由于其极强的政治特性与国家话语权，很难进行平台转型，但《魅力中国城》给出了一份不同的高分答卷。"平台型媒体"未来风口究竟何在？

"以人为媒"，自媒体力量的再爆发

2018年，vlog、短视频等形式纷至沓来，大众逐渐走上内容创作的本位。当下，大众不仅是网络媒介内容传播的接受者，更是创作者。未来5G与区块链技术势必将现代媒介进一步引向分众化，网络的内容创作将成为个人色彩的画布，自媒体的力量将释放其无尽的能量。《魅力中国城》所象征的转型，加之前段时间大火的《主播说联播》与康辉的vlog，央视走向亲民之路已是不争的事实。而在此基础上，究竟应如何保持主流平台的权威性，让其真正成为为大众发声的渠道，则还有待央视与业界其他相关媒体的进一步探索。

"百年缠斗"，科技与媒体的再平衡

每一次新科技的迭代，总会带动媒体的颠覆性变革。近十年来，传统媒体在互联网时代下逐渐让位于新媒体，传统媒体与新媒体融合成为不可逆转的潮流。2019年是5G的商用元年，5G带来的将是新媒体与新媒体的融合。"在科技与媒体的战争中，守成的媒体，只能是那个失败者；而永无止境地前行的科技，永远是那个胜利者。"作为传统媒体的龙头，央视早已向新媒体迈出步伐，但是这种前进是否能追逐上时代发展的潮流，仍旧拭目以待。

"能融尽融"，媒体价值链的再构建

互联网时代下，媒体价值链解构，融媒体大行其道。"融媒体"这种充分利用媒介载体，将各类相似而互补的媒体在人力、内容、宣传等方面全面整合的形式，是实现"资源通融、内容兼融、宣传互融、利益共融"的有利媒介。媒介融合中价值链的重塑极为重要，首先要**"打造内容价值链""延伸产业价值链""整合共同价值链"**。在此基础上，信息发布、共享等多向平台的全面打造与产业链的延伸也将成为下一步媒体们的攻坚之战。

中医药文化走出国门

常天恺

新型冠状病毒肺炎疫情暴发以来，中医药深度介入，在预防、治疗、恢复等各个阶段取得了很好的成效。国家卫生健康委发布的新冠肺炎诊疗方案也在试行和应用中医药和中西医结合的诊疗方式。全国超9成的新冠肺炎确诊患者使用了中医药，中医药在抗击新冠肺炎疫情中发挥了重要作用。经此一"疫"，如何传承中医药这一文化瑰宝，推动中医药文化振兴发展、走向世界值得深思。

从屠呦呦发现青蒿素获得诺贝尔医学奖到世界卫生大会将中医药的传统医学章节纳入国际疾病分类当中，近年来"中医热"在国外悄然兴起，不断掀起风潮。**中医药作为国际医学体系的重要组成部分，不仅在促进人类健康中发挥着重要的作用，更为人类的发展贡献了中国智慧和中国方案。**

微评

★ 中医药文化是我国的民族文化精粹之一，不仅是我国的优秀文化遗产，也是世界的文化遗产，为世界医药学的发展贡献智慧。

重塑自信，丰富中医药文化"新内涵"

中医药文化是从文化学的角度研究中医药学，进而试图实现中医药学的传承和复兴。中医药文化作为中国优秀传统文化的重要组成部分，是中华民族集体创造的结晶，在维护和促进人民健康、传承和延续历史文化方面发挥着不可替代的作用。**中医药文化是中医药事业的根基和灵魂，它的精髓集中体现在中华民族的价值理念、思维方式和生活习惯上，为人类提供了一种独特的科学范式。**中医药表现形态多样，包含了经典医书、中药方剂、针灸推拿、阴阳五行、脏腑学说、经络学说等多项内容。当前，医药学著作典籍《本草纲目》和《黄帝内经》已被联合国教科文组织列入世界记忆名录，传统的中医针灸和藏医药浴法也被列入人类非物质文化遗产代表作名录。随着经济社会的发展和医学模式的变革，中医药文化吸引了越来越多海外人士的关注和喜爱。

中医药文化底蕴丰富，有着数千年的悠久历史。从神农尝百草的神话传说到李时珍历尽一生创作《本草纲目》，从扁鹊的"望闻问切"四诊法到华佗的麻沸散、五禽戏的发明。这些基础理论折射出中华民族对人体生命活动和运行规律的把控，也展现出对传统医药学的艰辛探索和不懈努力。中医药文化不仅是一套完整的医学治疗体系，更是中国哲学智慧和健康观念的体现。它注重统一性和完整性，强调自身的整体性和内环境的统一性，体现了中国古代的唯物论和辩证思想。**中医药文化在认识生命和疾病的独特视角上为现代医学提供了创新思维，同时也彰显出中华文明的独特魅力。**

中医药文化的国际传播由来已久。自唐代以来，中国医学理论和著作就大量外传到日本、中亚、西亚等国家和地区。随着《中医药"一带一路"发展规划（2016—2020年）》的出台和实施，中医药文化在"一带一路"倡议的建设中迎来了发展新机遇。央视网数据显示，中医药文化现已传播到183个国家和地区，我国也已同外国政府、地区主管机构和国际组织签署了86个中医药合作协议。"一带一路"倡议为中医药文化的传播推广、服务贸易、传承创新搭建了良好的平台，中医药文化能够满足沿线国家的普遍关切，在沿线国家间民心相通中扮演重要角色。

走进异邦，展现中医药文化"新姿态"

中医药文化是一个伟大的宝库，在人类健康中贡献着独特的智慧，正如屠呦呦所说：**"青蒿素是传统中医送给世界人民的礼物。"**中医药文化在走向世界的过程中要抓住机遇，以人们乐于接受的方式展现"新姿态"。

中医药文化的国际传播具有很强的现实意义。**首先，中医药文化能够为世界生命科学研究以及医疗卫生的突破作出重大贡献。**中医药的疗效在国际上逐步得到认可，在防治常见病、慢性病等疾病中取得了广泛的共识。在此次新冠肺炎疫情中，多国人士对中医药文化在抗疫中发挥的作用表示认可。美国作家龙安志（Laurence Brahm）表示，西方国家应该尝试用中医药来抗击疫情，如连花清瘟胶囊就是被证明行之有效的药物。比利时人杰里·范伍德温霍夫在中国生活多年也亲自体验了中医药文化对健康的益处。**其次，中医药文化是展现中华文明的对外窗口，推广中医药文化是提升国家文化软实力的需要。**中医药文化不仅反映出以人为本的人文精神，而且构建出人与自然社会和谐统一的整体观。中医药文化的海外传播可以使越来越多的国家通过中医药认识中国，了解中国文化，重新审视人与环境的关系。

近年来，中医药文化"走出去"取得了一定的成效，中医药文化在海外传播中的影响力显著提升。依托中外交流年、孔子学院等汉语国际传播阵地使中医药文化在一些国家和地区获得了认可。2018年《中国国家形象全球调查报告》显示，中医药和中餐、武术在全球受访者中是最能

微评

★ 在《新型冠状病毒肺炎诊疗方案（试行第七版）》中，"清肺排毒汤"被列入中医临床治疗期首选。同时，在治疗新冠肺炎过程中，中医很多非药物的疗法，如针刺、艾灸等，都取得了较好的效果。

代表中国文化的元素。其中，发展中国家的中年群体对中医药的认可度显著提升。**中医药文化的基本理念符合时代发展的需要，同世界医学发展有着较强的契合度。**世界卫生组织在《迎接21世纪挑战》报告中指出："21世纪的医学，不应该继续以疾病为主要研究领域，应当以人类的健康作为医学的主要研究方向。"中医药文化中强调的养生保健思想和积极预防的理念同当下医学研究的方向基本契合，这也为中医药文化在世界的推广提供了现实条件。

直面困境，开辟中医药文化"新思路"

在中医药文化"走出去"持续向好的趋势下，细数中医药文化在普及推广中遇到的挑战对于中医药文化的发展具有深远影响。**当前，中医药文化的传播还面临着一些困难：第一，中医药文化的内涵挖掘不充分，"文化折扣"**依然存在。面对着不同的社会文化环境和医学价值观，接受者在不了解中华文化的前提下很难全面感知中医药文化的深刻内涵，在对中医药文化的认识上出现了偏差。第二，中医药文化的传播渠道较为单一，没有充分融入当地生活。中医药文化的普及和推广大多仍借助传统媒介进行传播，人们接触到中医药文化的方式简单、互动性差，中医药文化离人们的生活较远。第三，中医药文化传播平台不完善，缺乏有效的国际交流合作。中医药文化对相关人才提出了较高的要求，既精通中医理论又掌握跨文化交际内容的综合型人才短缺，为中医药文化的海外传播带来困境。为此，共谋中医药文化的传播推广，助力中医药文化在"走出去"的同时能够"走进去"需要从以下方面发力。

微评

★ 中医药文化的传播要吸引公众的兴趣，广泛运用现代化的多媒体设备如视频、音频、交互平台等，创作形式活泼、新颖多元的中医药文化传播内容。

激活创意，讲好中医药故事

文化创意既可以满足人们对中医药文化的日常需求，也可以提升生活品质，让中医药文化走进人们的日常生活当中。通过"文化+创意"深挖中医药文化内涵，并与现代生活中的新媒体技术、流行元素相结合可以推动中医药文化的传承和创新。**首先，要引入创意的理念，丰富中医药文化的表现形式**。将中医药文化的厚重底蕴和生活美学相结合，实现中医药文化与现代文创的融合发展。在第十二届杭州文博会上，百年国药号旗下的桐泰文创就把传统中医药文化与现代美装联系起来，通过对中药材中金银花、灵芝等中药材元素的提炼设计而成的现代服装吸引了人们的广泛关注。

其次，要顺应不同区域的不同社会需求，努力讲好中医药故事。中医药文化的传播不能一味地削足适履，要找好当地文化与中医药文化的连接点。将中医药文化放在"他人"的社会文化环境中，利用好本土资源实现中医药文化的传承和发展。在国际上讲好中药医故事的关键是选取生动典型的案例，引发接受者对中医药文化的情感共鸣。例如，2017年东方卫视首播的纪录片《本草中国》改变了以往讲述中医故事的视角，将不同中药功效的介绍融入生活之中，让人们以更加为亲近的方式走近中医药文化。这一新颖的视角也为中医药讲好海外故事提供了借鉴。

技术赋能，解决"最后一公里"

互联网的变革和发展创新了中医药文化传播渠道，使得传统的传播模式迎来了新的变革和挑战。新时期下，借助互联网、人工智能等科技的发展，新媒体的传播方式赋予了中医药文化传播更多的渠道和机会，中医药文化的传播借势互联网技术的多元化实现国际化传播和推广。**一方面**，互联网作为一种有效的手段可以通过动画、短视频等多种形式让中医药的传播不再枯燥无趣，以更直观的方式获得最佳的传递效果，有效地将中医药文化推广到全世界各地。比如，VR技术的应用，为接受者增加了现代创新的互动性体验。以中医药文化为依托的衍生产品也进一步拓展了人们了解中医药文化的视野。西洋参耳环、鹿茸项链、野山参手链等一系列文创产品的开发，为中医药文化的发展注入了新鲜的活力，同时也显示出中医药文化同科技的融合发展。

微评

★ 为了使中医药更好、更快地走向世界，政府应该加强中医药对外政策法规体系建设、中医药品牌与认证体系建设、中医药服务贸易体系建设等，助力中医药文化的良好传播。

★ 加大对中医药文化传播人才的培养，首先要做的是注重对传承人才的培养，不仅要传承医术，更要传承医德。

另一方面，传播模式的改变，对于中医药文化内容的多样性和复杂性也提出了更高的要求，在传播的同时也要加强对传播的监管和防范。随着"中医热"的兴起，不少商家打着中医旗号推销养生保健产品服务，其中不合法不合规的乱象不仅影响人们的身体健康，也会使得中医药文化的海外形象大打折扣。因此，加强对中医药文化传播过程中的管理尤为重要。

搭建平台，充分发挥人才作用

中医药文化的推广需要依托对外交流平台这一载体。为此，要逐步搭建和完善各种平台，通过国际医疗合作、产品捐赠、国际学术论坛等活动和项目的参加，加强国内外的交流合作。**第一**，根据"一带一路"倡议中的各项规划在沿线国家搭建中医药文化的学习交流平台，让更多的国家和地区了解针灸、推拿、中草药、中医等养生方法，更好地理解中医药的健康观念和核心价值，发挥出中医药文化友善、仁爱的国际形象。第二，要加大对中医药文化传播人才的培养力度，优化人才队伍结构，让综合性人才借助各平台的交流活动不断地学习和实践传播中医药文化。国家的出境游和入境游是传播中医药文化一种有效方式，要充分发挥中医药人才在对外交流中的作用，做好中医药文化的宣传。

中医药文化的传承和传播是一项系统工程，需要不断挖掘中医药文化的内涵，以中医药文化精髓体现的"魂"为引领。传统的中医药文化也要与时代发展的潮流相结合，进一步弘扬中国精神、传播中国价值、凝聚中国力量，让中华优秀传统文化历久弥新。

"非遗" 借网出海，凝心聚力弘扬传统文化

刘妍

　　新型冠状病毒肺炎疫情突袭，这不仅是对国家治理体系的一场大考，更是中华优秀传统文化的试金石。抗疫期间，优秀传统文化借网出海，广泛参与抗疫文艺的生产创作和传播。"非遗"元素的抗疫文艺题材在科学防控、鼓舞振奋人心、缓解疏导人们焦虑不安心理等方面，发挥着凝聚人心，提振精气神的独特作用。

　　党的十九届四中全会通过的《中共中央关于坚持和完善中国特色社会主义制度推进国家治理体系和治理能力现代化若干重大问题的决定》指出：发展社会主义先进文化、广泛凝聚人民精神力量，是国家治理体系和治理能力现代化的深厚支撑。**何为"深厚"？指的是历史悠久、文化厚重，内在思想力量强大**。中国特色社会主义制度是党和人民在长期实践探索中形成的科学制度体系，我国国家治理一切工作和活动都依照中国特色社会主义制度展开，我国国家治理体系和治理能力是中国特色社会主义制度及其执行能力的集中体现。坚持和发展中国特色社会主义制度，是由我国历史传承和文化传统决定的，是历史的选择、人民的选择，也是中华民族对人类制度文明的重要贡献。

　　习近平总书记强调：每个国家和民族的历史传统、文化积淀、基本国

情不同，**其发展道路必然有着自己的特色。一个国家的治理体系和治理能力是与这个国家的历史传承和文化传统密切相关的。中华民族在长期奋斗中开展的精神活动、进行的理性思维、创造的文化成果，反映了中华民族的精神追求，其中最核心的内容已经成为中华民族最基本的文化基因。实现中华民族伟大复兴的中国梦，需要充分运用中华民族5000多年来积累的伟大智慧。以广东抗疫文艺作品所呈现的"非遗"题材元素为例，潮州花灯、剪纸、广彩、泥塑，精彩纷呈，历史感、时代感、现实感、时尚感皆具，"50后""60后"看后，勾起往事，唤醒怀旧情感体验，"90后""00后"读后获得全新的视觉体验。**

以潮州花灯为例。潮州花灯系第一批入选国家级非物质文化遗产扩展项目名录的"非遗"。其历史源远流长，属于南派花灯，与北派花灯一南一北，遥相辉映。其产生的确切年代很难考证，但明朝嘉靖四十五年（1566年）新安佘民刊本《荔镜记》第六出《五娘赏灯》中已多处描写潮州城府游玩花灯的情景，距今已有四百多年的历史。非遗花灯古朴纯美，全手工制作，耗时长，题材来源大多生活化、戏剧化、故事化、经典化。

古罗马的诗人、批评家贺拉斯认为，创作与传统不可分，作者应熟悉当代生活与风尚，发现人的类型和共性，并创造具有时代特征的词汇。一句"无论风暴将我带到什么岸边，我都将以主人的身份上岸"成为千年来传颂的佳句。生于斯、长于斯的韶关南雄"非遗"传承人谢俊茹，利用古老的旋木技艺创作了一系列的抗疫题材文创产品。例如，一款中草药香薰盒，绘制了一个白衣天使拿着盾牌对抗病毒，表达致敬逆行者之意。还有武汉标志的黄鹤楼等通过早已被人们淡忘的旋木技艺，借网出海传播，重回

微评

★ 非遗元素的抗疫题材作品发挥着凝聚人心、振奋精神的独特作用。

★ 非遗的保护不仅在于挖掘和宣传，更需要有传承人。

"地球村"村民的视野。中国工艺美术大师、中国陶瓷艺术大师、广东省广彩非遗传承人翟惠玲携高徒市级传承人周承杰先生，共同创作了一幅歌颂疫情之下军医们勇敢坚毅的广彩作品，用饱含深情的笔墨色彩描绘了奋战在救死扶伤一线的当代军人军医形象。花灯、旋木、广彩技艺文化外，剪纸艺术同样给人们的心灵带来了慰藉。"非遗"剪纸传承人许遵英以潮阳民间剪纸"花中套花""图必有意""意必吉祥"的传统手法创作的《众志成城，天佑中华》，张在跃的《从我做起》《戴口罩》等作品让人眼前一亮。大吴泥塑国家级"非遗"项目传承人吴维清的《钟馗赐福》《驱疫剑出鞘》作品；国家级非物质文化遗产"潮绣技法"传承人李晓丹采用双面绣突出人物、气场十足的《众志成城，共同抗疫》……

中华优秀传统文化是中华民族的文化根脉，其蕴含的思想观念、人文精神、道德规范不仅是我们中国人思想和精神的内核，对解决人类问题也有重要价值。**要把优秀传统文化的精神标识提炼出来、展示出来，把优秀传统文化中具有当代价值、世界意义的文化精髓提炼出来、展示出来。**

"非遗"的传承人依托一件件实打实的作品，在特殊时期借网出海，名扬海外，在人类命运共同体的这艘大船上，驶向至"地球村"每个角落，代表中华优秀传统文化的"非遗"艺术作品必能发出令世界瞩目的耀眼光芒。

微评

★ 推动中华优秀传统文化创造性转化、创新性发展，不仅需要年轻人身体力行，也需要广泛吸收各种文化精髓，不忘本来、吸收外来、面向未来。

◎ 后记

　　拿到这本书，发现在不知不觉中"言之有范"系列丛书已经出版到第十二卷。多年来，言之有范坚持每年将成果集合出版成书，留下一批独具特色和价值的学术思考，这正是言之有范与其他新媒体平台的不同之处。

　　创立这个公众号之初是希望打造一个锻炼学生的平台，但在一届又一届同学们的不懈努力之下，它的品牌影响力正在不断发挥作用，这是所有人辛苦付出的成果。在此，首先要对多年来参与言之有范工作的所有老师和同学们表示感谢。从文化产业到文化产业和旅游业，言之有范的观察视角也在随着社会需要不断变化。对这一批学生来说，他们在言之有范可以触摸到经济发展的前沿动态，能够主动将个人未来职业选择与国家发展的趋势联系起来深度思考，这实现了我创办它的初衷。看到他们为一个选题、一篇稿子不断打磨讨论的样子，我想这正是青春的光芒和未来的希望所在，相信这些时刻会成为我们师生之间最美好的记忆。

　　言之有范是师生切磋的平台，更是我们与行业链接的交汇点。在后台我们时常收到读者们对于文章的一个字，甚至是一个标点的纠正，这都体现了读者们对这个公众号的深切关注和热情。正因此，我要求参与运营工作的每一个同学都保持高度的前沿敏锐度和责任心，努力用一篇篇观点鲜明的优质文章回馈读者。

　　同时，运营言之有范公众号以来，我从一个教育工作者的角度深刻地认识到文化产业学科的人才培养必须走一条特色之路，始终在思考当前我们要培养什么样的青年，新时代青年应该具有什么特质。这是至关重要的现实问题。目标决定行动方式，新青年的培养也理当如此。习近平总书记曾站在国家战略角度对青年提出要求：有理想、有本领、有担当。文化和旅游学科的人才培养必须"顶天立地"，以实现民族复兴、文化复兴为理想，习得优质内容创作、开发、营销传播的本领，拥有知识分子的社会责任担当，致力于传统文化保护传承，推动对外文化传播和文化出海，成为实现中国梦百年目标的生力军和中坚力量。

这一卷的编辑工作是在常天恺、李姝婧的统筹下，赵凯强、胡宇、卢立志、刘锦、李思雨、张雨曦、侯晓、李承鸿、吕璐芳等同学共同参与的，在此对他们的努力和劳动表示感谢。

冰冻三尺，非一日之寒；滴水穿石，非一日之功。言之有范将始终保持初心，书写新的篇章。

老周

2020年10月20日